本书受到陕西省软科学研究计划项目"陕西高校科技成果
（编号：2018KRM123）和西安理工大学技术转移创
105-46121706；105-46121700）资助

高校科研成果转化推动
陕西科技企业发展的关键问题研究

The Key Issues of Promoting the Shaanxi Enterprises
by the Transformation of Scientific Research
Achievements in Universities

张栓兴／著

经济管理出版社
ECONOMY & MANAGEMENT PUBLISHING HOUSE

图书在版编目（CIP）数据

高校科研成果转化推动陕西科技企业发展的关键问题研究/张栓兴著 . —北京：经济管理
出版社，2021.6
ISBN 978 - 7 - 5096 - 8067 - 4

Ⅰ . ①高… Ⅱ . ①张… Ⅲ . ①高等学校—科技成果—成果转化—研究—陕西 ②高技术
企业—企业发展—研究—陕西 Ⅳ . ①G644 ②F279.244.4

中国版本图书馆 CIP 数据核字（2021）第 115810 号

组稿编辑：王　洋
责任编辑：王　洋
责任印制：黄章平
责任校对：董杉珊

出版发行：经济管理出版社
　　　　　（北京市海淀区北蜂窝 8 号中雅大厦 A 座 11 层　100038）
网　　址：www. E - mp. com. cn
电　　话：(010) 51915602
印　　刷：唐山玺诚印务有限公司
经　　销：新华书店
开　　本：720mm × 1000mm/16
印　　张：14
字　　数：251 千字
版　　次：2021 年 8 月第 1 版　　2021 年 8 月第 1 次印刷
书　　号：ISBN 978 - 7 - 5096 - 8067 - 4
定　　价：88.00 元

序　言

"创新是引领发展的第一动力，是建设现代化经济体系的战略支撑"，党的十九大明确加快建设创新型国家的战略目标。按照中共中央、国务院《国家创新驱动发展战略纲要》《关于实施科技规划纲要增强自主创新能力的决定》《国家中长期科学和技术发展规划纲要》的要求，陕西省政府发布《陕西省人民政府关于加快培育和发展战略性新兴产业的意见》《陕西省战略性新兴产业重点领域指南》，进一步落实《陕西省中长期科学和技术发展规划纲要》战略部署，将建设创新型省份作为陕西省追赶超越的发展战略和目标，目标的关键步骤就是如何实现大量累积的科技成果转化。

本书研究高校科研成果转化推动陕西科技企业发展的关键问题。由于科技成果转化从研究开发到后续的实验、开发、应用以及推广形成新的技术，整个过程涉及的主体多、时间跨度长、不稳定因素多，所以对于科技企业发展的影响作用是复杂的。本书借助于财政、科技人才流动、科技园区创新创业平台、科技成果交易大市场、军民融合体制机制方面具体分析科技成果转化的情况，以此分析并总结可以有效推进陕西科技企业发展的措施及路径。

科技型企业作为知识密集型企业，其拥有的知识、人力等资源为企业生产产品、提供服务创造了一定的技术优势，形成了产品及服务的技术壁垒与附加值，也有助于企业的快速发展。陕西省是教育大省，在高等院校方面拥有很强的历史积淀，其高校聚集在西安，科技型企业也聚集在西安，尤其是西安高新区，其所含的科技型企业在各大开发区的占比中达到九成以上，在高新区的科技型企业中，主要的类型是互联网信息技术，涉及新兴战略产业门类。在科技资源方面，陕西西安拥有的高校数量排名全国前三，其中硕士点、博士点以及博士后流动站均居全国前列，拥有数量众多的重点国家地区科研机构和实验室，因此拥有非常强大的科技资源和人才培养条件。在产业基础建设方面，陕西西安近些年来不断增加科技产业园区建设土地，完善相关配套设施的建设，为科技企业的发展提供了更多的发展空间。在科技金融投资方面，通过政府承担风险并给予财政补贴，由科技金融机构分担风险为科技型企业融资，设立创投联盟和陕西互联网创新基地，这些措施的实行都给予了科技型企业更多的资本支持和发展空间。陕西科技型企业近些年来发展速度不断加快，全年技术市场交易额屡创新高，专利申请量与授权量不断增加，通过政策支持、资金支持等措施不断优化产业结构，实现科技型企业的稳步发展。

在目前陕西的高校科技成果转化过程中，企业及科研院所对于科技成果转化的重视程度越来越高，但是整体还存在不少问题，阻碍着科技成果转化的效率提升。高校作为培养创新型人才的机构，对于推动国家所倡导的科技成果转化具有重要的作用，但结合目前的转化情况来看，高校科研人员的科技成果转化意识的薄弱、注重专利申请数量而轻转化质量、相关法律法规的不健全、高校及科研院所与企业的合作关系不紧密，这些因素都影响着科技成果转化的效率。在科技型企业发展生态系统中，高校相对于科技型企业等创新主体来讲，科研人力资源、资金资源都具有很大的优势，但是由于高校不是直接面对市场终端的消费者，所以对于市场动态需求的变化掌握得不到位，同时学校的课程体系建设不能很好地与企业进行对接，课程内容也不能很快地跟进市场变化的速度，此外，法律建设方面的问题、企业研发人员自身主动性的问题，都是促进科技成果转化过程中需要改进的地方。本书从促进陕西科技型企业发展的动力源方面出发，从五个方面来探讨陕西科技型企业发展的现状、问题以及解决措施。

第五章（专题一）对陕西财政资金支持科技企业发展的股权投资模式进行了分析研究，主要从财政科技专项资金股权投入科技型企业发展的实际"家底"——以西安为例、政府资金股权投资模式推动中小科技企业发展理论分析、地市财政专项资金进行股权投资的关键问题及进一步优化陕西省政府股权投资模式的具体路径和方案四个方面进行全面分析阐述陕西省财政资金"有什么""该怎么做""存在的问题"以及"做的方法"。在第五章第一部分，主要从财政专项资金通过国资金控平台对企业的影响、专项资金在科学技术上的经费支持以及政府政策三个方面来阐述陕西财政不仅在营造金融环境上有所为，还在科技经费和政策上有贡献。在第二部分，主要借鉴已有的政府股权投资模式的理论，简单介绍了什么是股权投资、政府股权投资模式，进而构建政府股权投资与中小科技企业融资体系，最终使得政府股权投资促进中小科技企业发展。在第三部分，主要分析了现今存在的问题包括行业主管部门责权问题、财政资金投资风险问题和协调政策目标性与资本逐利的关系问题。在第四部分，首先针对财政股权投资实施过程的风险控制机制与优化提出了系列方案，然后描述了财政资金的杠杆作用及安全退出的具体路径，最终以优化科技资金股权投资模式的方案为结束，通过这四个部分的内容较为系统地对陕西财政资金支持科技企业发展的股权投资模式进行了研究，并提出了一些建议。

第六章（专题二）陕西高校科技人才流动及团队促进科技企业发展，主要阐述陕西高校科技人才流动和团队如何促进科技企业发展。加快科技成果转化，促进科技成果的商品化，是实现科学技术生产及社会价值功能的有效途径，而人才流动，特别是科技人才流动又是影响科技成果转化的重要因素之一，尤其是在当前社会主义市场经济条件下，正确处理人才流动与科技成果转化之间的相互关系，对于促进人才的合理流动、实现科技成果的迅速转化起到积极作用。这一部分从陕西省高校科技人才流动及团队建设的"家底"出发，在了解人才流动理论的基础上，总结陕西省高校科技人才流动的特点，如人才流动的流量保持稳定增长态势、人才流动的方式逐渐多样化、人才流动的质量日益提升等，再展开陕西高校科技人才流动及团队促进科技企业发展理论分析。一个民族或国家的经济腾飞取决于两个主要因素，一个是先进的科学技术，另一个是现代科学管理，人才是这两个因素的核心，一个地区的发展也是如此。人才的合理流动是促进科技成果转化的重要动因，人才流动和科技成果转化是相辅相成的。在上述研究的基础上，通过调查和研究，发现陕西省高校科技人才流动和团队在人才引进和管理方面以及人才流动的体制机制方面还存在着不同程度的问题，针对这些问题，提出相应的改进措施。

第七章（专题三）高校科技园区创新创业平台支持陕西科技企业发展，从陕西主要的高校科技园区创新创业平台发展现状、高校科技园区创新创业平台助力陕西科技企业发展、科技园区推动陕西科技企业发展面临的主要问题以及科技园区支持陕西科技企业发展的路径四个层次出发，对陕西高校科技园区与陕西科技型企业的关系以及遇到的问题进行较为全面的分析。陕西高校科技园区创新创业平台在陕西高校科技园政策的支持下蓬勃发展，升级了两个国家高新区和十个省级高新区，创立了众多工业专业区，与高校合作建立了特色产业基地，高校科技成果转化效率也在逐步地提升，但高校科技成果转化对于科技企业的发展还存在着不同程度的问题，主要有高校科技园区自办企业不善经营、高校科技园区与企业直接合作不深和高校科技园区与周边产业链不匹配等方面的问题。针对这些问题，提出了科技园区支持陕西科技企业发展的路径建议，包括完善并规范科技成果转化辅助政策、建设特色园区、营造创新创业氛围三个层面，通过上述现状及问题的分析，对陕西高校科技园区如何促进陕西科技型企业有了更加深入的了解。

第八章（专题四）陕西科技成果交易大市场构建与科技企业发展，介绍了科技成果如何通过技术市场进行交易转化，科技成果交易大市场如何促进科技企业发展。对于科技成果的产业化，技术交易是主要途径，技术市场则是所有技术产品进行互相交换的场所，它涵盖了技术产品从研究开发到运用、转化、商业化和流行的全部进程。从近些年披露的数据来看，陕西技术交易呈现了总量持续升高、企业技术交易主导地位稳定、技术交易结构稳中趋优、技术交易领域相对集中的状态。近年来，陕西采取的一系列促进科技成果就地转化措施初见成效，吸纳省内技术合同成交金额逐年增加。陕西的技术输出和技术服务的能力比较强大，这一现象一方面体现了陕西强大的科学教育实力，另一方面也说明陕西的技术需求不强烈。构建和健全技术交易大市场是科技机制改革创新过程中的关键环节，技术市场加快了科技企业技术要素的流动、给科技企业技术转化创造了有效通道、扩大了科技企业技术创新的资金来源、促进了科技企业间科技人才的流动、有助于科技企业降低技术创新风险、为技术成果建立了完善的评估体系。中国的技术交易大市场还在初创期，很多方面还不属于强劲环节，技术交易场所是大中型企业能否成为技术交易市场中双向主体的关键因素之一。目前，陕西科技成果交易大市场存在信息不对称导致沟通成本较高、科技成果估价不准、技术交易后续服务跟进机制尚未健全、技术交易平台与金融融合有待进一步深化等问题。本专题提出降低信息不对称的影响、重视技术市场的人才优势、法律法规制度完善等多方面的意见，以及规范技术交易市场、增强技术市场的人才优势、强化沟通合作、开展国际国内技术转移等优化方案和具体路径。

第九章（专题五）军民融合体制机制改革与科技企业发展，主要介绍在军民融合背景下，科技企业的发展以及目前军民融合体制机制仍然存在的问题及改进措施。在新的发展时期，军民融合成为我国的发展战略，以应对多方面的挑战，实现我国经济的高质量发展。科技企业的发展也促进了军民融合的进程，就陕西而言，军民融合信息交流平台的建立、军民技术标准的通用化以及军民两用技术创新大赛及项目对接会的举行都展现了陕西省军民融合工作的成果。同时，在军民融合背景下，科技企业面临着更多的机遇与挑战，如科技企业拥有了更多的资金支持、获得了更多的发展机会与空间、军民融合推动着科技企业进行技术变革与进步、推动企业提升自身的管理水平，同时可以使科技企业获得更多的利润、更好的声誉与形象等。总而言之，军民融合的发展以及科技企业的发展是一个相互促进、相辅相成的过程。在阐述了军民融合与科技企业的相关问题及联系之后，提出陕西目前军民融合体制机制改革在供求机制、激励机制、监督机制以及法律法规方面均存在着不同程度的问题，通过对这几个方面问题的详细分析，提出优化军民融合体制机制的相关措施。

　　本书在分析陕西科技企业发展的情况后，从五个方面深入分析促进陕西科技企业发展的动力机制，分析这五个方面对于科技企业发展的作用，最后基于不同方面存在的问题提出一些建议。本书可用于各级政府领导官员借鉴使用，也可作为大学本科生研究的教材参考书，还可作为对科技成果转化领域有研究兴趣的学者和读者的普通读物。感谢项目研究团队成员的辛勤调研和撰写，感谢负责各个专题的老师指导，感谢史耀波教授、赵立雨教授、王文莉教授、吴祖光副教授、于睿和朱国华老师的多方面配合和付出。

目　录

第一章　绪论

一、研究背景

习近平总书记指出"科技兴则民族兴，科技强则国家强，科技创新是核心"，只有充分发挥科技创新的引领作用，突破创新发展的瓶颈，才能实现中国经济高质量发展，更好地满足人民对美好生活的向往。科技企业作为技术创新和科技成果转化的直接载体，是高新技术产业化的重要主体，它对区域经济的发展具有不可忽视的推动作用。科技型企业创新性强和集聚效应广的特点在给其带来范围经济和规模经济的同时，同时也可以有效地推动区域经济增长和产业结构优化。可以说，培育科技企业是实施创新驱动发展战略的重要抓手，抓住了科技企业创新发展就是抓住了创新的"牛鼻子"。

2020 年以来，新冠肺炎疫情对传统企业构成严峻挑战，但为科技企业催生了新的发展机遇。无论从经营业绩还是股价表现看，拥有技术优势和高端产品的科技型企业受疫情影响都相对较小，其依然具有高度的市场认可和广阔的市场前景。同样，设立科创板与试点注册制有助于降低新兴科技型企业的融资门槛，解决其融资难、融资贵的发展问题，增强资本市场对创新企业的适应度与包容性。更多的科技创新型企业将受益于注册制试点，获得来自资本市场的融资支持和发展机会。

推动高校科技成果转化是教育部 20 世纪 80 年代提出的，核心是为了推动企业技术创新的水平和推动高新产业的发展，推动高校科技成果转化不仅可以解决企业前期无法潜心搞科研的难题，同时也可以解决高校科技成果检验成果问题，以高校科技成果展示、校企合作、项目洽谈活动等方式，让科技接轨实际，让企业服务社会，切实贯彻中央"科教兴国"的战略方针。

《2020年度中国硬科技创新白皮书》指出，西安拥有大量的科研院所、高等院校和原创技术知识积累，科技资源在全国名列前茅，在多个硬科技产业领域形成了比较优势。陕西省在推进科技企业发展、提高科技企业质量过程中也付出了巨大努力，部分科技企业同时也顺应政府号召，明确以科技创新引领支撑高质量发展的战略路径。通过系列举措，坚持创新驱动，不断提升科技自主创新能力，坚持以科技创新引领支撑企业高质量发展。

但陕西省科技企业目前在质量发展上距离"追赶超越"目标省份水平这一目标还有很大差距。经济发展不平衡、发展结果难共享；在行业分布上不够完善，与培育经济发展新动能、实现新旧动能接续转换的目标不匹配；在规模和所有权结构分布上不够合理，都是陕西省科技型企业目前所面临的重大问题。

各高校在科研成果转化的投入中力度不集中、科研转化经费的盲目投入等问题都在限制科技成果的转化。科技只有服务于民才有价值，而不是让人跟随科技，科研人员普遍认为科研的目的在于成果，在于通过技术检验，在于科技成果是否可以服务人民，是否可以产业化生产，而在后续的科技更新迭代方面不重视，造成科技的寿命短暂、消耗成本高、后期研发困难、不可持续发展。

在"大众创业、万众创新"的巨大浪潮下，陕西省的大小科技公司都在寻求发展，加快发展众创空间等新型创业服务平台，加快实施创新驱动发展战略。陕西各高校也正用自己的方式即运用科技成果转化运营模式扶持科技企业的长久发展，实现双赢局面。

科技成果转化是产生经济效益的一个完整过程，是技术成果通过评估、试验、生产、推广等环节形成新技术、新产品甚至新产业的过程，也可以说是科学技术转变为现实生产力的过程。虽说企业才是科技成果转化的主体，可是高校在科技成果转化的研发、转化、产出三个阶段中也承载着十分重要的功能。高校科技成果转化是国家创新驱动战略的重要支撑，改革开放以来，我国高校的科技成果转化经历了起步阶段、鼓励发展阶段和系统发展阶段。目前高校科技成果转化已步入发展的第三个阶段——系统发展阶段。

1996年，我国发布关于科技成果转化的相关法案《中华人民共和国促进科技成果转化法》，其目的是促进科技成果转化为现实生产力，规范科技成果转化活动。此外，国务院办公厅印发《促进科技成果转移转化行动方案》，再次强调促进科技成果转移转化是加强科技与经济紧密结合的关键环节。围绕科技成果转移转化的关键问题和薄弱环节，加强系统部署，形成以企业技术创新需求为导向、以市场化交易平台为载体、以专业化服务机构为支撑的科技成果转移转化新格局。

2019 年 4 月，财政部发布《关于修改〈事业单位国有资产管理暂行办法〉的决定》。此次修订充分尊重科技成果转化规律，允许相关科技成果通过协议定价、在技术交易市场挂牌交易、拍卖等方式确定价格，让科技成果在交易转化中的价值得以充分释放。

在这种科技创新精神下，中国的专利数量和科技成果不断攀升，科研经营不断累加，2016 年的美国国家科学基金会表明，中国已经成为世界第二研发大国。同时在 2017 年度的国家科学技术奖励大会上，高校作为研发主体，发表的成果占据了项目总数的 72.7%。由此可见，我国并不缺少科技成果，无论是高校还是企业都为我国的科技创新做出了贡献。

同时，陕西省对实施科技创新和开展科技成果转化工作也十分重视，省政府、省科技厅和财政厅等政府部门近年来陆续出台了一系列政策文件。2016 年发布的《陕西省促进科技成果转化若干规定（试行）》，对在省内就地成功转化的重大科技成果给予双向补助，鼓励高校、研发机构应建立科技成果转化机构，对企业依托高校建立的新型研发中心（中试基地）按总额 20% 的比例出资支持；为着力培养一批从事科技成果转化、科技金融和科技中介等工作的创新创业人才，陕西省创新体系建设办公室发布了《陕西省科技创业导师管理暂行办法》，聘请科技创业人才、科技成果转化人才、科技金融人才、科技中介人才为初创企业、科技型中小企业提供创业指导。

陕西省科学技术厅也制定了《关于支持众创空间建设发展、促进科技型创业的行动方案（2016—2020）》，并在科技成果上给予了高度重视和大力支持，要求各大高校要牢牢抓住这一契机，引导学生刻苦钻研，激励学生发动智慧将科研成果技术化、产品化。同时，发布声明，让各种规模的科技型企业把握住机会，及时从高校中吸取人才，与高校交易可行性强的科研成果，与高校达成合作意向共同研发，提高科研转化率，为自身营造更大的利益和更广阔的发展空间。

2015 年以前，陕西省每年国内专利授权量仅为 2000 件左右，在颁布了一系列促进科技研发、加速科技成果转化的政策后，陕西的专利授权量有了显著增加，达到了每年平均 4000 件的数量，陕西省的技术市场成交额也由 2015 年的 700 多亿元突破了千亿元。只是从全国的技术市场交易份额来看，陕西省 2015 年占全国技术市场交易份额的 7.3%，2019 年占全国技术市场交易份额的 6.5%。可见，专利授权量每年不断增加，技术交易额却在全国比例中下降。

同时，陕西省科技厅发布的《2018年陕西省科技成果统计分析报告》显示，陕西省共登记科技成果3218项，高校完成科技成果数量为1388项，企业为1023项。其中，真正实现产业化应用项目的科技成果有1189项，实现科技成果转化的比例达到了37%，在同级别的省级行政区里，陕西省的科技成果转化率已经属于前列。随着深入研究发现，这些实现产业化的科技成果多属于企业科技，由高校和其他科研机构提供成果再进行转化的项目很少。高校和企业虽然同为科技成果的主要完成单位，但在科技成果转化方面高校大不如企业。而且，根据科技部发布的《2017年高等学校科技统计资料汇编》显示，陕西高校投入科技人力62385人，陕西高校研发支在2016年达到了70亿元，高校已经成为陕西省重要的创新主体，在人力、财力上都具备雄厚的科技创新实力。

可实际上，不管是在国家层面还是在省级层面，在科技成果向现实生产力转化中一直都存在转化不畅的难题。据研究，我国的科技成果转化率仅为10%左右，距离发达国家40%的水平有较大差距。作为我国科技产出主力的"双一流"高校，其科技成果转化率不超过25%，普通高校科技成果转化率为17%，而同时期的斯坦福大学科技成果转化率却稳定在45%左右。提高高校在科技成果转化方面的能力，尽可能调动高校参与转化的积极性已经成为我国加快科技成果转化效率的重要方针。

前期调研研究发现，目前高校科技成果转化机构整体发展较为迟缓，尚未形成成果转化体系，服务功能单一，部分机构以科研管理为主，仅限于牵线搭桥式的信息服务，难以适应科技成果转移转化需要。虽然多数高校对科技成果转化的重视程度在提升，部分高校已将横向项目纳入职称晋升的可选条件之一，但高校科技成果转化现状不容乐观。

陕西省高校在进行研发活动时未能考虑企业现实需求，缺少和企业之间的交流和需求对接，以至于科研成果无法进入企业；企业的科技创新意识不够或者有需求而无实际运作能力。与高校易研发、难转化不同，陕西企业的科技创新难题在于科技研发。主营业务收入为2000万元以上规模的大型企业，才更具有研发新产品的实力，那些收入在50万元以下的小微企业缺少人力、物力和资金，会因为担心在科技成果研发中遭遇资金周转困难、缺少专业领域人才、科技成果闲置的问题而不敢轻易投入研发。

国民经济高速发展的背后，大企业逐渐拥有自己的研发团队、科研人员、研究院、研究方向，首先，与高校的合作逐渐降低，其原因是高校的科研方向无法按照企业的发展方向进行，企业通过自身的专业化实践搞科研比校企合作效果更显著。其次，高校的科研在逐渐脱离实际的过程中导致科研水平落后企业的需求步伐，高校的科研更多的是在完善、评价、改进企业的实际产品。

在这样的大背景下，陕西省科技企业需和高校联合解除困境，共同促进陕西省经济高质量发展。因此，本书针对高校科技成果转化率不高、企业科研后继乏力的现状，结合陕西省的具体情况，提出了以高校科研成果转化助推科技企业发展的观点。希望能消除高校科研成果向企业转移的障碍，打破企业科技创新瓶颈，打造一批核心技术能力突出、引领产业发展、具有国际竞争力的科技企业。

二、研究意义

技术创新是引领高质量发展的动力，为高质量发展创造了新的发展领域、关键的着力点和主要支撑体系。科技成果转化是应用技术转变为直接产生经济效益的现实生产力的重要环节，需要不断营造科技成果转化的良好环境，让科研机构、高校以面向国际科技前沿、国家重大需求和国民经济主战场为指引，在从基础到应用的科学研究中不断创新，让科技成果更好地服务社会发展，提高整体创新能力，加快创建创新型国家和全球科学技术强国的进程。

各国经济高度融合的今天，国际贸易问题不再局限于传统贸易往来，而是延展到了科技领域。因此，国家高度重视科技成果的自主研发，大部分企业尤其是科技企业都会成立自己的研发部，招聘专业人士对企业相关领域进行科技创新，并将研发投入在管理费用中单独列项。在这股以科技企业发展为主流的大浪潮下，透过科技转化视角研究企业发展具有十分重要的现实意义。本书通过对比国内外科技企业发展与高校科研成果转化的关系、分析陕西省科技成果转化对科技企业运营机制的作用，以高校科研成果转化为切入点，对推动陕西科技企业发展的关键问题进行识别，通过研究可以实现的意义如下：

（一）通过调研科技企业市场，为陕西省成为"科技与经济强省"提供理论支撑

科技企业可以说是陕西省的重要经济支柱，在现有的 37 家 A 股上市公司中，有 29 家制造业公司均或多或少涉及科技创新与技术研发。而且近年来，陕西省的高新技术企业呈井喷式爆发，仅 2019 年就新增 1233 家。在科研成果方面，

2017 年陕西省发明专利拥有量为 33752 件，同比增长 22.3%，在全国排第 11 位；全年专利权质押合同登记 456 件，同比增长 67.7%，位居全国第四。据此，我们可以推断，陕西省有希望、也有能力成为"科技与经济强省"。

但是随着深入调查，可以发现陕西省目前的经济实力远不如北上广深这类一线城市，其科技企业的发展更多的是依靠国家总体战略形成的，有国家和地方的相关文件背书并提供一定的优惠政策，这才猛烈推动科技企业的兴起。中小微企业一旦将资金集中投资在具有核心竞争力的产品上，企业发展就会遇到资金短缺问题。这就要求企业正确评估自身实力，将有限的资金合理化使用，对自主研发或与高校合作研发做一个深入思考，选择一条合适的研发道路赢取市场的竞争优势。科技企业也可以重新调整业务板块，对公司一些业务做出有针对性的取舍，集中企业资金，实现科技创新型企业的做大做强。本书具体从五方面出发提出陕西科技企业存在的问题，然后从高校科技成果转化角度提出各个方面适用的方法建议，在促进科技成果转化的同时，促进科技企业的发展，让陕西省成为科技与经济强省。

由于科技创新型中小企业数量多、潜力大、有活力，在各自的行业内具有很强的竞争力，所以，促进中小企业健康发展成为了加快陕西省新旧动能转换的重要举措。陕西省政府也重视和支持科技型中小企业发展，帮助这些企业解决资金、土地、市场等方面存在的困难。可即使在政府的扶持下，这些中小企业也很难做大做强，它们缺少能够紧跟市场更新换代的核心竞争力，缺少研发能力，缺少尖端科研人才。这就需要借助高校科研成果，助力企业实行科技成果商业化，充分利用陕西高校众多、人才富集的优势，给科技型中小企业的发展添砖加瓦。将政府主导变更为政府引导，引导企业探寻一条经济与科技相结合的持续发展道路，即立足于科技成果转化，致力于将高校成果应用于企业生产，正是本书的研究主题。

（二）在研发投入的基础上进一步探索政府引领作用

目前，陕西省全年投入研究与试验发展（R&D）经费可以达到 500 亿元以上，研究与试验发展（R&D）经费投入强度（研究与试验发展经费/地区生产总值）也在 2% 以上，这表明陕西省有意落实贯彻科技创新政策。在省政府的引导下，陕西省科技成果持续产出，技术市场有序发展，技术交易日趋活跃。近两年来，各类技术合同的成交金额与陕西省地区生产总值的比值为 5.69%，是 R&D 经费投入强度的 2 倍。只是与日趋活跃的技术交易市场相比，高校的科技转移转化却始终低迷，例如，2019年陕西省高校专利出售比例仅为2.5%，再加上科技成果转化不顺，平均每100个科研成果里，都未必会有一项能顺利转化。由此可见，陕西省以资金追加投入的粗放型科技与经济发展模式，没有真正地将科技应用于经济，还需要进一步探索。

面对高校科技成果转化链条不畅、与市场脱轨严重的问题，政府可以引导科技综合服务平台的建立，将企业需求与高校科研的信息匹配作为中介平台的一项重要服务。科技型中小企业也可以通过科技成果转移转化平台买断技术后，生产适销对路产品，而不是一味依靠政府扶持。虽然市场上，高校科技园区、科技企业孵化器、科技咨询、评估、交易机构不断涌现，但科技评估、创业投资服务两类机构的发展一直较为滞后，而且这些机构的主要业务还处于低层次的技术咨询和科技转化，满足不了日益增长的服务需求。重点是缺乏像美国国家技术转移中心、欧洲创新转移中心、韩国技术交易所这类由国家部门成立的具有权威性和信服力的技术信息交换的场所。因此，政府在加大研发投入、对科技企业实行优惠政策之余，还应当注意科技中介机构的发展，尽可能规范相关机构的发展制度和政策，争取在政府的引导下，建立一个实现信息共享的区域性科技中介服务网络。

（三）探明以高校为科研产出基地、企业为科技成果转化主体、政府提供支持的多部门联动机制的可行性

2019年，陕西省高校的专利授权数总计11763项，29所高校中，平均每所高校约有121项专利。陕西省除高校外总计专利授权数为32338项，统计科学技术厅发布的十一批次入库科技型中小企业名单共3307家企业（不含高新科技企业与科技类上市公司），平均每家企业约有1项专利。对比数据可以发现，高校的科研成果占全省的科研成果比重较大，相比于企业，高校确实是科技成果的高产地。

因此，针对陕西省科技成果转化速度不快的现状，最有效的办法就是将高校的科研成果放在企业这个基地上进行转化。陕西高校在机械工程、电子科学与技术、软件工程、船舶与海洋工程、航空宇航科学与技术等方面均是五星级学科专业，若科技企业的发展能与陕西现有的这些优秀专业方面的科研成果对接，对企业自身发展利大于弊。

对于已经有了一定规模的企业，在其发展遭遇瓶颈、急需新项目对现有成果进行改进时，将高校的最新科研成果注入其中，可能会给企业带来新技术，

进而提高公司在行业内的竞争力。同时企业为高校科研项目转化提供平台支持，能够将高校所积攒的可行的科研成果落到实处，来实现陕西省经济繁荣和教育兴旺。

（四）改善高校成果转化不顺现象以提高科技成果转化率

虽说公司可自主研发科技，但是陕西省各高校都积累了一定数量的科研成果，且每年新增的研究成果也一再领先于科技公司。比如，《2019 年高等学校科技统计资料汇编》显示，当年陕西省共有科技课题 37542 项，共发表科技学术论文 22237 篇，但签订的合同的技术转让仅有 740 项。可见，由于高校的科研成果缺乏转化渠道，相当一部分具有产生潜力的科技成果无法转化为现实生产力，严重拉低了全省的成果产出比。

又如，高校由于缺少成果转化实践，科研创新一直停留在理论方面，长此以往理论越来越偏离实践，无法实现"理论研究—技术创新—产业实践—理论研究"科学研究工作的循环过程。要是在源头上将科研立项以市场为导向，在实践中将高校科研成果应用在企业中，就可以有效改善高校科技成果高产出、低转化的现象，从而减缓陕西省科技转化压力。而且，无论是企业还是高校的科研成果都需要进一步转化为现实，只是由于高校不像企业直接与市场对接，可以更从容地着手转化，所以高校的成果最好与企业对接。

（五）实现高校科技与企业转化的协同发展，建立更多的科技型"独角兽"企业

凝聚高校学子智慧结晶的科研成果因缺少转化途径而束之高阁着实令人惋惜，与企业合作可以在一定程度上弥补这一遗憾，而科技企业寻求发展的突破点正好也与高校科技成果转化有重合的地方。无论是企业还是高校的科研成果都需要进一步转化为现实，基于共同的转化目标，双方可以实现专利共享、人才共享、设备共享。换言之，企业可以帮助高校成果落地生产，同时，高校从多方面助力科技企业打破发展难题。而且，科技成果转化是科研人员和产业人员的双向交流，这种交流会增强双方对彼此领域的了解，加深对自己领域的认识，从而促进科研进步和产业发展。校企合作正是这种交流的一种表现形式，企业在合作过程中还能学习、了解相关行业的前沿技术，吸纳、引进人才，以备在后续的市场竞争中把控核心技术、掌握主动权。

又知，技术依托于人才产生，所以企业最核心的竞争力在于科技型人才。对人才进行源源不断的输送是一个地区兴旺发达的不竭动力，而人才的培育则需要以高校为培养皿。在教育部公布的《全国普通高等学校名单》中，陕西省总共有大学 108 所，985、211 高校共计 7 所，且高校每年的专利授权数合计都过万，这也是人才知识的具体化表现。为了社会的不断发展、不断进步，我们需要将科技与人才相结合、将科技与高校相结合、将科技企业与高校科研成果相结合。人才与高校智慧的果实就是科研成果，为了不浪费技术人才的资源，最好的解决方案就是让企业吸收高校具有科技储备知识的人才进行科研成果转化，这同样需要高校与企业在科技成果转化上达成一定的战略合作。

（六）突破技术层面实现生产力转化，支撑陕西省建成创新型现代化经济体系

在财政方面，国家规定高等学校服务于各业的技术成果转让、技术培训、技术咨询、技术承包所取得的技术性服务收入暂免征收所得税，这可能会使高校愿意降低出售价格来寻求合作者，而且，企业还可以将从高校收获的可实用性、尖端性科技成果充作企业知识产权，到银行业金融机构办理知识产权质押贷款业务。在人才方面，高校为企业培养各类人才，企业接纳这些毕业生并为社会创造价值，二者共同促进人才的合理流动。在创业园区方面，高校建立的附属科技园区，凭借高校多年来积攒的专利储备及对这些专利的理论分析，已然孵育出了新一批企业，成为经济新增长点并为技术人员和毕业生提供了更多的就业机会。在成果交易市场方面，校企双方在科技成果转化上达成一致、通力合作并取得市场回报，无疑会进一步增强交易市场需求，刺激企业寻求新的技术项目。在军民融合方面，国家扩大军品市场的准入范围，而高校对企业航天、航空、船舶、光机方面的技术支持和人才提供，有助于企业进一步融入军工行业。

综上所述，将高校科研成果与企业开发相结合，为企业注入新能量，对陕西省实现经济高质量跨越式发展具有历史性的意义。陕西省迫切需要加强系统设计，构建符合产业发展规律的技术转移转化体系，同时需要完善资源配置模式，使科技资源在各个事业单位流动分配，让每个部门都能充分利用符合自身发展的资源，实现创新型经济增长。

三、研究方法

（一）文献推理分析

在明确研究课题后，通过公共图书馆、电子数据库，大量浏览和收集有关科技企业与高校科技成果相关的文献和书籍，厘清两者之间浅层或深层关系，为展开论述提供文献支持。再根据研究的具体内容，通过互联网搜索与之相关的关键词，获取更为具体的知识来丰富文章内容。

（二）专家访谈法

真诚邀约对科技成果转化进行过相关研究的专业人员，以及经历过成果转化过程的关键人物进行面对面访谈。对研究人员的访谈问题主要围绕他们对科技成果转化的现状分析、未来前景、转化难题，以及在对比各地区、中外转化现状后提出的一些看法与建议。对经历过成果转化人员的访谈问题更偏向于在切实转化过程中是否遭遇转化难题，如果有，又是如何解决该问题的，具体是在哪个环节出现转化不顺问题的，是否可以通过加强各机构之间的关联避免该问题的产生。通过访谈扩展研究思路，了解转化难点，新增解决方案。

（三）问卷调查法

具体采用的是分群随机抽样法，对科技企业的工作人员、高等院校参与科研的师生和陕西省普通居民就高校科技成果转化助推科技企业发展进行问卷调查。有助于了解企业与高校的合作现状、意愿和阻碍，了解民众对科技成果转化的态度，为接下来加强校企间合作与沟通、有针对性地破除障碍提供研究方向。

（四）统计分析法

本书使用了描述统计和推断统计分析法。将截面数据、时间序列数据用图和表的方式，尽可能清晰地将变量之间的变化关系展示出来，使用的是描述统计方法；而之后的归纳、总结并得出结论，使用的是推断统计方法。

四、思路框架

本书以陕西高校科技成果转化问题研究为题，首先对科技成果转化界定了一个比较清晰的概念，通过对国内外高校的科技成果转化模式进行比较，得出我国高校存在的不足以及国外的模式和经验对我国的启示；其次对陕西科技企业的发展现状进行描述，识别科技企业发展过程中遇到的关键问题，再细分五个专题从中寻找科技企业发展的方向，希望能促进科技成果转化，帮助企业实现长久发展；最后回归到陕西省高校科技成果转化的分析与研究，针对陕西省高校科技成果转化体制机制提出相关的改革建议和优化措施。思路框架如图 1 - 1 所示。

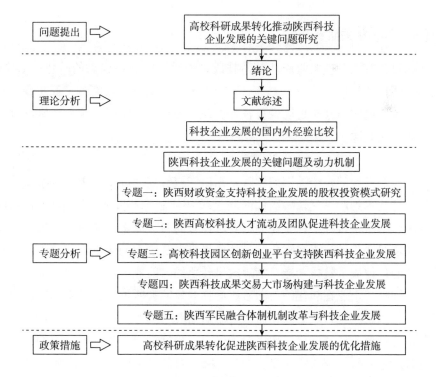

图 1 - 1 课题思路框架

第二章 文献综述

一、有关科技成果转化的研究综述

（一）国内相关研究

我国每年有几万项验收成功的科技成果面世，但这些成果的转化率非常低，有数据表明这个指标在 10%～15%，较低的转化率引起了学者的广泛重视。众多学者针对国家或国内某个地区的科技发展现状进行深入调研，从多个维度分析阻碍成果转化的难题。

1. 企业科技成果转化存在的问题

困扰企业发展的一个关键问题就是知识产权转变为成果产出的效率太低，具体表现为从技术到产品过渡所需的时间过长（何志峰和乔时，2020）。在等待科技成果转化的漫长过程中，企业面临着所拥有的科技成果可能转化失败，以及由于市场环境的变化导致正在转化的科技成果丧失竞争力的双重压力。因此，如何提高企业的科技成果转化功能、缩短成果转化的时间成了企业寻求科技创新发展的重点。同时，企业在转化的不同阶段面临的风险有所不同，在生产试验阶段可能存在技术调试风险，在产品化阶段可能存在财务风险（梁海泳，2019）。基于此，各学者对企业科技成果转化进行了研究，分别提出了各自所发现的问题，希望通过解决企业科技成果转化存在的问题提高科技成果转化率，进而带动企业科技的创新发展。

赵丽（2020）针对科技型企业内部研发流程顺畅，却始终无法提高转化率的现状进行分析，发现困扰这类企业科技成果转化的问题在于缺乏科学的科技成果评估标准和健全的激励分配机制。张俏俏（2020）研究发现，制约企业实现科研转化的因素是缺乏创新内容、科研立项时缺少规划、科研人才短缺。宁向东（2019）认为，对成果转化主体实施奖励激励是科技成果转化的关键。也有学者认为我国科技成果转化不高是因为转化模式与企业发展要求不匹配（张晓，2019）、配套科技成果转化政策不健全（武金虎等，2019）、创新科技人才研发积极性不高（翟金辉和朱义令，2019）、高质量科技成果源头供给不足（任婕，2019）。有效解决上述学者提出的问题，将极大地提高科技成果转化效率，提高企业的生产力。比如，高鹏等（2010）认为，在企业内部建立一套科技成果转化的评估体系，增强企业在科研立项、调试、生产的引导作用，将有助于提高科研成果转化的可行性。

综上，面对科技成果转化企业可以从三个方面入手解决难题。一是建立科技成果转化评估体系，结合国际通用的绩效指标将研发经费、科研人员数量、项目设计专利数等都纳入评估体系。二是与高校达成合作意识，聘请专家共同研讨创新提案，招聘在校内参与过同类别项目研发的学生进入生产线，培养复合型人才。三是结合企业内部的科研绩效考核建立激励机制，利用股权、分红、奖金等方式激发技术和管理人员的创新积极性。

2. 评价科技成果转化的指标和体系有待提升

2017 年，科技部废止了《科学技术成果鉴定办法》，将科技成果评价的研究下放到了地方和机构，部分省市这才开始开展科技成果第三方评价工作。由于地方评价机构开展对科技成果评估的时间较短、经验不足，这些科技成果评价机构和成果转化评价体系还处于探索阶段，有待提升。关于农业科技方面，我国农业科技成果评价以政府科技管理部门的成果鉴定的方法已不再适用，需要建立公正客观的第三方科技成果评价机构，促进成果的转化交易（边全乐和杨韵龙，2014）。关于中医药科技评价方面，我国现有的中医药第三方评价机构无法满足行业科技需求，而且缺乏这样完整充分的制度体系支撑，成果所有者偏向选择对自己有利的成果评价方式，不利于行业的整体发展（刘强等，2018）。关于高校科技成果评价方面，我国高校多以科技成果评价结论作为职称评定、奖金发放、课题结题的标准，未将走向市场并顺利转化作为主要目标，缺少以高校为评价主体的科技成果评价体系（秦乐，2019）。另外，不管是哪一个领域的科技成果评价都面临着专家评议制度和信誉制度还不够完善、缺乏对科技成果评价报告法律效力的政策支持的问题（胡亚菲，2018）。这时就需要发挥政府职能部门的指导和协调作用，加强对科技评价机构和评价专家的监督管理，建立科技评价责任机制（曹严等，2020）。

随着第三方科技成果评价机构市场的发展，评价指标的选取也更为科学，现采用的多是定量与定性结合、多维度、分级指标来对科技成果作公正合理的评价。李艺全（2017）就是从科技创新基础能力、科技创新产出能力、科技创新服务能力三个方面构建了科技创新能力的评价指标体系，但是这些指标只能评价机构技术转移能力，缺少科技成果转化的标准测度指标（许端阳，2013）。陈思英（2019）就认为国内的这些科技成果转化评价指标不够全面，关于科研技术先进性、社会推广、转化风险的相关测量还有待提高。高家宏（2020）发现，绩效评价指标中的专利实施率、技术合同成交量等过于笼统且缺乏严格界定，认为应当从经济视角寻找反映社会整体科技投入与经济产出效率的指标。而且相比国外，我国的科技成果转化指标缺少不同技术转移渠道之间的成效对比，缺乏国际可比性。

3. 构建科技转化平台能促进产学研交流合作

李军民（2013）认为，搭建种业科技成果托管平台，能为种业企业和科研育种团队提供一个集成果展示、评价、交易、产权代理等服务于一体的管理机构，有利于调动科研人员研发创新的积极性，引导科技成果转化。姜天一（2014）通过对军工科技成果转化平台的研究发现，平台会定期对军工科技成果进行整理，组织专家对成果进行评估，筛选出适合企业转化的成果，促使双方有效沟通并建立信任关系，是军工单位和地方企业的纽带。曹亚君等（2019）通过对航天科技成果转化平台的研究发现，平台不仅能够汇聚一批优秀的航天科技成果，还能以集中展示和交易对接的方式，吸引投资机构、民营企业共同参与军工科技成果转化和区域经济融合发展。赵峰（2020）认为我国的成果转化效率低是因为缺乏一批如斯坦福大学技术转移办公室、德国史太白公司这类专业性服务机构的支撑。而现有的研究也表明，科技服务平台确实能够聚集人才、服务、设备、成果等多项资源，实现跨区域、跨行业、跨领域的用户沟通和交流（何平等，2020），能实现数据、业务和用户层面的有效连接，做到真正的资源共享（李文全和徐素萍，2020）。傅利平和涂俊（2015）研究发现，企业与大学和政府之间的互动，在促进企业技术创新方面发挥了积极作用。

在第三方平台上进行交易，买卖双方都会更加放心，因为平台不仅要对交易专利进行保护，还要对科技成果进行有效评价，要提供一个公正的交易环境。在这里，技术交易双方的信息不对称性也会得到消除，大大减少了沟通和谈判成本。但由于我国各平台间存在架构差异、缺乏统一描述标准，资源无法形成聚拢，不能很好地实现信息共享，这也是技术转移平台发展的短板。

4. 有效的激励方式能够提高科技成果转化率

聂常虹和武香婷（2017）通过对技术入股和创办企业两种股权激励模式的分析，认为股权激励有助于促进科技成果转化。现实中，先进技术科研院就凭借院所的医学成果和专利入股了一家医疗设备公司，并占有该公司 25% 的股份。刘慧等（2020）从利益分配、经济效益、制度落后等多角度分析了职务科技成果权属混合所有制改革的必要性，认为将科技成果所有权变更为单位、个人混合所有，之后进行的技术转移交易产生的利益，需要按比例分发给个人也是一种调动科技人员积极性的激励方式。锡权等（2020）建议企业突破薪酬的激励桎梏，在子女上学、老人就医等非货币激励方面形成配套措施满足高端人才的需求，努力实现科研人员价值创造与所获报酬相匹配。杨思军（2020）认为，想要提高科技成果转化率，最好取消国内的专利奖励，将科研人员的目光从专利申请转移到具有商业前景的项目上。

5. 政府推动科技成果转化的作用和不足之处

政府可以通过对市场的宏观调控，创造一个良好的科技成果转化的外在环境（喻金田，1998）。在外部的影响因素和政府的内生驱动下，形成以政府为中心、联络各方、维系关系的通信网络，可以使社会发展总体目标与市场现状达到平衡，实现利益最大化（宋慧芳，1995）。只是政府在对科技成果转化进行调控时要注意，调控方向需要随着市场动向的变化而变化，以便及时更新市场发展动态并修订政策，维护科技成果转化市场的健康发展（刘彦蕊和丁明磊，2014）。刘溶沧（2000）研究发现，政府参与的科技成果转化的研发、投产、销售、运营等阶段不同，会对转化起着不同程度的促进作用。何金（2015）认为，科技成果转化中的重要一环就是要保证人才的对内培养和对外吸纳，政府需要保证科研人才和相关人员的顺利输送。

史童等（2020）构建 PMC 指数模型对 2019 年发行的科技成果转化政策进行评价，发现这些政策在性质方面缺乏预测、引导性，在时效方面没有明确划分短期、中期、长期。范瑞泉（2020）发现，科技成果转化利好制度所带来的效应并没有预期大，主要是因为专职于科技服务人员的数量不足，科研人员对红利政策不够了解。杜宝贵和张焕涛（2018）收集了大量的科技成果转化相关政策进行分析，最终判断我国的政策体系是由上而下推动的，采用的是"国家、部委、省级及以下地方政府"架构。马江娜等（2017）选取了 50 份陕西省政府颁布的科技成果转化政策进行分析，发现这些政策为科技成果转化的发展制定了大政方针，但缺少有关部门出台的细则规章,尤其是在人才培养、科技信息支持方面的应用较少。

(二) 国外相关研究

1. 科技成果转化促进科技创新与经济增长

科技创新已经成为企业发展的重要因素和核心竞争力。Lee (2010) 认为,先进制造业想要占据市场份额,就要不断开发新技术与其他公司进行区分,这时评估和选择具有关键技术的科技成果进行转化就变得十分重要。但是需要注意,并非企业开发的所有技术都可以立即使用,技术转化具有时效性,有效管理企业内部科技成果的转化也是维持企业活力的重要方式 (Nayyar, 1994)。而且企业将科技成果转化为生产力不仅会提高企业的经济实力,也会带动地方经济的发展。特别是在工业发展被视为"振兴经济的重要战略的厄瓜多尔",企业的科学技术研发转化已经成为经济发展的主要形态 (Torres 等, 2018)。Savon 等 (2020) 的研究也表明,组织创新活动主体之间的技术转让能够确保俄罗斯经济的可持续发展。

又有学者发现,跨国公司的科技成果转化能同时带动本国企业和地方企业的科技与经济发展。Blalock 和 Gertler (2008) 研究发现,跨国公司将技术转让给当地供应商,可以提高被投资企业的生产率并降低投入价格,而且技术转让还能带动供应部门下游其他部门的买家也受益。Kamal (2002) 认为跨国公司的技术转让会促进贸易增长,跨国公司引进的技术会扩散到本地公司,带动当地公司的技术升级和经济增长。Urata 和 Matsuura (2012) 通过分析日本跨国公司在海外分公司内部管理技术转移的模式,发现将技术转化任务下发到分公司所在的发达国家而不是本国,会加快成果转化进度。

2. 促进科技成果转化的措施研究

企业作为科技成果转化的主体,无论是将科技成果纳入企业中,还是在内部进行研发都会对国内外的技术转让起到重要的补充作用 (Hu, 2005)。有些政府运营的研究实验出产的技术过于先进,转化成本也过高,只有资金足够的大公司才有能力接收并向市场渗透 (Walsh 和 Kirchhoff, 2012)。Teece (2003) 研究发现,科技成果转化没有固定的经济模式,有着丰富制造经验的企业在进行技术转移时花费的成本也较低,特别是对机械技术的转移。上述学者的研究表明,企业肩负着科技成果转化的重任,也具备将成果转化为生产力的能力。只是,企业经营囿于企业规模、发展战略、人力资源的限制,无法兼顾科技研发与转化,实现转化的真实能力还没有发挥出来。

鉴于此,学者们对提高科技成果转化率提出了不一样的解决方案。一是加强企业与科技成果研发方的沟通:Jimenez 和 Moreno 等(2013)调查发现,企业主动地与大学建立关系有助于提高科技成果转化率,进而提高企业绩效。Kyung 和 Gibson(2000)表示,阻碍知识与技术转移的关键因素是沟通、距离、模糊和动机,如果企业能主动承担研发与转化双方之间的研发动机交流,就能有效减少接收技术的距离和模糊感,提高科技转化率。二是以激励手段提高科技成果转化的执行力:Bozeman 和 Barry(2000)提出,激励机制能够使企业积极进取地追求技术转让和商业成功。Siegel 和 Phan(2004)通过文献研究发现,健全的奖励机制对提高技术转让起着重要作用。三是拓宽融资渠道:利用非正式借贷机制促进发展中国家的技术转让和微型企业的成立(Hansen,2015)。四是成立信息数据库:Zofia(2018)研究发现,成立信息数据库专为技术进行评估报价,也是促进企业技术转让的一种支持手段。如果能借用信息库弥合研究机构和企业之间的知识鸿沟,将打算转让的技术进行信息化处理与中小型企业具备的转化能力匹配,则能有效提高企业的科技水平和转化率(Liu 等,2020)。

二、高校科技成果转化的研究综述

(一)国内相关研究

2017 年发布的《教育部办公厅关于进一步推动高校落实科技成果转化政策相关事项的通知》进一步推动落实科技成果转化政策,要求各地高校落实相关激励政策、激发科技人员创新活力、健全技术转移体系。教育部 2018 年印发的《高等学校科技成果转化和技术转移基地认定暂行办法》通知,希望打造一批体系健全、机制创新、市场导向的高校科技成果转化和技术转移平台,形成一批可复制、可推广的经验做法。

随着一系列推动高校科技创新和科技成果转化政策法规的出台,科技成果转化成为了衡量一所高校学术水平以及竞争能力的标准之一,给高校的科研转化带来了新的机遇与挑战。高等学校作为科技创新基础研究的重要来源地,有着较多的科研成果和科技创新项目,对全社会基础研究增长的贡献率为64.6%。如何将高校的研究成果实现转化应用，也是整个科技基础创新生态里的重要环节，众多学者对高校科技成果转化现状提出了自己的观点。

1. 困扰国内高校的科技成果转化的问题

董婷等（2019）提出，高校的评价考核重科研轻转化是阻碍高校科技成果转化的主要原因。目前，高校科研人员申请专利的目的还是以结题验收、职称评定为主，偏离了产生商业价值、激励创新和投资的专利制度初衷（孙芸和金海燕，2019）。刘磊（2019）认为我国大学普遍缺少促进科研与市场相连接的有效制度、缺乏科研成果生产力价值的评价制度是科技成果难以转化为生产力的主要原因：一是高校创新与市场衔接的信息不对称，科技成果供给与需求难以达到平衡，难以形成健全的转让定价机制进而导致科研成果流通困难（李文涛等，2016）；二是高校对终端市场信号不敏感，其科技成果转化行为自然就落后于市场变化，无法像美国一样做到校企成果无缝对接（王金龙等，2017）。陈颖（2020）认为我国高校的科技成果转化率不如发达国家高的原因是，高水平的技术转移服务人才和中试熟化平台严重缺乏。首先，我国缺少一批如斯坦福大学技术转移办公室、德国史太白公司这类顶尖的专业性服务机构（赵峰，2020）。其次，国内现有的技术转移机构存在服务不足（丁超豪，2020），工作人员缺乏专业性（董婷，2019）等问题。

2. 高校建立科技园区，加强与市场的联动性

先进设备和教育资源使得大学具备打造一个集技术创新基地、企业孵化基地、人才聚集和培养基地于一体的科技园的内在条件（卢彩晨，2006），高校再借助这个产品创新平台将学校科研成果引进市场，从而可以加强与企业的联系，提高科技成果转化率（张平，2005）。同时，打造一个成熟的大学科技园区需要涵盖中试、孵化、引资、产业化等多种程序，每一个程序都需要众多的企业与人员，高校很自然地就可以在打造科技园的同时与企业取得联系（付八军，2016）。潘启勇等（2020）也十分支持成立类似美国高校的技术转移中心，让高校从产学研体制角度确保科技成果转化的有效性，诱导实验深层发展、企业深层应用，最终实现技术中心的创新升级。而国内的大学科技园作为承接高校科技成果向企业转移的平台和产学研一体化发展的重要体现，也承担着孵化科技企业、培养创新人才、促进产业升级、提高科技成果转化等多项责任（安益强，2018）。

3. 成立校办企业，转化科技成果

高校的科技成果转化主要有三种方式，一是直接进行专利交易，将专利一次性卖给公司，让公司负责后续转化工作；二是利用技术转移服务平台实施科技成

果转化，如大学科技园、国家技术转移中心、企业创办的技术转移服务平台；三是由高校设立的科研处或者技术转移公司实施转化（江杨和林丽珍，2019）。校办企业相较于民营企业而言，具有得天独厚的科技资源与人才优势，能将教育、经济、科技成果转化三者联系在一起，真正做到产学研相结合，是高校科研成果转化的重要途径（张钰和姚丰华，2017）。彭定赟和王土兰（2016）也认同将高校自行创办企业对科研成果进行管理作为科技成果转化的一种模式。例如，上海交通大学的餐盘嵌有芯片的智能结算项目，就是由交大师生、校友共同研发而成，先在校园内进行试点运用，后又逐渐地推向市场。叶晟洲（2019）研究表示，将院校拥有的优秀的科研项目成果通过内部办企业的方式进行产品开发将十分具有市场。

4. 将科研成果融入教学，培养创新人才

高校应积极实施产教融合教育，参照企业发展模式，实现实践教育、理论教育的并行开展，转变教师与学生教育观念，让科研成果转化以教学资源的方式呈现在课堂上。而且，无论是学校的教学目的，还是企业的人才需要，抑或是学生的价值追求，都促使着高校将科研融入教学，培养出具有较强工程素质和较高创新能力的应用型人才投入社会（赵晨光，2012）。李健（2008）也表示，教学与科研的融合是当前科技教育的发展趋势，是培养创新型人才的前提。周一恒等（2020）提出，将科研成果融入实验教学、引导学生自主地完成一项实验研究工作的教育方式，可以加强学生自主研究能力，培养学生学科交叉意识。这种理论和实践结合的方式，还可以提高学生独立思考和创新能力（裴琴，2020）。只是目前很多高校都缺乏将科研成果转化为教学资源的认知，高校习惯于将成立高校科技园区、成立校办企业、直接进行专利交易作为科研成果转化的主要渠道，很少有学校成立将科研成果向教学资源转化的职能部门（付伟，2020）。

（二）国外相关研究

1. 大学技术转让办公室的相关研究

技术转让办公室是美国首次提出的概念，为了提高科技创新能力，将闲置的科技成果转移给企业实现产业化，美国高校成立了技术转让办公室，聘请专业人士专门负责大学与企业的技术转移转化交易。Markman 等（2005）研究发现，未将技术转移战略与大学技术转让办公室的使命联系起来的学校，很难通过创业创造长期财富，而以营利为目的的大学技术转让办公室结构和以股权交换的许可对新企业的形成有正向影响。O'Shea 等（2005）研究发现技术转让办公室的规模

越大，大学产生副产品的可能性越大。Markman（2005）觉得在大学科技成果的整个转让过程中，大学技术转让办公室充当"技术中介"的角色可以加大技术从实验室向初创公司的转移程度。

大学技术转让办公室确实是大学科技成果面向企业的有效途径，只是有一部分学者认为技术转让办公室的功能还需要改进。在瑞典，由于校内成立技术转让组织的时间较短，许多研究人员并不认可这种转化方式，因此，建议技术转让组织出于发明人的需要、能力和期望以及当地环境考虑来促进大学专利申请（GöktepeHultén，2010）。在法国，建立技术转让办公室使学术成果商业收益最大化之余，还要建立联盟传播研究成果，才能使科技转化效用达到最大（Mireille和Véronique，2015）。Mancha 等（2017）认为大学技术转让办公室应使用许可条款和惯例，以确保其管辖范围内的技术进入市场并实现其财务和社会潜力。Siegel 和 Waldman（2003）研究发现，大学技术转让办公室的工作人员缺乏必要的业务技能和专业知识会严重降低科技成果转化率，而教师的奖励机制则能促进高校完成科技成果转化。

2. 大学参与科技成果转化的正向效应

大学参与科技成果转化会在一定程度上提高科技成果转化率，德国采用的就是高校带动科技成果转化的模式。这种模式在实践过程中成效明显，带来了不小的经济效益，并极大地推动了当地产业结构升级（Harhoff，1999）。O'Shea 等（2005）表示，学校开发商业基础设施、招聘科学和工程学术人才、与企业或政府成立基金支持创业等行为都会促进科技成果的商业化。Wright 等（2004）发现，大学的研发氛围、转化流程和资源、科研人员的企业家精神以及对市场的认知都对衍生企业的创建和发展过程产生影响。Gwizdała 和 KŚledzik（2017）发现，研究和创新都可以由大学产生，大学执行的技术转让可以有效破除知识流动障碍，这也扩大了大学的社会责任范围。Friedman 和 Silberman（2003）采用回归分析法，验证了教师参与技术转让的奖励、大学在高科技企业集中地区的位置、明确的使命感、大学积累的科技转移转化经验会对大学的技术转让起到正向的引导作用。

3. 促进高校与企业合作的相关研究

Marino 等（2008）提出，将大学的科技成果嫁接到中小型企业的创新技术转让任务中，借助企业的工业和管理流程的自动化来提高转化率，同时提高企业的创新能力。Shun‐Bin（2012）认为，大学与企业建立长期合作的方式，有利于促进学校的专利技术向企业转移。Han（2015）发现，法国政府为促进高校与企业的合作，建立了国家科技成果推广署，创办了咨询服务所，积极向企业推广各种科技项目。Fang 等（2018）研究发现，发明人如果能对企业提供技术服务，可以促进大学的科技成果向企业转移，有利于企业与学校形成长期合作。Sobkowicz（2013）表示，建立科技园区和孵化器是政府、大学和企业寻求合作的一种方法，能够提高大学在科技成果转化中的参与度。Anderson 等（2007）认为，学术研究人员、技术转让办公室和私营企业的共同参与有助于高校科技成果转化。

4. 规范大学中的非正式技术转让行为

非正式技术转让的渠道在大学中可能很普遍，学校应该将版税分配公式向教师倾斜，在晋升时更重视专利、允许职工创业纳入技术转移转化机制中，尽可能将这些活动正规化（Link 等，2006）。美国、欧洲等国家为了防止高校教师私自转化科技成果，建立了发明转让协议（Meng 和 Tong，2010）。Fitzgerald 等（2014）认为学校需要寻求专业人士使技术转让活动正规化。Baishun 和 Xie（2009）则认为应该增强法律法规的可操作性，提高大学知识产权保护和运营意识，通过法律手段规范大学科技成果转化行为，让大学在协同创新中发挥作用。

5. 大学生创业促进科技成果转化

Czarnitzki（2016）研究发现，德国联邦政府将专利权的所有权从大学研究人员转移到了大学，促进了大学与大学之间的技术转让，加强了大学发现的发明专利与大学创业之间的关系。Beyhan 和 Findik（2017）认为，大学可以着重培养学生的组织能力和创业精神，让他们根据大学拥有的知识产权创建自己的技术新企业或衍生公司。Phillips（2018）表示，大学提倡研究成果的商业化，有利于专利发明者成立自己的初创公司。因此，大学需要尽早认识到将技术转让与学生的创业精神联系在一起的重要性，开展创业培训课，让学生获得重要的创业知识，让大学的技术转让变得更具有探索性（Lundqvist 和 Williams，2018）。

三、高校科研成果转化促进科技企业发展研究综述

（一）校企合作

李美桂等（2020）通过对双创示范基地的先进经验研究发现，成立高校与地

方共建研究院可以有效化解科技成果转化中科学与生产需求的结合、机构间的协作意识的难点。卢立珏（2018）通过对美国高校科技成果转化走向成功的过程进行研究发现，美国高校转化的关键因素是技术转化办公室。何如喜（2014）在对比中外科技成果转化经验后，也提出了将科技成果转化机构打造成为政府、企业、大学联系网络的提案。于耀翔等（2020）从筹备、工程、产品、产业四个阶段详细描述了校企合作的可能性，认为校企协同是提高科技成果转化率的有效途径。例如，吉林大学就与某家科技公司，共同探索钻探装备的研发、共同培养科研人才。

国内高校还是偏重科研，缺少将新技术和新理论直接变成应用和产品的能力。而国内高校的科研管理部门职责偏向于专利的登记备案，缺少对技术成果的市场挖掘，个别高校开展的技术转移工作方面也不成体系缺少章程，这种单一管理使得高校鲜有技术成果能得到转化利用。就此，我们不妨借鉴国外，在校内成立技术转化办公室作为大学、产业、政府之间的技术聚集地，为内部技术与外部客户提供联系平台。例如，西安交通大学的科研团队研发的煤炭超临界水气化制氢发电多联产技术，就是由学校出面将该技术交易给了能源技术有限公司，借助公司的产业链实现该技术的产业化。

这种转让方式仅是校企合作的一种形式，我们不妨加深这种联系，让校企合作从科研立项前的市场调研起步，然后在技术开发、技术咨询、技术服务等方面不断加深合作。一是企业支持早期科研，这样学校和企业都可以转移一部分研发风险，事后，学校的专利转让也有了可交易的对象，企业也能获得与发展战略相契合的核心技术。二是企业投资科技成果转化，很有可能得到转化成功带来的巨大潜在利益。

而且政府也鼓励高校科技人才与企业界实现双向流通，落实在学校应表现为：学校鼓励教师在不影响完成学校自身任务的同时，到工厂企业兼职，担任企业的技术顾问，针对生产技术问题开设训练班；提倡科研选题面向应用技术，把为工厂企业的技术开发、产品开发作为一项科研任务。另外，高校也可以帮助工厂企业做好吸收和消化先进技术的工作。

（二）大学生自主创业

培养具有创新意识和创业能力的人才，是高校促进科技成果转化的重要手段和职责（裴琴，2020）。岳华（2012）表示，高校将科技成果转化引入创业培训课程，可以激发大学生的创业兴趣，而且创业培训的过程有助于大学生将专业知识融会贯通，为今后创业就业打下良好基础。再者，高校科技成果也为大学生创业提供了选择，这也极大提高了创业可能性（赵绍东等，2013）。李娜等（2015）也认同大学生以校内科研成果为基础进行创业，并表示这种方法既能有效化解高校科技成果转化难题，又能为大学生创新创业提供有效载体。彭定赟和王土兰（2016）发现，依托高校科技成果对大学生进行创业教育，不仅能有效提高转化效率，还能缓解社会就业压力。黄敏（2019）认为将高校科技成果转化与大学生创业形成联动，会为高校、为社会企业带来双赢结果。

综上所述，大学生创业是一条切实可行的道路，既能促进开基创业又能提高科技成果转化率，而且大学生想要创业有着天然的优势。一是有良好的师生关系，与学校联系紧密，可以获得更新的技术。二是大学生年轻有活力、勇于拼搏、创新能力强，一旦开始创业就可以为市场注入新鲜血液、提供新思路。三是大学生在校期间有着丰富的科研、实验和实习经验，对所创立企业的研究有深刻的认识。

但是当大学生开始着手创业时，又会发现在创业过程中存在各种难题。霍姗姗（2018）发现，大学生缺乏对市场的认知，创业时倾向于资金回笼快的项目却忽略了激励竞争。兰洋碧等（2018）认为，社会经验不够、不了解市场需求、创业初期资金不足是困扰大学生自主创业的难题。张静（2020）表示，困扰大学生创业的因素可以分为两种，一是内部因素即大学生缺少创新意识、创业素养和创业能力，二是外部因素即政策帮扶、融资渠道、社会环境未能对大学生创业提供助力。陈英昭（2020）通过调研发现，大学生自主创业的隐患在于资金筹备困难、创业培训机会少、缺乏创业信息。

针对大学生创业面临的问题，学者们也纷纷提出了解决办法。罗曼曼（2014）提出，大学生选择高校科技成果进行创业时，可以让教师对科技成果转化进行指导，以便于同市场进行更好的接轨，而且学校还可以就科技成果开设向企业转化过渡的培训班，提升大学生科技创业的意识和知识储备。李娜等（2015）建议，建立高校科技成果转化与大学生创新创业平台，收集有市场前景、有企业需求的科研信息为大学生创业提供市场导向，帮助大学生制定具体的商业规划把技术发明推向市场，吸引社会各部门的投资。郑皓文（2017）认为，政府相关部门及高校要为大学生创业提供法律、税务、财务等创业咨询服务，要为大学生开展创业培训、建立公共信息服务平台为大学生创业提供数据支撑。夏镇波和张亮亮（2020）发现大学生在选择创业项目时可以从自身所学专业领域的科技成果入手，这样既提高了大学生创新创业的技术优势，又促进了高校科技成果转化。梁朋（2021）表示，高校还可以聘请具有较强专业知识和创新精神的企业家为大学生提供创业指导。

（三）高校教师参与科研创业

学校应当将教师视为科技创新及转化的重要力量，或是引导教师在职创办企业、参与企业的技术指导，或者鼓励教师有计划地离岗创业，都能将高校大量闲置的研究成果转化为生产力。高锡荣和张钟昱（2009）实证研究表明，高校教师对企业提供技术咨询服务的行为，会促进企业的专利技术开发和科技成果转化。部分学者表示，大学教师的学术创业是基于传统职责外的知识转移转化行为，能够帮助大学实现科技成果转化使命（付八军和王佳桐，2020），是大学聚焦市场需求的一种有效办法（袁传思等，2020），只是学校还需要制定灵活的政策鼓励本单位科研人员到企业开展创新创业活动（白朴存等，2020）。又因为中小企业相对于大企业缺乏研发资源，更注重通过产学合作实现科技创新和成果转化，所以教师在选择合作企业时应倾向于中小企业（陈凡，2020）。

众多学者的研究都表明，教师参与科技成果向创业转化既能提高高校的科技成果转化率，又能为科技创新创业贡献一分力量。而且教师参与创业有着十分显著的优势，首先，高校教师能够正确评估自身的学术能力和科研能力，对于科研成果商业化的概率大小能够做到心中有数，不会盲目创业。其次，优秀的教师在授课时都会做到实际和书本相结合，时刻关注着市场动态，以便给学生做到言传身教，他们对市场有着充分的了解。最后，教师与校方联系紧密，能够第一时间获取学校最新发明专利的资料。

虽然，国家发布了《关于大力推进大众创业万众创新若干政策措施的意见》以及《关于进一步做好新形势下就业创业工作的意见》等政策文件鼓励在校教师离岗创业。但是高校教师离岗创业仍然面临着审批程序烦琐、离岗创业税收偏高、地方政府的扶持和资助较少、高校缺乏配套制度的困境（顾训明和徐红梅，2016）。这就需要高校重新制定教师离岗创业的制度（马喆，2020），规范其离岗创业时间，保障教师享受原有的工资待遇和社会保险，允许离岗教师以科技成果转化的经济效益和社会效益参与职称评定（李玉清和许朗2006）。政府也要尽量为离岗创业的高校教师减税，以调动高校教师参与科技成果转化工作的积极性（顾训明和徐红梅，2016）。

也有学者认为教师参与大学生创业也能有效助力科技企业的发展。夏镇波和张亮亮（2020）的研究中发现，大学生创业意愿虽强可成功率却较低，需要教师对他们进行创业培训。常宇等（2017）则认为由教师牵头，以科研成果为基础，以大学生为主体的师生共同创业模式，能够同时提高创业成功率和科研转化率。陈柏强（2016）建议，教师将自己的课题成果交由学生进行转化，或者在技术层面对学生的创业项目把关，为高校探索出科技成果转化和人才输出相结合的创业模式。高校还可以将拥有创业精神和科研能力的教师聚集起来，组建一支优秀的师资队伍，对学生进行系统的创业培训（谢冰蕾，2021）。

第三章 科技创新发展的
国内外经验比较

一、美国科技创新发展的经验

（一）完善的资本市场支持科技型企业的快速发展

一直以来，美国都将市场视为分配资源和促进经济发展的主要手段，随着时间的推移，它已演变成以政府引导、风险投资业和证券市场相互联动、技术与金融相互结合的扶持机制。首先，美国政府不直接参与中小企业的科技创新，而是成立小企业管理局（SBA）引导民间资本流向科技转化行业，推动商业机构对小企业投资或贷款，进而使这些中小企业具有将科技成果转化为商品的实力。之后，美国政府又出台了《1980年中小企业投资激励法案》，引导创建了商业发展公司，并要求公司按总资产70%以上份额为符合监管要求的中小企业贷款，这一举动极大缓解了科技型中小企业融资难的问题。

其次，美国的小企业信用担保体系较为完善，其特点是政府资金承担了大部分的担保资金、具有健全的法律制度和多层次的组织结构。在立法保护上，SBA根据《小企业法》，推出了小企业贷款担保计划并与7000多家贷款机构合作，对初创期且快速成长的微型企业提供短期周转性小额贷款，对15万美元及以下的贷款提供85%的担保，对15万美元以上的贷款提供75%担保，贷款额最高可达200万美元；在空间布局上，信用担保机构呈网状式分布在美国各地。SBA为了有效贯彻和实施政府发布的政策，在每个州和较大城市均设有分支机构，地方政府和社区也提供区域性专业担保、社区担保；此外，美国还运用信用评级的方式给每个企业以客观的评价，让投资者的投资更稳定。

这种政府担保的方式为小企业提供了大量杠杆融资的同时，也促进市场自发成立了一些能够接受高风险的投资机构。尤其是大规模的科技产业园区周边，围绕着初创企业更是伴生出了多家具有营利性质的风险投资公司。例如，硅谷银行就设有专门为科技型中小企业提供金融支持的业务，银行也因为共享创业企业的成长取得了较高的资本回报率。30 年的时间里，美国科技型企业收获的风险投资额占世界风险资本投资金额的一半以上，至少有 50% 的中小企业在科技成果转化过程中得到过风险投资的帮助，而高度市场化的投资机制很大程度地促进了科技创新。

（二）科技服务机构的领先发展助力科技创新

1. 美国是企业孵化器的发源地

美国是世界上孵化器发展得最早、最成功、最完善的国家，也是世界上企业孵化器最多的国家，2008 年约有 1400 家。孵化器最初成立的目的是抑制经济衰退，振兴地区经济发展。从成果上看孵化器无疑是取得了成功，并且由于其促进经济增长、提升科研成果转化率、建立科技企业的功能强大，被世界各国借鉴吸收，成为各国比较科技发展进度的评判标准之一。

美国孵化器的发展可以分为四个阶段：第一阶段，美国兴起科技企业孵化器概念。政府与社区合作，以财政补贴的形式建立和降低公司的融资成本。第二阶段，美国的孵化系统初具规模。政府对孵化器的扶持由直接资助逐渐转向了信息支持和网络建设，企业孵化器的目的也由促进初创企业的成立转向保证企业的生存和发展。第三阶段，孵化器成了一种新兴企业。非盈利孵化器在市场上的比重减少，大部分孵化器都按照企业模式运营，经营改由专业的管理者来承担，经营中心也更偏向于从科技的角度识别市场机会；第四阶段，由企业家、技术员、投资者组成企业孵化集团。多元控股集团、风险投资者、高端技术人才、多控股集团的结合共同构建了孵化器这个培养基地，让新型科技企业能在孵化器里体验到诞生、成长、壮大的整个过程。

2. 美国有着良好的成果转化服务机构

美国颁布的《杜邦法案》道破了大学与企业科技创新的本质区别，成立的大学科技转化办公室、企业孵化器、科技园等都是为了补足大学科技成果缺少企业认知的短板。之后美国成立了科技成果转化的中介机构，提供信息双向传递、技术转移培训、宣传最新法律变更、负责专利申请等多项服务。美国许多高校也纷纷成立咨询公司、大学专利公司、综合服务机构、联络办事处等，这些机构一方面为高校教师、科研人员的成果寻找市场，另一方面加强企业与高校科研人员之间的联系、协助高校人员确立需要的课题、帮助企业寻找解决其技术难题的科研人员。美国的转化机构数量众多，经营模式和服务的科技种类也各有侧重，这也为各类成果提供了一条可行的转化路径。

而且，美国的各类中介机构提供的服务类同"过滤原理"，在层层过滤下，尽可能将所有科技成果进行筛选，实现转化。第一层是美国高校自身成立的技术转移办公室（OLT），美国几乎所有的研究型高校都设立了该办公室，并全权负责该校的技术转移工作。第二层是大学技术管理者协会（AUTM），该协会采用会员制的管理方式，将大学、科研机构和企业结合在一起组成协会，为技术供给与技术需求的匹配提供平台。第三层是区域技术转移中心（RTTCs），美国按地域划分成立了六个地区技术转让中心，该技术转让中心吸纳了地方高校无法交易以及研究机构的科技成果，在转化时注意满足辖区内企业家的需求，帮助这些科技成果实现就地转化。第四层是美国的国家技术转让中心（NTTC），其负责转化的对象主要是由政府资助产生的科技成果，负责的也是更高端、更复杂的科技成果的转化工作。它以先进的计算机网络将700多个联邦实验室、大学和私人研究机构科技成果联系在一起，迅速地推向社会和工业界，为企业家提供区域技术转移中心无法供给的技术。

3. 美国孵化器仅以高新技术产业和新经济为服务目标

美国基本上算是放弃孵化传统科技，只专攻于新型技术。美国孵化器对传统制造业的服务占比一再下降，到2012年只剩3%。这表明美国侧重新型科技企业的发展，集中资源将新科技成果尽可能地转化，这也是美国科技创新始终领先世界的原因。我国在创立孵化器时最好也先思考一下未来的发展方向，是像美国一样专注于新型科技企业发展，还是像下文的德国一样兼容传统与新型科技。

（三）高校重视科技成果转化成为美国科技创新的关键因素

1. 美国高校注重知识产权的保护

美国政府颁布的《拜杜法案》规定，各高校对其开发的科技成果可以拥有知识产权。在此基础上，美国高等学校也分别颁布了本校的行政法规，对教师的发明创造的归属权做出了明确细致的界定。美国多次修改和完善了《联邦技术转让法》，激发了大学参与技术转让和营销活动的积极性，引导许多著名大学都制定了相对完善的专利管理体系。

高校对技术成果的开发、试验、成果转化整个过程，采用严密的知识产权保护程序。由于美国专利法规定，专利颁发给最先发明人而非最先申请人，而发明人的认定依据以实验室记录为主。因此高校十分注重实验室记录的管理和保存，要求实验室记录的关键内容书写采用手写，完整记录科技研发的进展，能证明试验结果于何时、何地、何人做出。对于正在准备申请专利的发明，高校为保证发明的保密性和新颖性，要求发明人在与企业谈论发明，或进行学术交流时，必须事先签订保密协议。关于专利所有权问题，各高校采用的规则大体都是，在职教师利用学校资源进行研发，专利归学校所有。但是在专利权之外，会对专利发明者予以优厚的资金奖励、提高教师职称、资源配置的优先权等，激发研究人员的科学创新能力。

2. 美国高校对科技成果转化的利润有着详细的分配规则

科技成果成功转化后，美国高校给予发明人及相关主体丰厚的报酬，而且利润分配规则详细，涵盖了技术人员、中介机构、高校在内的全部参与者。总的来说，大学在分配科技成果利润时，基本采取固定比例制和累计递减制两种方式。例如，麻省理工学院采用的是固定比例制，学校将技术转让所得利润的15%用于技术转让办公室的人工成本，余下部分采用平分制：1/3属于技术发明人，1/3属于发明人工作的部门或实验室，1/3属于学校收入。而夏威夷大学采用的则是累计递减制，学校规定校内人员利用经费、设备、基础设施及团队所取得的创造发明，其专利收益在30万美元以下，发明人可以分得收益的2/3；专利收益超过30万美元，发明人按1/3比例获取收益，发明人的所得比例随着收入门槛的提高而下降。同时夏威夷大学也规定，对于不使用大学的各项资源研发成功的科技成果由发明人自己拥有，学校不分享利润。

3. 美国高校的科技成果转化机制也十分完善

最具有美国高校科技成果转化特色的就是技术转移办公室（OTL），美国几乎每个高校都设有该部门。OTL打开了学校通往市场的大门，为科研人员与产业界搭建了沟通桥梁。在未成立技术转移办公室之前，高校对每一份专利的保护、评估和转让都要进行单独计费，而且高校在项目转化成功之后获得的利润也较低。成立之后，学校直接管理知识产权，聘请专业团队对科技成果转化提供全程服务，避免了技术转移转化的不必要支出。例如，斯坦福大学2013～2014年，通过OTL转移了655项技术，收获了1亿美元的特许权使用费。

4. 美国高校科研项目资金丰厚

丰厚的科研项目资金资助，为推动高校科技成果转化提供了财力支持。美国高校的科研资金在 2013 年就超过了 600 亿美元，其资金来源分为联邦政府研发资金投入和非联邦政府研发资金投入，其中联邦政府投入占 60%，非联邦政府投入占 40%。非联邦机构中有地方政府、企业和非营利组织对高校研发投入资金，而且这笔投入金额还随着市场上科技成果转化的高额回报而不断提高。市场提供的科研经费，极大地推动了美国各高校科技成果转化的进程。

联邦政府有 7 个部门正在拨付科研经费，其中，美国卫生与公共服务部资助高校科研资金逐年增加，投入额占到整个联邦资金投入的一半以上，而卫生部投入的这笔资金主要用于医学和生命科学的研究。这也是联邦政府发放研发资金的特色，每个部门发放的资金仅用于支持大学在该领域中进行研发，目前已有国家航空航天、新型能源、农业科技等相关领域开展科研创新。美国科学基金会是第二大提供科研资金的联邦机构，2016 年的投入金额达到 77 亿美元，其中约 20% 的资金用于高校的数学、电脑、科技等领域的研究。充足的研究经费不仅促进了研究成果的产生，也使学校和教师能够比较从容地面对转化过程中的经费压力。

（四）中美经验比较及启示

2018 年国外媒体公布了一份全球 100 大科技领导企业榜单，评选在运营上最为完善、财务上最为成功的科技企业。纳入评选的科技企业仅限于年营收 10 亿美元以上。这份名单上中国只有三家公司进榜，分别是腾讯、联想以及中兴通讯。而榜单上 45% 的企业将总部设在美国。我国的科技市场上不乏尖端企业，但距离赶上美国还有很长一段路要走。例如，中国 IT 行业也开发了不少海外市场，却始终缺少自己的智能手机芯片。

在科技孵化器和创业园区方面：我国孵化器的成立多是由政府出资建立，资源有限导致科技企业的发展也受到限制，无法同美国一般调动社会力量。而且，我国还未成立世界顶级科技园，孵化器的作用还不够突出，无法引动投资意向的企业在评估风险后对新型科技企业进行投资。在市场融资方面：美国的风险投资和融资市场已经趋于成熟，科研项目在评定等级良好的情况下，很容易找到投资公司参与转化。而中国在投资机构数量、资本总量、投资金额上虽然比以往有所增加，却依然处于成长阶段。

与美国相比，缺乏资金支持也是制约科技成果在陕西转化最重要的因素。一是陕西省科技企业在证券市场融资规模小。目前，全省在国内主板、中小板和创业板上市的企业共有 50 家，相比于我国经济发达省份都有所不足。广州地区境内外上市公司累计超过 162 家，深圳上市公司在 2010 年达到 148 家，市值超 2

万亿元。二是创业投资机构发展缓慢，尤其是本地化的创投资金比较少。陕西省西安地区在行业管理部门备案的创业投资机构仅有 14 家。

二、德国科技创新发展的经验

（一）德国中小企业是支撑德国科技发展的中坚力量

相比于大型科技公司，中小企业才是撑起德国制造业的中坚力量，为国家创造的就业量和 GDP 远超过大公司。德国中小企业占全国企业数量的 90% 以上，贡献的国内生产总值占 50% 以上，为全国提供了超过 60% 的工作岗位。德国的中小企业极具创新性，对市场需求反应迅速，凭借着技术优越性，在专业领域独占鳌头。20 世纪初，德国科技企业在全球市场占有率高达 70%，这表示，德国的中小企业不仅是在德国企业贡献大，而且在全球科技市场上也占有一席之地。

这些被称为"隐形冠军"的德国中小企业，成为德国科技企业发展的中坚力量的原因在于：第一，中小企业将市场和技术视为两个同等重要的驱动力。战略就是集中资源将科技产品做优做精，能够凭本公司的研发的力量解决生产及产品升级问题，确保公司在产品质量、顾客最关注的领域上做得比对手强。而且，德国中小企业有介入尖端技术领域的渴望，其在测量及自动控制技术、医药和信息通信技术方面的研发活动日趋活跃。第二，政府格外重视科技成果向中小企业的转移。具体表现在德国政府成立中小企业研发创新支持项目（KMU），对企业进行研发的科研项目直接补贴 50% 的资金，并要求公立科研院所与中小企业建立合同式研发模式，同时还结合大学、科研机构、中介机构为中小企业提供转化所需的知识与服务。

（二）德国科技企业多样性的孵化形式

德国企业孵化器的成立方式是政府主导：政府出面为孵化器提供建设资金，组织建设工作。政府仅在孵化器成立之初提供资金、政策和信息网络的支持，在企业孵化器成立之后就退出市场，孵化器的具体经营还是由股东负责。德国孵化器主要特征是依靠社会力量：孵化器的发展需要企业、高校、房地产商等多方社会团体的共同参与。首先，各团体可以发挥各自优势，企业可以提供资金、高校可以提供科技成果、房地产商可以提供办公场所作为原始投资，占有一定比例的股份共同经营孵化器；其次，社会各团体也是孵化器的客户，高校通过孵化器将无形资产评估定价，企业更是与孵化器存在供求关系，其余各方也可以在孵化器中寻找可供投资的科技产品。德国孵化器经营模式采用的是股份制：通过吸引多方共同参与企业孵化器的经营管理，缩减了管理人员费用，提高了管理效率，让孵化器以企业的经营模式实现持续发展。德国孵化器的类型是多样性：它不仅涵盖高技术领域，还吸收传统技术企业，并且提供创办企业所需的一应服务。

德国孵化器大致分为三种经营模式：一是成立孵化器的企业是不以科技成果转移转化为主营业务的综合性公司。这类公司成立孵化器公司既是为了扩展业务范围，也是为了获取科技成果转化后的高额收益，如汉诺威经济发展促进公司。二是与大学合作，为大学生、青年人营造良好的创业生态环境。这类孵化器公司的主营业务是设立创业课程，对创业者提供咨询、培训，也会对拥有高新技术的创业者提供资金和孵化场所，如慕尼黑工业大学企业家中心。三是有政府背景的孵化器，这类孵化器的占地面积更为广阔，能容纳上百个企业一同孵化，如慕尼黑科技园。

作为技术变革的动力，德国技术孵化器的作用不断得到加强，并与社会需求密切相关。德国孵化器最初是以推进东部经济发展为目标，在实现了东部地区的产业调整后，又将培育科技企业，作为促进经济发展、为民众创造就业机会、实现科技成果商业化的一种手段。之后，孵化器又与国际接轨，将孵化项目延展到国外。在发展过程中，一半以上的德国科技园和孵化器加入了德国科技园和孵化器联合会（ADT），其科技孵化也由单一发展演变为联合发展。德国孵化器还承担中介的角色，通过有效传导政府对中小企业科技成果转移转化的优惠政策，帮助政府分配对中小企业的经济补贴，加强政府与企业的联系。通过向在孵企业提供技术指导和启动资金，通过整合大学科研力量向企业转让专利权为企业解决技术难题，加强了高校与企业的关系。

（三）高校与企业的合作是德国高等学校科研成果转化为生产力的重要途径

据德国工商会提供的数据，德国有 80% 的企业已经把转移转化高校科研成果视为企业技术创新的一条捷径。随着持此观念的企业数量不断增加，企业对大学科研的赞助金额也有所上升，2015 年企业的投资额占总资金的 14%。德国不像美国那般鼓励科研人员或学校创办新企业进行科技成果转化，德国的技术转移主要是通过校内成立的技术转移中心，以三种方式向企业展示校内科技成果。一是合同科研，是指高校根据企业需求专款专项定制解决问题的技术；二是专利技术许可，是指发明人将专利技术授权给企业；三是技术咨询，是指聘请专家针对企业某一技术问题专项指导。

德国高校的技术转移中心促进科技转化的关键因素如下：第一，参与者受益于良好的利益分配。发明者优先享有发明专利转移或转化获得 1/3 净收益，剩余利润由研究机构和技术转移中心平分。第二，团队成员拥有科学、法律和经济背景。高校的技术转移中心高薪聘请专业人才帮助完成专利申请保护科研成果，帮助学界保持和企业的联系，并签订合同由企业来负责研究成果转移。第三，科研机构采用的是自主管理模式。机构设置可以灵活地适应新学科的形成、高科技的发展以及执行国家科学技术发展战略的需要，政府仅通过政策和财政手段指明高校技术转移中心的工作方向，并不对机构的研究方向和定位进行微观控制。

德国的大学体系基本可以分为三类，其中一类就是应用科技大学[①]，它与企业有着密切的关系。具体表现在，应用科技大学的课程体系和教学模式均面向职业，企业需要的一切，学校都会教，学生也会学习。企业会向学校提供研究项目或毕业设计题目，并参与其中与指导教师一起帮助学生完成课题，也使得学校参与到企业新产品开发、生产过程改革和技术创新工作中去。应用科技大学还允许企业将大学发表的研究结果纳入企业培训课程，并帮助企业迅速将研究成果理解、吸收并转化为产品。2018 年，德国的应用科技大学就达到 218 所，占全国高校数量的一半以上，学生人数占全国高校学生总数的 1/3。德国经济最发达、大中型企业数量最多的三个州也是拥有高等院校和技术大学数量最多的州，从两者直观的线性关系上来看，州内拥有的应用科技大学数量越多，经济也越发达。

（四）重视科技人才团队建设与引进是德国科技创新的优势

1. 德国对科学家有着明确的定义

2014 年发布的《有关科学界新生力量的指标模式》报告进一步将科技人才的表现数字化，采用动态评价、同行评价、绩效评价的方法对科技人才进行考核。这类考核不仅以论文、职称、奖项和学历为指标，还将同行的学术评价、科技贡献评价一起纳入综合评价指标中。从科技人才的分布情况来看，德国经济部门的科技人才数量最多，并且一直保持在全国比重 60% 以上，其次是高等院校。

---

① 杜作娟，姜超，岳建岭，唐秀之，黄小忠．德国应用科技大学教育体系模式及启示［J］．高教学刊，2020（4）：17-20.

2. 德国政府颁布多项法令来吸引和培育人才

在实践教育方面，德国修订《联邦职业教育促进法》，将教育企业和职业院校之间的专业培训合作定义为一项常规任务；在人才引进方面，德国先修订了《移民法》，后实施了《关于高素质人才引进条例》，采用绿卡计划、蓝卡制度吸引外籍高技术人才；在后备人才培养方面，德国的《高校框架法第 5 修正法》草案为建立一个由大学年轻教师组成的团体奠定了法律基础，《科技人员定期聘任合同法》延长了公立科研机构研究人员的定期聘任合同，为企业以合同雇用留住青年科技人才提供了法律依据。

3. 德国政府引导设立高端人才科研大奖

第一，设立对学者科研成果的高度认可的奖项，有助于激发科研人员追求高端技术研究的热情。例如，政府设立的莱布尼茨奖，在德国有着 35 年的历史，每年的获奖人数通常不超过 10 人，只有该领域最杰出科研人员才能获此殊荣。第二，设立外籍科技人员奖项，有助于吸引更多的非德裔科技人才在德工作。例如，德国政府设立的洪堡教席奖，对申请者国籍不限且奖励丰厚，但是要求获奖者必须承诺在德国高校工作 5 年。第三，专门针对青年科研人员设立奖项和计划，有助于各机构对青年后备科研人才进行培养。例如，研究奖学金、哈森贝格计划、项目科学院计划等，这些项目的申请人都有在德工作的意愿，且多为博士毕业生和年轻教授。

（五）中德经验比较及启示

国内的中小企业与德国的中小企业在生存能力和竞争力上相比，存在很大差异。数据显示：国内中小科技企业死亡率高、寿命短，其中，民营企业平均寿命为 3 年半，中小企业平均寿命为 2 年半。国内的初创企业只有不到 7% 能存活五年以上，存活十年以上的企业更是低至 2% 以下。而德国的中小企业有较高的存活率，生存时间普遍都在 30 年以上。更重要的是，德国中小企业的研发投入费用是一般工业企业的两倍，员工拥有的平均专利数量是大公司的 5 倍，不断的技术革新是德国企业得以百年传承的秘诀。

德国高校与企业的联系程度高于中国。德国成立了一类与企业进行合作的大学，专项负责科研实践、学生就业培训、吸收市场信息。我国企业与高校也合作办学，但都是以学术教育为目的，缺少转化和培训环节。据此，我国颁布了《关于引导部分普通本科高校向应用型转变的指导意见》，但这种引导更偏重于培养职工人员而非科研人员。研究型大学和教学研究型大学依然是以科研学术为主，对科技应用的涉及较少，我国还缺少对重点高校教育改革引导文件。

德国于 1983 年成立了第一家孵化器，中国于 1987 年诞生第一家企业孵化器，两国产生企业科技孵化器概念的时间相差不多，同样是经历 30 年的发展历程，德国科技企业在孵化器中孵化成功的概率却高于中国，个中原因值得深思。第一，我国缺少像德国联邦科技园和孵化器联合会这样的枢纽型组织，在德国联合会中科技企业孵化成功率接近 90%。我国对孵化器的重视程度虽然也在日渐加强，但是各机构一直各自为政，无法形成有效联合。第二，德国科技园和孵化器采取多元化运营模式。有的是找一家运营公司全面负责经营管理，有的采取持股孵化模式。充分调动市场的积极性，提高企业对企业、民间对企业的投资力度，大到办公、科研、经营场所，小到设备、仪器、设施都能得到资助。

三、以色列科技创新发展的经验

（一）农业科技协同其他科技产业共同发展

以色列的农业科技成果转化之所以迅捷高效，一方面是以色列囿于环境因素，致力于大力发展农业科技。另一方面就是政府对农业科技的高度重视，积极协调各方面资源以促进科技成果的转化。其农业科技成果转化模式为，研发至转化由国家农业部、各科研机构及民间农业组织协同工作，转化至推广由全国的农业科技管理委员会统一管理。目前，以色列全球知名的农业科技公司高达 500 多家，随着农业科技成果转化的不断加深，以色列每年可以出口价值 12 亿美元的农业设备和农业科技。例如，以色列的滴灌系统全球领先，可精细到单株灌溉使农业产量提高了 12 倍，农作物生产依靠的都是温室技术、无人机、田间传感器这类高科技，这些技术不仅在国内广泛运用，还推广到了其他国家。

以色列作为一个科技创新国度，除农业科技十分发达外，其他领域的高新技术企业的发展也不落后。数据显示，2015 年以色列将 4.4% 的 GDP 用于科技研发中，同年，中国的研发投入仅为 2.2%。以色列的这些研发费用不仅应用在农业上，还应用于电子工程、人工智能、机械工程等方面。目前，以色列的科技成果对 GDP 的贡献率高达 90% 以上，拥有的高科技领域企业超过 7000 家，科技企业的创业密度全球最高。

（二）大学承担了科技研发基地职能

以色列政府十分注重对人才的培养，近年来教育预算更是达到了国民总收入的 10.5% 以上，是研发投入的两倍，全国有近 40% 的科技研发总投入是用于各大学的科学研究与开发。以色列政府还通过给高校增加预算、增加课程的方式，吸引更多具有高科技背景的新移民进入以色列。以色列高校鼓励大学生创业，几乎每个大学生都有参与创业的经历。校方希望大学生在毕业前通过企业实习或者组建公司的方式增进对市场的认识，这也为大学科学研究和立项提供了直接的市场需求。

以色列的 7 所世界一流的大学中，6 所大学建有自己的技术转移公司，这些技术转移公司专门负责学校科研成果的商业化。这些技术转移机构包揽了打造市场计划、成立创业型公司、与意向企业合作，甚至科技转化过程中的合同都是由机构专家协助签订。在这种高度市场化运作的技术转化流程下，这些技术转移公司每年可以转化 100 多项新的技术成果。

较高的科技转化收益是以色列高校科技成果转化成功率高的主要原因。高校的研究成果商业化成功后，研究人员的收益十分可观，比美国高校的研发人员还多。一般来说，科技成果转移转化后，40% 的收益归大学，40%～50% 归发明者，10% 为发明者所在实验室所得。大学再从获得的收益中拨付一部分给技术转移公司，作为其资助大学研发和申请、维护专利等经营运作的经费。

（三）以孵化器的形式培育科技企业

科技孵化器已经成为以色列初创企业的主要服务机构，每年会培育 60～70 家初创企业，尤其在生命科学方面，60% 以上的企业都是通过孵化器发展起来的。其实，以色列政府对孵化项目的数量没有明确指示，反而是对项目本身进行严格把控。以色列政府十分注重孵化项目，对此设立了严格的准入准出规定。这些条款所指出的目标之一就是为了在有限的预算范围和时间内，孵化生产出一批能够吸收到风险性资本或者其他商业性资本的新型高科技产品或创新型企业。

以色列政府明确规定：①申请孵化的企业和项目必须是属于某一类新型科技产业领域，孵化后所推出的各类创新性产品都必须首先在以色列国内进行生产，其次才向外国供应和出口。②项目入驻孵化器之前，要经过严格的"预选—评审—审批"流程。在高标准下，项目经过筛选后入驻孵化器出现孵化失败的风险概率只有 5% 左右。③项目的孵化时间最长不超过 2 年，只有生物科学研究项目的孵化时间可以延长为 3 年。④项目在孵期间，创业者未申请获得孵化器经理的同意，不得将其持有的股权或期权进行转移。⑤对于从孵化器中诞生并选择到边远地区落户的新型创新型企业，可以享受税收减免的政策优惠。

而且，以色列孵化器的规模有着较大差异，孵化器的规模不同，其功能的定位也不尽相同。小型孵化器的目标群体是服务企业，以吸纳天使投资为主；大型孵化器还可以再细分为智能硬件孵化器、生物医药孵化器、军工科技孵化器等。以色列政府在制定和实施企业孵化器计划的同时，还大力扶持和发展高新技术风险投资项目的建设，让风险投资的进展与技术企业孵化器的成长同步，形成了科技成果与金融共同支撑科技企业长足发展的创业模式。

（四）政府塑造良好的创新生态系统助力企业创新

以色列政府一直把推动创新作为国家发展的重要战略，为营造和维护市场上成果转化、科创企业发展的良好氛围，以色列政府发布了多项法案。关于知识产权保护方面，以色列出台了《产权法》《商标条令》《版权法》。关于资金补贴方面，发布《鼓励产业研究与开发法》，表明政府会对批准的研发项目提供 2/3 的资金支持。之后又颁布《投资促进法》和《天使法》，明确表示对那些具有较高的技术含量和市场竞争能力的投资项目，政府会予以一定的政策性倾斜，还允许企业从应纳税所得中扣除对高科技私营企业投资金额。

以色列还创立了首席科学家负责制，在科技部、农业部、经济部等 13 个部门分别设置首席科学家办公室，这些部门的成员都是具有企业创新精神的科学家、具有创业经验的企业家、具有多年科技成果转化经验的专家，能够有效决策国家科技发展过程中面临的问题。这 13 个部门共同构成了国家科技决策体系，制定年度科技计划、资助科技研发、协调指导科技活动、促进产学研有机结合等一切与科技成果转化有关的事务都由这 13 个部门负责。例如，科技部的首席科学家办公室的职责就是为科技成果转化提供风险资助，助力科技人员实现从技术成果领先到产品产业化的创业。

又由于以色列大部分初创企业在国内无法成立超过三年，政府设立了不以营利为目的的技术孵化器，以较低的价格为企业和个人提供场所、资金和技术等服务，有效地帮助初创企业克服成长过程中遇到的困难，延长存活时间。政府坚持"不分享利润，义务承担风险"的原则，出资 85% 成立孵化器，并对孵化项目提供为期两年的低息优惠贷款。如果项目孵化成功，企业需要上缴 3%~5% 的利润给政府用于继续资助其他企业，如果孵化失败，企业无须偿还一分钱。在为初创企业打造了可以稳定发展的市场环境后，政府又对孵化器进行私有化改革，以极低的价格将其持有的股份转让给与政府合资成立孵化器的民营企业家，这大大激发了风投公司、民营企业、私人资本对孵化器的投资热情。

此外，政府还出资 1 亿美元设立国有独资的风险投资基金，为科技企业和创新型公司带来了资金供给。基金投资的企业面市或被收购后，政府同样秉承着"不分享利润，义务承担风险"的原则，愿意稀释股份退出投资，政府的让利行为吸引了众多的国际资本在国内投资。政府推动风险投资环境支持创业的政策，也加剧了风投行业对中小企业的资助力度。目前，以色列拥有 60 多个从事于初创企业风险投资的基金、40 万家小企业，人均创业风险投资数额位居全球第一。在政府大力支持下，以色列正逐步建立由初创企业、孵化器、风险投资和国际资本共同构建的良好创新型企业发展生态体系。

（五）中国与以色列经验比较与启示

中国也是农业大国，但进入 21 世纪以来，我国农业成本和农产品进口量一直在持续上升，农业生产效率和竞争力同过去相比有所减弱。主要原因在于我国基本上还是传统的农业观念，以色列等发达国家有着先进的科技农业技术、农业科技产品在本国成本低、农民拥有的都是现代农业观念。我国要学习以色列的农业科研精神，提高我国的农业机械化水平，生产价格低、使用率高的农业机械产品。关于农业科技，我国可以向以色列学习先进的育种技术、杀虫技术、仓储技术、土壤研发技术、沙漠养鱼技术。

以色列科技孵化项目的数量不多，但效果很好。这是因为注重孵化项目的质量，有着严格的把控流程，确保进入孵化器的项目有很大概率能够转化为科技企业。这么做避免了政府的无效资助，使每笔用于支持孵化的资金都能够得到较高回报。我国注重科技企业的建立与成长，也注重孵化器的养成计划。但就目前而言，我国孵化器的项目培养属于粗犷式成长，特点是高投入，低产出。这也是我国孵化器孵化率不高，毕业企业死亡率高的一个原因。我国也可以采用评审、筛选、审核等流程来选取具有高新技术、可行性高的项目，让我国的科技型中小企业走精英路线。

第四章　陕西科技企业发展的关键问题及主要推动力

一、陕西科技企业成果转化存在的关键问题

科技型企业的发展作为推动我国社会主义科技制度改革的必然产物，对于促进我国经济增长起着关键性的作用。科技型企业是技术创新的主要载体，技术创新同时也是这些科技类企业赖以生存的必然条件，两者相辅相成。技术创新就是指企业通过在高新技术领域内投入大量的科研和开发经费，去研究开发生产出各种符合市场需要的新型、更高技术含量的产品，从而进一步增强和提升高新技术类企业所设计和生产的产品的市场占有率和核心竞争能力。陕西省科研院所聚焦集中，科研人才培养机构体系健全，基本建立了"产、学、研、用"结合的技术创新和应用体系。近年来，陕西省不断地深化和推动统筹科技资源的改革，以企业为经营主体、市场为导向、产学研深度整合的科技创新框架体系正在逐步形成，为推动科技产业发展奠定了强劲的驱动力。但就目前来看，陕西省技术创新并没有很好地推动科技企业的发展，究其原因，还是科技成果转化不彻底所致，科技企业要想获得发展，依赖的便是创新，在当前的形势下，不创新便意味着落后、被淘汰。陕西省作为科研大省，在全国范围来看，科研成果的数量虽然与北京、上海、广东、江苏、浙江等省份有一定的差距，但排名相对而言还是比较靠前，通常情况下，庞大的科研力量一定程度上会带动当地科技企业的发展，进而推动经济进步。而就陕西省的现实状况来看，并不是如此，大量的科研成果并没有被转化为现实的生产力带动经济发展，而是被闲置在角落，很大一部分科研项目研发成功后便作为一项成果尘封于"仓库"，庞大的论文数量也只是挂在各个

平台被展览，没有发挥出其真正的价值。

而财政资金投入、高校科技人才流动、高校科技园区创新创业平台、科技成果交易大市场构建和军民融合体制机制改革等几大因素又会影响科技成果的转化，进而影响陕西省科技企业的发展，科技企业发展的动因关系如图4-1所示。

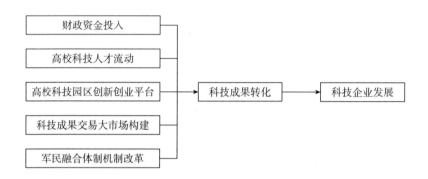

图4-1　陕西科技企业发展的动因关系

第一，科技成果的转化需要大量的资金支持，尤其是一些需要中试阶段的项目，我国在这方面的投入主要还是依赖政府发放的财政资金。我国幅员辽阔、人口众多，需要财政资金大量投入的地方数不胜数，因而财政资金在科技成果转化方面的投入有限，这在一定程度上阻碍了科技成果的有效转化。

第二，人才作为发展的原动力，很大程度上决定了科技成果的数量和质量，尤其是高校科技人才和团队的流动。目前陕西省大量的科研成果还是依靠高校科研来完成，而高校进行科研活动首先需要的就是人才，所以高校科技人才的流动，包括流动的数量、质量、方式和流向等因素也会影响科技成果的产出以及转化。

第三，科技成果的转化需要供需双方信息对称，高校科技园区创新创业平台集合了高校、政府以及企业等多方力量，有助于信息流通，使科技成果的供给方和需求方了解彼此的需求和能力，避免信息不对称的现象出现。当前陕西省高校科技园区创新创业平台的建立还不太完善，会给科技成果转化带来困难。

第四，科技成果转化需要平台，科技成果交易大市场就是一个很好的转化平台，买卖双方通过交易大市场便可以进行公平、公正、透明的交易。目前陕西省的科技大市场还存在着诸多的问题，如交易大市场的管理比较粗放、科技政策落实和对技术投入资金的使用管理不规范、交易大市场的技术性中介团体力量薄弱、交易大市场的科技服务机制不够健全及规范化等，不健全的交易大市场将会严重制约陕西省交易成果在国际市场上的转化，进而影响科技企业的发展。

第五，军民融合体制机制改革是军工企业进行科技成果转化必不可少的步骤，就当前的经济形势来看，军民融合发展才是军工企业获得长期可持续发展的正确选择，而军工企业要发展还是离不开创新，军民融合体制机制的改革作为科技成果转化的动因不容忽视，改革不成功，势必会是科技成果转化道路上的又一障碍。

（一）陕西省专利申请及授权情况

近年来，陕西省科技成果的申请量和授权量一直呈现出逐步增长的态势，由表4-1和表4-2中的数据可得，2009～2018年十年的时间，陕西省专利申请量由15570件增加到76512件，增长了约5倍，专利授权量由6087件增加到41479件，涨幅接近7倍。从以上数据可以看出，陕西省对于科研的积极性在持续上涨，相应地，对于专利的保护意识也有所增强，同时授权量的增长也体现出科研成果的质量有所提升。但是从全国专利的数量上来看，陕西和北京、上海、广东、江苏、浙江等省份还是有很大的差距，就2018年的数据来看，北京、上海、浙江、江苏、广东的专利申请量分别为陕西省的2.76倍、1.96倍、5.95倍、7.84倍、10.38倍，授权量分别为陕西省的2.98倍、2.23倍、6.86倍、7.40倍、11.53倍。就陕西自身来说，虽然其在专利的申请和授权方面都一直在进步，但相对于这些省份来说，还有很大的差距。

表4-1　2009～2018年部分省份专利申请量　　　　单位：件

年份	陕西	北京	上海	浙江	江苏	广东
2009	15570	50236	62241	108482	174329	125673
2010	22949	57296	71196	120742	235873	152907
2011	32227	77955	80215	177066	348381	196272
2012	43608	92305	82682	249373	472656	229514
2013	57287	123336	86450	294014	504500	264265
2014	56235	138111	81664	261435	421907	278358
2015	74904	156312	100006	307264	428337	355939
2016	69611	189129	119937	393147	512429	505667
2017	98935	185928	131740	377115	514402	627834
2018	76512	211212	150233	455590	600306	793819

表 4－2　2009～2018 年部分省份专利授权量　　　　单位：件

年份	陕西	北京	上海	浙江	江苏	广东
2009	6087	22921	34913	79945	87286	83621
2010	10034	33511	48215	114643	138382	119343
2011	11662	40888	47960	130190	199814	128413
2012	14908	50511	51508	188463	269944	153598
2013	20836	62671	48680	202350	239645	170430
2014	22820	74661	50488	188544	200032	179953
2015	33350	94031	60623	234983	250290	241176
2016	48455	100578	64230	221456	231033	259032
2017	34554	106948	72806	213805	227187	332652
2018	41479	123496	92460	284621	306996	478082

从图 4－2 和图 4－3 可以看出，陕西专利成果申请量和授权量一直处于增长图最下方，其增长的速度远慢于北京、上海、广东、江苏、浙江等省份，其中，在 2016 年以前，江苏申请量和授权量一直处于领先地位，2016 年之后，广东赶超江苏，跃居第一位。从 2018 年各省份专利申请的相对占比情况来看，广东省专利申请量占比最高，达到了 35%，然后依次是江苏、浙江、北京、上海，相对占比分别为 26%、20%、9%、7%，陕西最低，仅为 3%。从各省份 2018 年授权量的相对占比情况来看，依旧为广东专利授权量领先，达到了 36%，接下来依次是江苏、浙江、北京、上海，相对占比分别为 23%、22%、9%、7%，授权量占比依然是陕西省最低，仅为 3%。陕西位于西北地区，地理位置上与这些省份会有所差距，资源投入水平不一，可能在一定程度上会对科技成果的产出和授权有影响，但其增长速度差距如此之大，不仅仅是地理位置的原因，陕西还应深入分析其成因所在，向其他省份学习经验教训，尽力缩小差距，尤其是广东，近十年来，专利申请量和授权量一直处于稳步持续增长的状态。

（二）陕西省专利转化情况

由表 4－3 和图 4－4 可以看出，2013～2018 年，陕西省专利转化数量虽有波动，但整体呈上升趋势。从 2013 年的 378 件到 2018 年的 513 件，增加了 135 件，但转化量增加的 135 件在授权量增加的 20643 件面前显得微不足道。转化率不尽如人意，从 2013 年的 1.81% 开始一直在下滑，2014 年降为 1.45%，2015 年持续

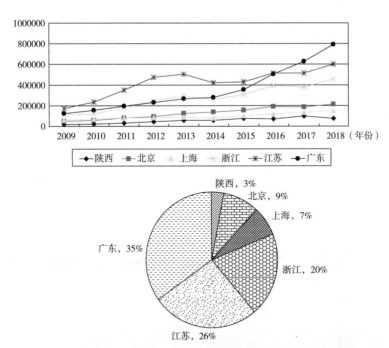

图 4 - 2　2009~2018 年部分省份专利申请量趋势图及 2018 年各省份占比

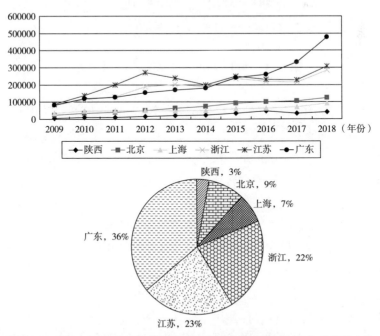

图 4 - 3　2009~2018 年部分省份专利授权量趋势图及 2018 年各省份占比

表 4 - 3　2013 ～ 2018 年陕西专利转化情况　　　　　　　单位：件,%

年份	授权数	转化数	转化率
2013	20836	378	1.81
2014	22820	330	1.45
2015	33350	378	1.13
2016	48455	299	0.62
2017	34554	359	1.04
2018	41479	513	1.24

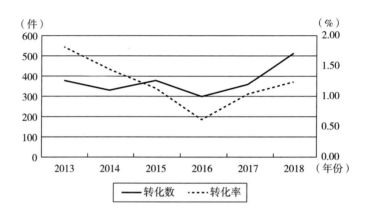

图 4 - 4　2013 ～ 2018 年陕西省专利转化趋势

降为 1.13% , 到 2016 年下降到仅有 0.62% , 2017 年和 2018 年转化率稍有回升,但也分别仅有 1.04% 和 1.24% , 上升幅度有限。如此低迷的科技成果转化率与陕西省相当大数量的专利申请量和授权量极度不匹配, 也与陕西省的综合实力不符。我国科技成果转化起步晚, 转化水平总体上远低于国外一些发达国家, 在国内来说, 陕西省的科技成果转化又不如北上广、江浙等地区。所以, 陕西省应借鉴国内科技成果转化较优省份的经验, 借鉴国外发达国家的经验教训, 学习总结出自己的科技成果转化模式, 从而促进科技成果的转化。

国家近些年一直在强调"企业是科技成果转化的主体", 尤其是大中型龙头企业如何更多地参与到前端的原创技术研究开发和技术创新活动中, 带来市场化的经验和更多的资源, 发挥主体作用。提高科技成果转化率, 是未来科技成果转化模式创新的一个主要方向, 要走出一条"被动—主动—引领"的模式。陕西省要进一步地统一思路, 提高自己的认识, 强化对政策的扶持, 优化发展环境,努力建设一批生产能力较高、综合竞争力较强的新型明星企业，不断地增强经济社会发展的生命线和后劲。针对科技成果转化，尽管国家以及陕西省都出台了不少的政策文件来促使其转化，但效果依旧不理想。科技成果转化的短板严重阻碍了陕西省科技企业的发展，作为开展科技创新活动整个过程中的"最后一公里"，科技成果转化很大程度上决定了科技创新活动的成败。所以，陕西省亟待解决科技企业成果转化问题以带动陕西省经济大步向前。

二、陕西省科技企业发展的主要推动力

科技类创新型企业作为当前我国经济结构的调整和产业转型升级中的重要推手。我国传统重化工业，其具有所占土地较多、能源和自然资源供给需求较大、单位能耗较高、环境污染物排放率较高、产品附加值较低等劣势，科技型创新型企业与之相比更是具有明显的优势，同时它们对于人才、技术、市场的吸引和集聚有明显的推动作用，也有可能直接带动我国相关高技术性产业的全面发展。因此，在当前我国保增长、调结构、惠民生的经济发展战略要求下，如何培育和建设科技型创新型企业，无疑是一个重要课题。

（一）财政资金支持科技企业发展

科技型的创新型企业的主要核心竞争力就是技术，技术的生产研发工作需要巨额资金的投入，财政性的资金或者项目化的支持才能够促进企业对技术研发工作的积极性得到提高。近年来，我国各地区通过此种模式已使许多技术类的企业获利匪浅。如何进一步开拓融资途径，使科技型的创新性企业有足够的资金来保障科技产品和服务的不断更新换代，是保证企业的核心竞争力不断得到巩固与提升的一个重要条件。

1. 财政资金项目化提高科技企业效益

实施财政资金的项目化扶持政策，将成为提高财政资金使用效率和利润水平的一种有效手段。同时，如何培育和提高财政资金的实际使用效率也是当前财政管理的一个重要工作和任务，通过实施项目化扶持的方式针对科技型和创新型企业开展扶持，从而培育和孵化生产出大型优质科技企业和人才集体，是改善和提高财政资金实际使用效率的一种有效途径，使财政资金的实际投入看到了更多的

效益，能够获得增值和收益。

财政资金进行项目化扶持政策被认为是提高产业结构，壮大公司实力，增加区域性财源的一种重要手段。开拓财源、优化经营财质一直以来都是国家和财政工作中最重要的一个任务，通过对财政资金进行项目性扶持和政策上的扶持、优化一批科技型和创新龙头企业，使之发展成为国家和地区财政扶持的新兴产业，是进一步提升国家和地区经济产业结构和财政能力的一种良好渠道。

针对科技型产业创新技术企业的自身特殊性，站在不断调整该类产业结构、提升该类产业核心技术创新层次的战略角度，通过各种政府财政资金方式来进行合理安排专项投资计划，采用政府科技专项计划资金实行政府项目化控制投资管理的具体办法，利用政府项目化投资扶持的优惠政策，能够有效帮助政府使科技型产业创新技术企业更好地获得其产业技术结构转型和产能改造的主要经费来源支持，从而进一步巩固、增强和提升该类创新企业的技术综合力和核心技术竞争力，培育更高效、更优质的技术产品。技术性投资企业和上市公司管理人员群，是政府充分发挥其社会财政管理职能，促进当地国民经济社会持续发展的重要而有力的经济手段。

2. 财政资金促进中小企业发展

在我国现代信息技术水平飞速发展的今天，科技类中小微企业正在逐步发展成为规模化、扩大转化各种高技术成果的主导力量。这类企业既具有项目建设投入资金少、建成周期短、决策机制灵活、管理费用成本低廉，能够很好地适应社会和市场对于多样化的需要等特征，又能在改革创新的机制和提高创新的效率等各个方面都具有其他大型企业难以比拟的巨大竞争优势，我国在"十一五"期间，将始终把坚持科技创新放到全国各项科技工作的突出战略位置，地方也将积极推进科技创新和高效发展。成果转化可以作为今后五年开展科技工作的核心和目标，而这些科技型中小企业的特征也充分显示了它们是进一步加快科技成果转化、实现科技创新的有效载体，近年来的变革和发展实践充分证明，科技型中小企业不管是在规模或者数量上，还是在品种质量上，都已成为国民经济的重要构成部分。然而，科技型中小企业初创时期的高风险性，也使商业性资金轻易不敢介入，从而导致资金短缺成为制约企业发展的瓶颈。因此，在这方面政府资金应发挥其公共财政的引导和带动作用，通过各种方式的支持和推动，以有限的资金引导社会资金对科技型中小企业的投入，从而推动区域性科技型中小企业的发展壮大。

目前，省市级财政科技投入主要以科技计划项目为主，面向高新技术企业的投入计划主要包括攻关计划、火炬计划等。这些科技计划为地方的高新技术基础研发和产业化提供了必不可少的支持。但是从资助阶段上看,在进行基础性的研究和推动大型工程产业化之间,我们不能忽略另一个重要的环节,即技术已经从实验室中逐步走出,但在尚未开始形成新的产品或者尚未进行大规模工程产业化的这个关键时期,也就是说在国家的攻关计划和"火炬项目"计划等方面,还需要相应地针对这些新兴技术进行中试。从火炬计划资金支持的对象来看,攻关计划通常支持的都是大型项目,承担的单位也往往都是大型企业,更多地说则是高校和院所,火炬计划通常支持的都是社会资本和企业管理人员,都是已经初具规模的中小微型企业,而中小微型企业的创新和发展过程正处在上述两类科技项目的夹缝中,很难有效地得到政策的支持。因此,应拿出一部分财政资金填补这方面的空白。

财政资金所支持的技术项目应以科研项目作为经费载体,通过对科研项目的扶持来达到科研人才培养和创新型企业发展的目标,支持的基本条件就是科研人才项目必须符合国家的产业政策,拥有其自主的知识产权。对于成长前景好、竞争力强、产品技术成熟度较高,能进一步体现自主创新的科技型中小企业就应当进行支持。同时,按照"有所为有所不为"的原则,围绕当前地方科技和经济总体发展的目标,可以考虑从以下七个方面来进行重点扶持:一是对当前地方科技和经济发展具有促进作用的公共技术和普遍通用性很强的技术专项;二是要充分结合区域性发展策略,对若干区域和产业领域内存在的具有集聚效应、产业关系度大的区域性特色中小微企业予以支持,增强产业配套能力和区域性产业集聚效应;三是要着眼于与各级或者全国其他省市政府制定的有关科技规划,如攻关计划、火炬项目、重大科技产业化规划等项目之间的衔接,着眼于围绕科技发展的主导性项目,并开展前期和后期相关的配套产品;四是提供能够实现节能、低碳、高效率、便捷的生态环境保护技术工程;五是建设人才密集、技术关联度高、附加值多的高水平技术服务业项目;六是科技企业孵化器内中小微型民营企业技术投资项目;七是国家列入民营组织科技类中小微企业综合创新基金的科技项目。

财政对科技的投入必须要充分满足国家和社会的公共科技要求,以鼓励和支持我国区域内科技创新能力的提升及对科技生态环境的改善和营造作为其投资的取向,按照国家关于建立公共财政的这个根本原则,财政资金的使用在鼓励和支持我国科技型中小微企业快速健康发展的过程中应该具备三个重要的性质:一是政策性。即设置的相关政策要求明确,通过培育和壮大国家级科技型中小微企业，提升其自主研发创新能力，推动其成果的有效转移。二是指导性。吸引地方资金、金融机构、风险投资等更多的社会资金加入其中并逐渐推动我国建立了一套符合市场经济客观规律的新型科技投资机制，从而进一步优化科技投资的条件和资源，营造一种有利于我国科技类中小微企业的创新与发展的良好环境。三是非营利性。作为各级政府的资金，不以自己实现盈利的方式为主要目的，而是通过鼓励和扶持科技型中小微企业的快速健康发展，创造新的劳务税源，创造更多的劳动力和就业岗位，促进我国整个高科技行业的快速健康发展，对全省经济结构调整和总量增长做出贡献，从而获得经济大循环的回报。

（二）人才流动促进科技企业发展

科技型人才就是具备相应的专业知识或者特殊专门技能，从事相应的科学和技术创新工作的活动，承担相应的科技创新任务的社会主体。科技人才的合理有序流动，对于实现人力资源和物质资源的有效优化和配置，推动社会经济生产力的提升至关重要。企业建设是培养创新型产业的重要载体和基础，也是构筑社会主义现代科技创新制度的重要中坚力量，高校建设是实施国家创新制度的领导者和主力军，是其开展科研工作的重要阵地。促使企业与高校相关科技人才的双向流动，有助于引导和带动相互之间的知识、信息和技术等方面的沟通，发挥企业和高校相关科技人才双向辐射功能，激发和建立我国高校相关科技人才的流动系统和社会活力。

科技型人才的自由流动性是它们能够充分发挥作用的基础和前提。企业本身就是科技创新的领导者和主阵地，高校也是科技专业人才的聚集点，因此，促进企业与高校之间的科技专业人才的双向流动，有利于充分发挥企业与产学研之间的战略性联盟作用，实现企业和高校之间的合作与共赢。当前，科技专业人才在公司和高校之间的流动不太畅通。研究中可以看出：有很多客观性因素对于企业与高校科技人才的双向流动都存在着明显的阻碍作用，我国高校科技人才的双向流动并不够畅通，存在许多的阻碍性因素。而且高校作为我国重点科技人才的集聚区与作为创新型劳动者主体的企业间，科技专业人才的沟通与互动还很不充分，仍然仅仅停留在参观交流、科技专家特派、项目协同等较浅层次，阻碍了企业与高校科技专业人才之间双向流动的一些相关性因素，没有从根本上改变，科技专业人才的作用也没有从根源上得到足够的发挥，这也直接影响了我国建立科技创新的体系。

高校科技人才培养是当前我国制定和实施科技创新发展战略及实现经济社会

跨越式发展目标的一种重要关键性人力资源，促进高校和民营企业科技专门人才的双向流动，有利于科技专门人才培养的合理优化和配置，可以为经济发展提供一个积极的推动。研究中可以发现，影响企业和高校技术人才双向流动的障碍性因素主要有负向心理情境、潜在的流动费用、岗位考核差异、传统的保守思想。

为了促进高等院校科技人才与企业之间双向、合理的流动，首先，转变对科技人才流动的传统保守思想观念，降低对科技人才流动的负向、心理状态。在广大科技专业群体中营造创新和自主创业的良好氛围，转变科技专业人才单位个人的传统保守思想。例如，大力支持敢为人先、宽容自己的失败、崇尚创新、追求创业致富的核心价值标向，鼓励更多的科技专业人员进行创新和自主创业；继续把推进"大众创业、万众创新"工作落实到高校各类科技专业人员中，激发高校各类科技专业人员创新创业的活力。同时，进一步深化专科生职称资格评审体系改革，试点把企业的任职工作经历评估作为高等院校评聘各类应用型科技专业人才的首要条件，并在企业内部设置一定数量的流动性岗位，吸引那些具有自主创新实践经验的专业科技人员到高等院校担任兼职。最终，从心态惰性和压力感觉两个方面缓解企业对于高校科技人才双向流动的意愿，从而增强企业和高校科技人才的正常交流。

其次，缩小企业和高校之间的岗位考核差别，降低科技人才在行业中的潜力和流动性成本。把我国大学科研成果对于经济社会的直接影响纳入高校对科技专业人才进行评价的主要指标框架，将其评价结果确定为职称提拔、岗位聘请、经费补贴的重要参照；健全科技人才划分评估机制，发挥地方政府、市场、高校多元评估的作用，加快构建科学化、市场性的科技人才评估体系。同时，深入落实科技人员停薪留职的优惠政策，允许所有符合条件的高校科技人员携带自己的科研计划和成果、保留基本待遇去创新产品企业或自主创办其他企业。此外，政府还应进一步加快推进人事档案管理服务信息化建设，完善社会保障制度，减少科技人员的流动性。

在当今的信息化和知识经济时代，高新技术与企业的市场竞争，是科学和技术的竞争，是资本和人员的竞争，更是专业和人才的竞争。科技专业人才作为一种具有较高综合素质的核心人力资源，是推动我国高新技术企业生存和发展的关键性因素。如果我国的高新技术企业能够掌握高素质的人力资源，就会使他们能够牢牢地抓住自己的业务和发展的主动权，从而使自己在市场竞争中处于优势。如何培养和利用好人才，如何合理地充分利用好这些人才，不仅成为我国人力资源与管理专业学科的重点研究问题之一，也成为高新科技企业和人力资源管理工作者的第一个首要使命。

虽然校企合作仍存在一些问题，但是从总体来看，校企合作仍然存在着较大的空间。在今后的教育实践活动中，企业应该要更多地注意对于高职院校毕业生理论与实践技术综合素质的培训，以更好地服务于企业的发展。高职专科院校应该进一步改善人才培养方法，和企业进行深度的协同与合作，为经济社会发展输送一批实践型的人才。

（三）高校科技园区创新创业平台支持科技企业发展

高校和科技园区的创新和创业实践平台作为一个集合了高校、社会、政府等多种方面力量于一体的新型化自主创业和实践平台，对于推动产学研一体化目标的实现、科研成果进行实物转化都具有重要推动意义。

1. 高校科技园区创新创业平台引领经济发展

目前各类园区已经成为经济社会迅猛发展的一个重要基础性支撑点和开放型经济的一个重要载体，集聚了大量中小微企业，是提升企业自主创新能力和核心竞争能力的一个重要基地。并且各中小型企业在自身经济发展过程中也都可以通过与高校合作伙伴关系的建立，借助高校科技创新平台的支持来帮助他们解决自己在产品和科研工作上的困难，促进中小型企业的长远发展。虽然我国高校在科技园区创新服务平台的优势和作用已经十分突出，但由于它所在领域的发展周期相对较短，无论是从理论上还是实际操作上仍然有待完善。

项目成果覆盖范围广泛，针对各省份内产业集中程度较高的各种国家级、省级园区，以企业的科技服务需求与市场为导向，以科技成果的转移和创新为服务主线，依托高等院校和科学技术机构的技术支持，分析高校科技服务项目入园过程中的企业科技服务需求与其他服务资源的分布，对接企业的科技服务需求与高校、科学技术机构及其他服务组织资源，创新服务模式，推动高校院所积极服务园区企业的发展，提高园区企业综合核心竞争力和园区自主创新能力，发挥科技带动经济增长的支持性作用。

2. 高校科技园区创新创业平台促进科技成果转化

高校科技园区的创新型创业平台建设已经基本形成，能够较好地服务于平台参与者的方方面面。只有这种需求被满足了，才会促使创业平台的建立。一是对于高校来说，希望这样可以更好地帮助学生掌握相关专业知识，同时也可以给学生提供空间，帮助他们提高其专门的理论实践水平以及其他相关的素质。二是很多创业者们在进行创业初期，也就是因为他们需要大批的人员加入，帮助他们的企业在有限的资金投放中，更好地完成他们公司产品的设计和雏形，从而有利于帮助他们的企业逐渐走向正轨。三是希望通过这些努力能够更好地引导高校和企业家之间与创新型企业家之间的合作，从而引领高校和企业家之间的发展、引领高校开展的教育课程和研究活动，能够更好地引领社会发展和经济的进步。

与此同时，高校科技园区的创新型创业平台推动了成果流转机制的建立。成果转化是高校科技园区创业平台的重要推广和动力，因此我们需要进一步推动成果转化机制的建立，进而才能够更好地推动创业平台的健康发展与进步。同时也为高等院校建立了良好的信息沟通与转化的机制，能够更好地推动高校和企业之间的合作与交流，从而有效地使高等院校能够将其研究与创新的资源和技术服务提供到大众手中，帮助高等院校企业进一步增强和提高自己的生产能力；企业还可以有效地为高等院校的学生提供相应的实习场所，更好地协助高等院校顺利完成相应的课程和教学任务。

通过建立高校科技园区创新创业平台加快形成一套符合陕西省科技服务工作运行实际的绩效评估指标体系，针对科研院所、高校和服务机构科技服务入园效果进行评估，激励科研院所、高校、服务机构与企业开展多形式、多层次的科技合作，推动陕西省科技服务入园工作健康可持续发展。积极促进陕西省科技服务业试点区域和企业和高校院所的科技服务业发展和科技成果转化产出，并以科技成果转移转化推动和形成自主知识产权，加快提升企业创新能力与核心竞争力，推动陕西省科技服务业试点区域和高等院校、科研院所的科技成果研发和产出。

（四）科技成果交易大市场构建推动科技企业发展

新一轮科技革命和行业变化孕育而兴起，科技成果贸易市场建设作为党和国家科技创新制度体系的重要组成部分，对于促进我国科技成果的可持续生长、推动科技成果的扩散、流动、共享、应用并达到实现其在经济和社会上的价值都具有十分重要的意义。技术市场转型升级是新时代西部大开发的新机遇，新时代新时期如何推动现代技术市场发展，下好成果转化的"先手棋"，建设一体化技术交易市场是重要探索，打通科技成果的转化通道，构筑起技术与文化、金融、人才的多极共生生态，对建设科技创新中心具有重要的支撑作用。

我国深化改革开放以来，高新技术贸易市场实行政策措施，使技术贸易市场实行政策措施由无到有、从小变大，功能也逐步得到完善，制度环境不断得到优化，对于提升我们党和国家的创新制度体系的整体效能以及推动科技与经济的融通和协调发展都起着非常重要的作用。然而现阶段，我国的科技成果贸易市场仍然缺少规范、合理的技术定价、考核评审机制。同时，由于我国在科技成果领域的市场上立法比较滞后，并且还没有任何一部针对这些科技成果产生的相关法律条文，出现了一些法律上的空白。而且，市场监管中缺乏有效的监督，导致过分自由化的情况也越来越严重。

技术交易市场中的买方企业往往是缺乏核心技术的科技型中小型企业或是应用型企业，不具备独立研发整套核心技术的能力与资金，而技术交易中的不确定性和不信任导致了买方企业研发技术的成本增加和耗时增多，致使很多中小型企业无法跨越技术壁垒获取超额利润。近年来，随着劳动力专业领域的不断提高，不仅中小型公司正在获取技术，许多大公司也试图在研发过程中节省劳动力和时间，并在技术交易市场上的研发过程中购买一些先进技术。但是，由于许多大型科技公司仍故步自封，致使技术交易在大型企业之间陷入僵局，故而增加了全社会的技术研发成本。

想要有效地解决这个问题，加速高校对科技成果的创新与转化，促进高校对科技企业的发展，必须通过引导高校对科技企业发展做出一系列的结构性调整，引导高校真正认识到科技企业发展的每一个环节，从市场需求开始到研究生产，再到广泛的应用，这些均需要我们自己的产品来做市场导向。高校的科技成果转换的过程，也可以说是高校的科技成果在各种市场上所达到的经济效益与社会效益最大化的一个过程。市场因素可以促进高校对知识产权的有效利用率，加速高校对科技企业发展的知识流动和科学技术转移，促进陕西省高校科技成果的供需平衡，也可以体现高校给社会公众服务的功能与价值，同时促进陕西省高校科技企业的飞速发展。

（五）军民融合体制机制改革给科技企业发展提供新机遇

2017 年党的十九大报告强调，要坚定实施军民融合发展战略。2018 年 3 月 2 日，在十九届中央军民融合发展委员会第一次全体会议上，习近平总书记再次强调，要深入贯彻党的十九大精神，增强其历史使命感和特色社会主义责任心，真抓实干，紧抓快干，不断地探索开创经济发展新常态时代下的党从军民协同融合向更好的深度融合发展的新良好局面。对于实施军民并用融合国家发展核心战略，习近平总书记自然是高度重视，从其包括理论、战略、目标、军事、路径五个不同维度，深入、系统地阐述了这一国家发展核心战略的基本发展理论及其内涵、重要战略意义和其现实实施途径，做出了更加科学全面的顶层设计规划。

在我国军民融合国家战略从初步融合向深度融合发展的背景下，在越来越激烈的市场竞争环境下，国有军工企业不仅受计划经济的管理体制影响，而且又不得不面临市场经济不断发展的挑战，怎样抓住外部国际国内的机遇和形势，打破国有军工企业自身的发展束缚，培养适合经济新常态的核心竞争力，实现企业的跨越式、可持续发展，是当前我国国有军工企业亟须解决的难题。

军民融合发展将会成为我国军工企业做强、办大、实现经济可持续发展的一个必然选择。如何在军民融合的大背景下真正实现行业转型和升级，推动企业的二次创业，是我国企业在当前新形势下所需要面对的首个挑战。各类高新技术企业都应该进一步加快转换公司发展方式，以推动军民科技的深度融合作为基础和支撑，积极地推进政策与体制机构的变化，狠抓军民融合经济发展的体制机构和技术，并且还要抓好研发生产能力建设，开展科学技术、管理和营销三支团队的组成和建设，发挥军民产品科研技术和服务能力资源整合的作用，转变军民融合产业的高素质人才培育与激励机制，主动地融入军民融合的大背景与新一代网络信息技术，促进企业改革的高潮，这样我们才能够更好地把握住新形势的新时期下公司二次创业发展的契机，实现公司在军民融合产业领域的跨越式发展。

第五章　专题一：陕西财政资金支持科技企业发展的股权投资模式研究

一、西安市财政科技专项资金股权投入科技型企业发展试点

(一) 专项资金与国资金控平台

2018 年，一场世界级别的"硬科技"大会在陕西西安拉开帷幕，正是这一场大会让"硬科技"这三个字享誉全球；但与此同时也面临一个问题：那就是在西安市到底有多少企业能够称得上是"硬科技"企业呢？能够真正意义上算作人们口中所说的"硬科技"企业呢？西安作为新一线、国家中心城市是国家战略的重点城市，但是却是一个工业企业十分匮乏的大都市，西安并没有一个大型工业企业作为支柱，这些年来西安不断招商引资，逐渐在弥补这一缺陷，与此同时形成较为完整的产业圈，为"硬科技"企业的诞生和发展不断创造有利条件。同时西安作为高校教育资源相当丰富的城市，也解决了技术研究和人才的问题。那么"硬科技"企业发展需要金融系统的支撑，无论是国有资产还是民间资本都是不可或缺的，尤其是国有资产的使用，这将又成为新的问题。

国有资产作为金融系统中的关键力量，具有扶持企业、引导民间资本等作用。财政专项资金作为国有资产的重要组成部分，可以实现产业母基金、财政专项支持的目的，陕西省为此也做出了诸多尝试，尤其以西安市财政改革动作较多。为了实现专项资金循环再投资和产生较为明显的经济带动效应，2015 年西安市财务局发布《西安市市级财政支持产业发展资金股权投入管理办法》，该办

法较为清楚地划分了各类产业特定用途发展资金，同时还应将财政资金不少于50%的部分用来投资城市规划产业发展方向的相关产业的优质企业进行股权投资，不限于设立各类产业投资基金、金融及担保机构注资、参股风险投资公司，等等，并且动态调整股权投入比例，保证企业的发展。同时了解到准则提出的股权投入资金来源为市财政当年预算安排的各项支持产业发展资金中采取股权投入的资金，以前年度股权投入回收的本金和所形成的投资收益及其他资金。

按照规定扶持产业重点包含：市产业发展规划的高新技术、装备制造、现代服务、文化、旅游、战略性新兴产业、农业产业化和服务外包等产业领域，那么目前西安国资金控平台基本情况如何？

1. 西安投资控股有限公司

西安投资控股有限公司（以下简称西投控股）作为西安市国资委控股的企业接受了市财政预算安排的各种配套产业发展基金的股权投资，这将保证西安市产业链群的健康发展。为了提升资金循环效率，西投控股从上年股权投资中收回的本金、投资收益及形成的其他资金，按照《西安市市级财政支持产业发展资金股权投入管理办法》进行投资。从图 5-1 可以看出，西投控股下属公司主要分为五个板块：产业板块、基金板块、置业板块、金融板块和综合服务板块。根据《西安市市级财政支持产业发展资金股权投入管理办法》中所说："进一步深化公共金融体制改革，优化和完善城市金融投资方式，支持产业发展，充分发挥财政资金的引导和激励作用，提高财政绩效。"西安投资控股金融机构成立的目的是促进经济结构调整和主导产业的进一步发展。从这一发展需求方面来说，资金投入应该更加集中在工业制造领域和高新技术科技企业，而不应该倾斜于金融公司、房地产公司等低技术含量企业。

综上所述，西安市财政局通过设立西安投资控股金融公司实现小资金带动大资金的想法用来小资金撬动大力量的设想并没有很好地执行下去，根据西投控股参股控股的公示公司类型即可以看出，财政专项资金更多地流向了金融、基金类等。无法带动西安市中高新技术企业的发展，没有真正解决西安市第二产业极度空缺的现状。

2. 陕西金融控股集团有限公司

陕西金融控股集团有限公司（以下简称陕投集团）成立于 2011 年 11 月 3 日，是经陕西省人民政府《关于组建陕西金融控股集团有关问题的批复》（陕政函〔2011〕203 号）批准设立的国有大型骨干企业，注册资本为 33 亿元。陕投集团主要从事金融投资、资本运营与资产管理；同时还参与股权投资与管理、专

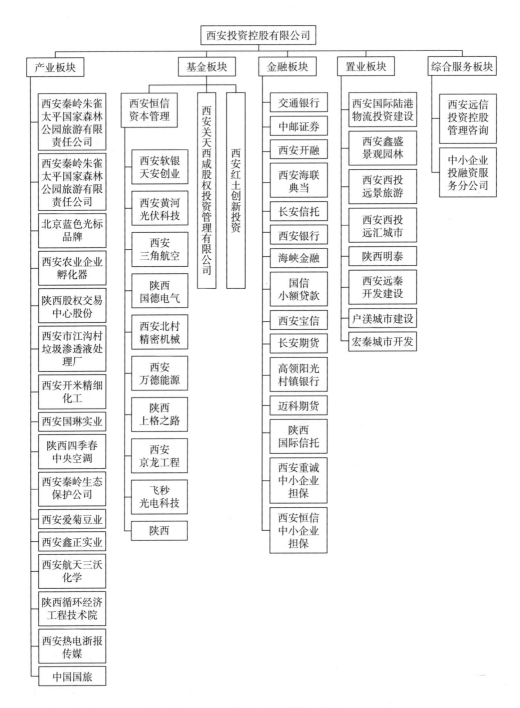

图 5-1   西安投资控股有限公司

项资金委托管理、信用担保与保证、并购重组等业务。陕投集团主要是运作财政资金形成投资基金发展支持本省需要支持的产业，同时为企业提供金融服务等活动。陕投集团现阶段仍需要完善治理结构、提高综合管控水平。

陕投集团为陕西省在先进制造业、航天航空、信息技术、新材料、汽车及医药领域提供了一定的金融支持，这为将来区域经济的发展做出了积极的贡献。集团参与股权投资的公司已经上市的有：西安银行、云川机床、宝光股份、隆基股份、三角防务和西部超导。这些公司分别涵盖银行、制造、电气、光伏新能源、航空装备和新材料。这也充分体现了陕投集团设立的理念，支撑目标行业领域发展。

由上可以总结：陕西省虽然国有资本金控平台众多，但与南方相比投资效率较低，投资企业并不庞大，同时也没有完整的省级产业发展规划，导致投资仅投资本身已经较大的企业，不能达到发掘并扶持新产业的目标。

3. 陕西中小企业融资服务平台

陕西中小企业融资服务平台是由省发展改革委联合人民银行西安分行等多家政府机构在 2019 年 11 月成立，依托建立省政府业务数据共享交换平台和省级信用信息共享平台，是实施地方决策和分配，解决"银企信息不对称"、中小企业融资难等问题，通过陕西中小企业融资平台在金融方面对实体经济的变向支持。

众所周知，中小企业在发展初期，面临最大的问题在于轻资产、经营不稳定且现金流弱等情况，这就导致企业融资过程无有效抵押从而无法获得融资；同时由于中小企业财务信息、公司情况对外并不披露，所以金融机构在考量公司时，无法获得公开真实有效的数据，在坏账率风控下，导致会清除绝大部分中小企业作为投资或者放款对象，也就是说：银行与企业信息不对称。因此陕西中小企业融资服务平台的诞生就是为了解决此问题。例如，2020 年疫情暴发后，该平台迅速收集了中小企业金融服务的融资需求，同时开通绿色通道促进企业融资，为优质企业解决了资金的燃眉之急。因此信贷已成为陕西中小企业克服困难的"硬通货"。

（1）"大数据画像"筛选企业客户。

陕西中小企业服务平台将陕西省内注册的中小企业进行统一信息整合，同时进行信用评级，这将使陕西中小企业金融服务平台的金融服务效果大大提高。当前，该平台已与国家级平台互联，在国家统计的基础上，添加陕西省特色要求，整合省税务局、省科技局、省房地产登记中心等信息，通过收集中小企业各方面信息，从而对其征信层级有一个较为完整统计。同时，该平台的征信系统可作为第三方金融机构是否向中小机构借贷的参考，为金融机构提供征信咨询服务、共享企业信用评估、合同绩效监控等服务；这样中小企业可以更容易融资、解决资金困难，金融机构可以降低坏账风险，同时对于政府来说有一笔额外收入，这是形成三赢的局面。此外，陕西中小企业金融服务平台还为中小企业提供服务专栏，以及非银行金融机构（信托、保险和小额贷款）担保和贷款，此平台是将中小企业在本地金融方面的服务"作为一个单一的网络进行管理"。

该平台还应在中小企业信息和数据收集方面，保持与各大金融服务机构的沟通，进而保证大数据工具能在金融层面的应用能力，最后还应防范和控制风险。与此同时，地方政府也应联合征信办建立征信系统，同时推广该平台至中小企业，形成征信名单；以名单为基础，制定出台相应补贴政策，以此推进征信系统的普及并且发展符合政策要求的企业，这将预示着中小企业需要的金融服务会更便利，能更加容易地解决中小企业融资难、资金链断裂等金融问题。该平台将提高信贷质量作为重要任务，以服务实体经济为己任，探索"绿色宽松贷款"的发展，同时鼓励金融机构向信誉良好的企业发放贷款和提供金融服务，进而达到简化信贷流程、提高中小企业金融服务效率等目的。

（2）信息"多跑路"，企业"少跑腿"。

无行政罚款和可信赖的企业优先考虑融资资格。在当下的社会中，企业中最有价值的资产之一当属于信用。陕西中小企业服务平台综合考量企业信用评分，结合政府主导的信用评估和发展行业规划，建立优质信用公司的"红色清单"，并鼓励金融机构向信誉良好的公司提供优惠服务，简化信用程序，以及缩短处理时间，提高信用等级和授信额度，逐步降低融资手续费率，通过金融机构与优良信誉的中小企业的互相信任，逐步发挥中小企业服务平台信用评分的作用。与此相反，平台也将根据公司信用表现建立金融部门违约和不可靠公司的"黑名单"，自动在网上拦截和限制不可靠公司，并在公司信用文件中记录不可靠信息，从而降低金融机构和银行借款坏账的风险。

陕西中小企业金融服务平台已经建立了供求关系与公司和金融机构之间信息交流的"桥梁"，使信息"多跑路"，但与此同时，企业提高了融资效率，使企业"少跑腿"。

（3）政府：增强信用服务实体经济能力。

目前，已有500多家公司入驻该平台，该平台已获得2.15亿元的资金。陕西中小企业金融服务平台可以提供双方的基本信息和"互动意向"，使银行或者金融机构和公司双方提前了解对方需求。陕西中小企业服务平台使银行可以查看有关支持公司的各种信息，并了解公司的核心业务、可持续性和成长能力。该平台提供的信息高度可靠，通过此项信息可以辅助金融机构识别企业、预防和控制坏账风险，这也将推动金融产品和金融服务的双创新。

陕西中小企业服务平台也可为金融机构提供经过认可的咨询服务，涉及100多种可识别的信息，包括政府补贴、信用等级和针对多维业务的"大数据简介"，并帮助金融机构选择客户并进行尽职调查，如公司股东变更、产权变更、政府监督与管理以及法院裁决、放贷后控制风险。与此同时，与陕西中小企业服务平台合作的中国银行已在陕西中小企业金融服务平台上安装了多种金融产品。

综上而述，陕西中小企业金融服务平台更接近小企业，无论是企业家的"硬技术"企业还是官方企业，它都可以提供补充公司资本链的财务平台，并在中小企业发展中发挥非常重要的作用。

4. 陕西股权交易中心

陕西股权交易中心股份有限公司，位于陕西省西安市高新区，是陕西省政府批准设立的指定股权交易托管机构，受陕西省金融工作办公室监管，在陕西证监局的业务指导下开展各项工作。

陕西股权交易中心经陕西省政府批准设立，注册资本12000万元，由陕西金融控股集团有限公司牵头发起筹建，12家机构法人股东参与，共同出资设立。同时陕西省产权交易中心是承担区域性证券市场职能的机构，担负着促进全省中小微企业健康成长的社会责任。它是一个用于注册股票和各种金融产品交易的平台，也是为中小企业提供融资服务和信用信息的综合服务平台。它是为非上市公司上市提供转让、融资、登记、托管和结算的交易中心。其中，股权交易流程如图5-2所示。

平台服务于中小微企业并提供公司融资服务。①平台基于低门槛、低成本和便捷程序的原则，将公司股票或股权作为融资工具，通过平台进行交易从而达到中小微企业融资的需求。②对于中小企业私募债券平台按照低门槛、低成本和简单程序的原则提供私募债券的提交、注册、存储、转移和结算服务。③目标增资。陕西省房地产交易中心和会员处依靠专业知识和丰富的投资者资源为公司提供诸如尽职调查、价值提取、估值基准、投资者推荐和谈判支持等专业服务，使公司可以连接资金并使市场发现公司价值所在，帮助企业有效融资。④较小的贷款公司获得市场准入资格。小额信贷公司使用中央平台从同行或其他机构投资者筹集资金，面向市场并使用创新的金融工具来解决小企业贷款融资问题，减少融资方式和高成本，同时政府应帮助小额信贷公司建立其融资需求和市场声誉。

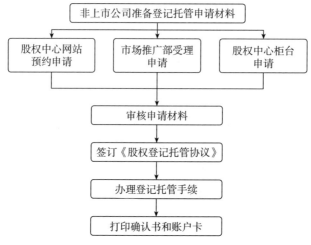

图 5-2 股权交易流程

平台的经营模式和职能定位促进了中小企业和微型企业的健康成长，并共同建立了一个综合的金融服务平台。在政府指导方面：①平台具有强烈的社会责任感。陕西省产权交易中心作为承担区域性省级中小微企业股票交易市场职能的机构，地方政府已放权管理给平台，使公司自由运作。平台的目标是使企业健康稳定发展的同时促进中小微企业加速前进。②在财务监督部门的监督和指导下，陕西省股权交易中心的工作不断创新发展和标准化，有效推动本地中小微企业股票交易市场发展，同时也要预防和化解风险以及有效保护投资者合法权益，投资者对市场有信心才是促进金融市场发展的基础。③政策支持。各级政府有关部门相互配合，加强对有上市能力的公司优先培育，帮助其在陕西股权交易中心挂牌上市。在金融机构、银行等市场参与者提供资金支持时，优先考虑上市公司、新兴战略以及高科技"硬科技"公司方面获得特殊的财政支持，使它们在技术改造、技术开发和技术创新方面不断发展。

陕西股权交易中心是一个可以帮助民间资本进入企业的一个展示平台，但国有资本也应该抓住机会，起到引导作用，引导民间资本向"硬科技"企业靠拢，助推企业不断发展。

（二）财政资金与科技创新

财政资金究竟有多少投入科学技术发展方向？通过从陕西省财政厅公开财务资料中获取的信息：省级一般公共预算方面包括 2016 年省级财政资金在科学技术方面的支出为 13.9 亿元；2017 年省级财政资金在科学技术方面的支出为 11.4

亿元；2018 年省级财政资金在科学技术方面的支出为 12.7 亿元；2019 年预计省级财政资金在科学技术的支出为 13.3 亿元。而对于全省一般公共预算包括：2016 年全省财政资金在科学技术方面的支出为 62 亿元；2017 年全省财政资金在科学技术方面的支出为 79.2 亿元；2018 年全省财政资金在科学技术方面的支出为 86.7 亿元（见图 5-3、图 5-4）。这些资金理论上主要用于实施省级重大科技专项，支持重点产业升级转型、解决制约经济社会发展的关键环节；通过"以奖代补"、双向补助等形式促进产学研协同发展和科技成果转化；加大自然科学基础研究投入，鼓励科技人员开展自由探索；运用后补助、间接投入等方式，支持各类科技创新平台、基地建设；采取奖补等方式，加大科技企业培育，支持领头羊企业研发，激发创新创业主体活力。

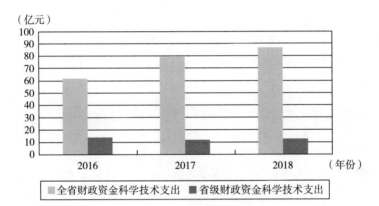

图 5-3 陕西省财政资金预算

资料来源：陕西省财政厅。

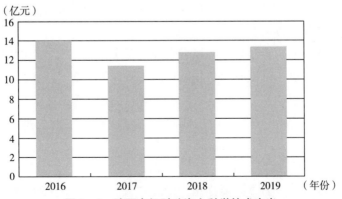

图 5-4 陕西省级财政资金科学技术支出

资料来源：陕西省财政厅。

从近四年陕西省的科学技术方面的财政资金支出可以看出，近年来无明显增长，这对于建设"硬科技"之城的陕西省内及西安来说是难以匹配的，没有政府和政策的扶持，科技类企业想成长起来是非常艰难的。科技企业的成长涉及科技成果转化，在没有资本的支持下，普通科技企业难以承担如此巨大的试错成本，这样便会导致本土企业往科技含量较低、复制速度较快方向发展，难以成长为真正的高科技企业。因此，政府的引导作用应在此体现：第一，吸引民间金融组织对重点扶持的科技企业进行投资，让科技成果成为真正的科技企业；第二，出台政策与奖励扶持措施，以便于企业解决后顾之忧；第三，牵线企业和高校合作，尽可能降低试错成本。但从上述陕西省在科学技术支出的增长趋势可以看出，市级政府的重视程度并没有那么高，陕西高科技企业发展也并没有那么快。

总的来说，陕西省在投往科学技术方面资金的执行上还是比较弱的，没有将大量的资金人力政策倾斜于科学技术，近些年高新技术企业有所发展，但数量不多、实力不强的现状依然需要现阶段的政府联合企业一起去攻克，将政策、资金贯彻到实处。

（三）政策支持体系

1. 结合科技和金融作为试点

将科技发展作为主线，区域金融作为辅助，以金融促科技发展，科技成果转化反哺金融。陕西省应该把握住国家机遇、把握住"关中—天水经济区"、把握住西安作为国家中心城市、把握住"丝绸之路"的国家战略，积极探索科技与金融结合的关系；在机制创新的保证下，发挥财政科技资金的引导作用，重点建设好发展平台，进而推动金融系统的发展，保证科技金融良好的结合的试验，使中小型科技企业蓬勃发展。

积极建设省会城市科技与金融结合发展的平台，发挥大城市的带动效应，从而促进整个省内发展。开展省级科技和金融结合试点。在科技条件比较好的地区争取设立高新区，以聚焦"硬科技"发展，进而促进产业链条及相关产业的发展。充分发挥陕西省的教育和人才资源，同时使科技企业发展有足够的金融保障。

2. 创新财政科技投入方式

财政资金在科技投入方面多样化。针对"硬科技"中小企业推出专项政策，促进"硬科技"企业发展，对该类企业可开展风险补偿、政府融资担保等专项政策；同时也要利用财政资金的杠杆作用，引导社会资本进入本省较为优质的

"硬科技"企业或产业集群，使陕西成为"硬科技"企业的摇篮之地。

设立科技成果转化财政专项资金。将科技成果转化专项资金作为母基金，同时在高新区内设立资金管理部门。母基金投资的企业不仅代表着本地政府支持发展的方向，还是当地政策大力支持的方向，这就加大母基金的投资方向对社会资本起到较大的引导作用，从而更好地激励科技成果转化，促进陕西"硬科技"企业的发展。与此同时，增加了初创企业的存活率，分担了金融机构对科技企业贷款的风险，也减少了科技企业因资金链断裂导致企业破产的可能性。例如，2020年陕西省出台的"科创38条"提出："到2025年，陕西省科技成果转化引导基金财政投入到20亿元，设立子基金突破30只，实现基金总规模达200亿元，撬动社会资本180亿元。

对拥有风险投资的科技型企业实行绿色通道管理。风险投资的企业大都是为了能够获得超额收益而存在的，而作为科技型初创企业，只能以股权交易的方式获得，但凡获得风险投资的企业都是未来发展前景较好的企业，因此陕西当地政府应该予以政策支持，提高风险投资的成功率，以此激活民间资本的活性，使陕西西安成为风投的活跃市场，这样便会形成更好的"硬科技"创业环境，最终产生更多更强的"硬科技"型企业。

3. 加强对科技信贷的引导

增加对技术信用的投资。金融机构应完善自身对科技型企业的评估机制，不能以上市公司的要求对技术型企业，同时国家应以相应的政策支持金融机构。这一方面国内金融机构应向美国学习，如特斯拉，如果没有美国金融机构连续10年的技术评估，可能早已经从美国股市退市，还有亚马逊，这都是非常鲜明的例子。

完善创新技术为基础的金融产品。金融机构通过建立新型的金融服务机构，如技术部门，来鼓励向以技术为基础的中小企业提供金融服务。鼓励贷款审查委员会的技术专家参与贷款审查决定，探索和促进供应链金融、应收账款、保理、贸易融资等业务，并积极发展知识产权和高级风险资本抵押贷款。

完善技术贷款风险补贴机制和指导担保机构协助技术融资。按照《陕西省融资性信用担保机构风险补偿资金管理办法》的要求：政府应从科技类财政投入中留取部分作为金融机构风险贷款的补贴，这样可以让金融机构有更大的可能性去帮助和扶持科技类企业，促进该类企业的发展，同时完善"硬科技"企业的技术抵押机制。

加强科技企业信用体系建设。建立以高科技公司为基础的科技公司和科技人员信用信息系统，完善科技公司的信用信息交流、信用评估和科技信用管理机制。以西安高新区为例，建立高技术企业信用服务体系，建立有效的企业入区信息传递机制、业务可靠性激励机制、约束机制等。

完善资助知识产权承诺的激励机制。以知识产权保证和知识产权证券化的形式改善融资或直接投资机制。对于获得知识产权担保的贷款并按时偿还本金和利息的公司，将给予两年期利息折扣，折扣率是公司必须偿还的贷款利息的30%。

4. 大力发展多层次资本市场

支持技术公司的多渠道融资。建立科技公司上市的资源储备数据库，各地有关部门要积极建议有条件的科技企业进入数据库，按照一定的方式，加大硬科技企业在资源分配、资金倾斜上的培养力度。重点上市公司将获得一定数量的首次公开募股前费用补贴。

通过发行公司债券、短期融资券、中期本票、集体债券、集体票据等金融工具辅助企业获得融资，支持合格的基于技术的中小型公司筹集资金。对于计划进行全面重组并已进入证券监管机构的咨询和呈报阶段的技术公司，全面重组政策要求的个人所得税可以在批准后的三年内递延。

5. 积极推动科学技术保险发展

建立技术保险补贴机制。对于参加出口信用保险的中小型和技术型微型企业，将给予其实际年度保费支出的40%的补贴，对于参加信贷的中小型和技术型微型企业则给予补贴。贷款担保保险按实际年度保费支出的50%提供。每家公司年度技术保险保费最高补助额不超过20万元。

创新的技术保险产品和服务。积极发展技术装备质量保证保险和其他类型的保险，拓展科技领域的综合信用担保保险服务，制订和完善个性化保险计划。

6. 加强保护措施，以促进技术和金融的融合

加强技术金融服务体系建设，建立地方科技资源协调中心技术体系，积极发挥各种投资基金和技术创新服务机构的作用，建立职业培训机制以及其他功能和技术金融服务中心。政策鼓励试点城市和地区采取多种方法来建立服务体系，依靠大学和社会机构进行专业教育，以培养具有技术、财务和管理知识的综合人才库。

加强对技术和金融结合成效的监测和评估。建立科技金融和服务业能力发展的评价指标，建立统计体系和相应的监测体系，建立以监测为基础的评价体系，动态评价科技与金融相结合的效果。同时还要鼓励并表彰相关机构和人员在促进技术和金融融合以及支持自主创新方面的杰出贡献。

加强组织安全。建立省级领导小组，促进科技金融一体化，负责领导和组织全省科技金融一体化促进工作，协调解决科技金融一体化和试点工作的主要问题。

二、财政资金股权投资模式推动
中小科技企业发展理论分析

（一）政府资金股权投资模式

1. 股权投资模式概述

股权投资是为参与或控制某一公司的经营活动而投资购买其股权的行为。股权投资模式则是为了对不同场景不同类型的企业进行股权投资时形成的投资模式，从而提高投资的准确率，这种模式的资金来源既可以来自于公募，也可以来自于私募，还可以进行非公开场合下的股权转让。那为何要进行股权投资呢？总的来说，主要有以下五点：①为了获取超额收益，其中包括股利以及资本利得。②为了获得企业资产控制权，通过自身经营使得资产的调整、调度甚至增值从而获得更高的利益。③为了对企业形成重大影响并且参与经营决策，通过这种方式可以使投资风险降低或者分散，同时发现更大的商业机会。④为了调整投资方的资产结构，增加更多的流动性资产，可以优化投资方的资产负债情况。⑤为了通过投机，从而短期获得较大的收益，主要手段则是利用价格差进行买卖交易，从而获得差额收益。在投资于可交易股份的场合，这也是主要动因之一。

2. 政府资金入股科技企业的股权投资模式分析

随着国家科技不断进步以及经济不断发展，政府资金对科技型企业的投资方式也在发生改变，不断完善投资模式，总的来看主要有三个阶段。第一阶段，属于财政拨款阶段。这一阶段主要是因为党中央提出的《中共中央关于科学技术体制改革的决定》中，提到了国家的主要科学技术力量应面对国民经济的主要战场，并为经济建设做出贡献。政府为企业参与科学研究提供免费的财政援助。第二阶段，属于技术贷款阶段。科学技术的发展就是财政资金支撑起来的，没有经济支持就不能实现科技大发展。在此阶段，政府通过贴息贷款支持科技企业发展，与此同时，我国的科技企业已经逐渐发展起来了。第三阶段，则是政府工业投资基金,通过股权支持、资金投入等多种方式支持工业和科技发展。与此同时,国家颁布了新的《合伙企业法》《公司法》和《证券法》,同时开创了新三板等方式,扩大了资本投资渠道和企业融资发展方式;颁布的《创业投资企业管理暂行办法》促进了我国风险投资机构的成立,为其运营以及监管提供了优惠政策,该办法促进了各层级政府鼓励金融资本成长,支持风险投资企业的发展。截至目前,直接资本投资、间接资本投资是我国政府技术企业投资的两种主流方式。

3. 政府资金直接入股科技企业的运作模式分析

政府资金直接资本投资:政府通过自身名义向投资者阐述投资意图进行筹资,获得资金和政府资金一起作为投资基金,这样将用于科技成果转化和工业化,通过向国家战略相关的新兴产业进行直接资本投资或者产业股票投资。政府资金直接资本投资的四种情况:第一种情况,政府资金多数情况委托给国有企业或投资管理机构,而政府只作为名义投资者,同时这笔资金将直接投资于地方支持的公司;第二种情况,国有的专业投资管理机构作为被委托人,管理政府资金进行投资;第三种情况,政府资金直接支持国家战略性新兴产业,资助周期为中短期;第四种情况,促进区域经济发展以及产业结构优化升级,政府资金作为引导性投资,限定投资领域定向投资。

政府资金面临的问题:第一,政府资金的来源比较单一,且资金总的规模与国外对比差距较大,同时投资的公司数量有一定限制;第二,政府资金投资参考决策过多,且决策过程耗时较长,难以及时满足科技企业在资金方面的要求;第三,不采用资本管理方式,无法实现金融资本的扩张以及引导作用;第四,国有投资机构拥有较强的行政特征,难以保证基金管理的专业化和市场化。因此,我国政府资金的直接资本投资规模不大,这也导致了间接资本投资模式的重大发展。

4. 政府资金间接入股科技企业的运作模式分析

资本投资和有限合伙制的概念是为了吸引股本资本,包括用于基础设施建设和高科技产业发展的外国资金,也是借入外国私人资本投资的概念。目前,全国已经建立了各种产业基金,如文化产业基金、物流业基金、新能源和低碳产业基金等。主要采取有限责任公司形式。从筹资到更专业和市场化的基金管理和运作,从最初的意义上讲,它不再是政府运营的工业投资基金。如图5–5所示,截至2019年上半年,政府专项财政资金总规模为19694亿元。

图 5-5 2012~2019H1 全国政府财政专项资金累计成立情况

第一，工业投资基金是中国的专门产品，是特定历史时期的特定需求。其主要特点是政府需要申请批准，行政色彩很浓；第二，基金的组织形式通常是一种信托系统，因为当时我国没有有限合伙制形式；第三，投资目标通常是大型基础设施项目，基金的经营管理专业化程度相对较弱；第四，基金规模较大，但是，很少有私人资本通过市场筹集。尽管工业投资基金可以解决政府与私募股权基金之间的某些竞争，但很难充分利用政府基金的广泛指导作用。特别是经营和市场营销的专业化程度很弱，很少使用政府资金。首批工业投资基金可以称为特殊金融基金发展的初始形式。随着中国资本投资的发展，政府逐渐加深了对资本投资的认识。2006 年以来，各级政府已开始探索在中国发展特殊金融风险投资基金的经验，以借鉴国外经验。特别是自 2008 年以来，特别风险投资基金发展迅速。专业金融基金的目的是充分利用金融基金的杠杆效应和放大效应，增加风险资本的供给，并克服由于风险资本通过市场分配而造成的市场失灵。尤其是，它通过引导风险投资公司在早期进行投资，从而弥补了主要在早期阶段进行投资的一般风险投资公司的缺陷，以便更好地发展公司。目前，中国还看到了其他形式的政府资金间接投资。例如，2009 年 10 月，国家大基金发布新兴产业实施风险投资计划。目前，新兴产业的专项资金和风险投资计划是政府间接投资的主要方式。

专项资金的运作遵循"政府指导、市场运作、科学决策和风险防范"的原则。支持的对象主要是在中国成立的各种风险投资公司，已根据《创业投资企业管理暂行办法》进行了备案。原则上，不允许直接参与风险投资业务，因此当前行业经常使用特殊税收作为基金资金。经过近十年的发展，专项财政资金积累了丰富的政府资本投资经验，但也存在一些问题，主要表现在：第一，行政干预频繁,决策效率低下,专项资金必须通过行政手段决定信托管理机构,由专项金融基金和风险投资组成的每个子基金必须经过行政决策程序。第二,缺乏专业化,这主要反映在以下事实:私有投资公司通常为客户打理资金,因此有专门团队负责管理特殊金融基金,而国有投资公司的主要活动则是在于社会责任承担,较多时间不计盈亏,只要符合国家战略方向的企业都是投资标的,这样对比显得专业性不足。第三,市场化机制不健全,这主要体现在主管管理机构是国有投资公司,因此在市场营销中难以实现绩效激励机制,影响了管理者的积极性,难以吸引高层次的专业人才加入。第四,有必要进一步提高政府财政资金的针对性和扩大性。目前,专项资金起到引导作用,同时还可与私募股权共同发起设立子基金,这样可扩大资金池,更好促进产业发展。

5. 股权投资模式基本程序

(1)投资领域、方式及期限。投资领域是指投资的方向或者行业,政府股权投资领域一般包括:公共基础设施建设、符合国家战略的新兴产业、高科技型公司和政府政策支持类的企业。而股权投资方式一般分为直接注资、通过参与上市公司私募股权募资、上市公司定增或者相关平台的商业公司。政府投中期投资期限为3~5年,长期投资期限则不等。

(2)参股投资程序。资本投资管理专项资金的执行程序包括:行业主管部门和财务部门发布项目申请指南;进行项目审查并选择合格的公司;全面确定可靠的管理平台。在进行尽职调查,现场研究,可行性分析,投资计划谈判等之后,委托管理平台为投资计划提出建议。工业主管部门和财政部发布项目计划和资金;委托管理平台按照项目计划,资金计划和投资计划的其他要求选择被投资公司,确定投资计划,合作计划和退出计划的制订和实施。

(3)投后管理。委托管理平台定期收集被投资单位的财务信息,并对其财务数据进行分析,以及时了解被投资单位的经营情况。通过后续服务来指导创新和业务发展以及资本运作,优化业务发展路径。

(4)项目退出。当资本投资项目达到投资期限或达到约定的退出条件(如公司上市,亏损达到约定金额或不达到预期的利润目标,大股东置换,违反有关法律、法规等),必须及时进行资本转移和减持,对其他股东进行持有、回购和清算等,以实现资金提取收益。

(二)政府股权投资与中小科技企业融资体系建设

政府股权投资是投资符合本区域发展方向及政策受惠型企业,保证企业更好的发展，做大做强。科技型中小企业是指主要基于科学研究、技术开发、技术转让、技术服务、技术咨询，对于企业中的科学技术人员开发的高科技产品公司则负责规模化生产和销售。

1. 科技型中小企业融资体系构建中发挥政府引导功能的必要性

首先，高科技中小企业的成长是一个复杂的过程，通常需要经历不同的发展阶段，如种子阶段、启动阶段、成长阶段和成熟阶段。完成每个阶段并过渡到下一个阶段都需要财政支持，并且每个阶段所需资金的性质和规模是不同的。中小型高科技企业具有技术升级迅速、信息传递迅速、投资高、风险高、回报率高等特点，这决定了它们需要政府的支持，尤其是在发展初期阶段。在发展中期阶段，往往会经历"死亡"阶段，面临着诸如工业发展资金不足和融资渠道狭窄等问题。通常政府的大力干预、支持和倡导往往是科技公司从早期发展到成熟阶段的关键力量。同样，基于税收的政府比普通投资者的资金来源要大得多，并且对风险的承受能力也更高。其次，根据发达国家的经验，以技术为基础的中小企业与资本市场具有天然的亲和力，但由于我国金融市场的不完善和制度安排的不合理，使它们难以获得融资并限制了公司的进一步扩张，甚至有些公司由于缺乏资金也无法转化其已经产生的科学技术成果。作为系统形成和变化的主要参与者，政府必须在为技术型公司提供资金方面发挥重要作用。最后，高科技中小企业的研发成果是知识和信息。通常，它们具有准公共物品的特征，并具有广泛的外部利益。它们必须由政府直接投资提供或由政府补贴。扩大市场该产品的报价。因此，政府必须在为技术型中小企业建立坚实的融资体系中发挥积极的领导作用。

2. 政府引导和扶持科技型中小企业融资体系建设现状

以技术为基础的外国中小企业的发展得益于政府政策的支持。例如，法国小企业银行和美国中小型企业管理局向技术中小型企业提供灵活有效的政策支持，包括减少消费税、简化规则和法规、消除竞争障碍以及优惠政府贷款。当前，我国主要利用科技型中小企业的创新资金、中小企业扶植专项资金、中小企业贷款担保等为科技型中小企业提供资金支持。一些省份已经出台了相关的扶持政策，以指导金融创新服务和建立小企业。与此同时，对于商业金融平台、商业银行信用金融推广、风险投资促进等在引导和支持中小企业本地投资和金融体系建设方面取得了积极进展。但仍存在以下三个问题：

一是政策筹资渠道不明确。一方面，融资资金有限，创新资金很少，因此不能使所有基于技术的中小企业受益。我国技术型中小企业可以申请的最高资金为

200万元，在启动期间，技术型中小企业需要大量的资金进行技术研发。在开发期间用于资助生产和销售创新的资金量很难满足融资需求。另一方面，政策支持的目的是从融资的各个方面入手，但从实际执行的角度来看，政策的效果尚不明确。

二是缺乏对基于技术的中小企业的风险投资的支持。我国的风险投资仍处于起步阶段，在促进科技型企业发展方面作用有限。风险资本本身是基于政府资助的，规模上较小，数量有限。有时很难应对技术公司的大量股权风险投资。政府对科技公司在风险资本的支持和预防的有效手段不足，同时政府的风险资本缺乏有效的风险规避机制，难以获得较高的投资回报。

三是支持单一税收和财政政策。近年来，国家颁布了一系列针对小企业的财政和税收援助政策，包括降低出口型企业的税率和降低高收入企业的所得税率，同时对于在技术专区的企业在创业启动过程中实施保护政策。但是，这些财政和税收政策主要基于减免率和税额。从公司成长阶段的角度来看，财政和税收政策在初期对中小型技术公司不是很有用。对于处于起步阶段和成长阶段的企业，财政和税收支持的范围过于笼统，常常无法及时有效地采取，建议根据不同类型的行业和技术公司的发展状况提供不同程度的支持。

3. 进一步发挥政府对科技型中小企业融资引导功能的建议

为了弥补市场对高科技中小企业的资本配置不足，政府必须充分利用其在财政资金、政策、体系和公共服务平台中的领导和支持作用，并结合市场力量来促进改善中小企业融资体系。第一，制定科技型中小企业财务导向政策，制定科技型中小企业融资服务计划。政府应根据各地区技术、金融和工业的实际情况，并根据不同发展阶段中小企业的融资需求和特点，制定技术型中小企业的政策和财务指导计划。同时专注于工商业的技术、金融、税收、政策融合。第二，优化金融技术投资形式，建立风险补偿基金。首先将部分科技经费转化为金融机构和担保机构的风险补偿基金；其次将基于政策的贷款折扣直接转换为风险补偿基金，以激励金融机构和担保机构积极发展中小企业。在企业融资中，为因目标造成的损失提供补偿，并为业绩优异提供奖励。第三，引导金融产品创新。政府应在因地制宜、结合实际情况的基础上，确定各方的关注点，充分利用国家有关金融试点政策，指导和促进面向中小微企业的金融产品进行产品创新和创新金融服务。例如，为中小企业设立贷款补偿基金，对知识产权进行质押以及由中小企业发行集体债券。第四，积极推广风险投资和风险投资政府专项金融基金。一方面，有必要建立以投资为导向的扩张体系，以培育发展潜力超过"死亡谷"的高科技公司。另一方面，建立合理的风险投资机制，规范风险投资企业的范围和运作、融资、项目选择、知识产权保护和知识产权转移。与此相对的是为风险投资机构提供政治支持。第五，健全和完善信用担保体系。为了建立信用体系，首先要建立企业信用信息系统，及时准确地收集企业信用信息，按照法律法规进行披露和咨询，建立良好的信用平台，建立信用改善体系，完善小型企业的财务环境；其次要实施企业信用评级体系，我们按照法律法规对中小企业进行信用评级，并进行企业信用评级管理；再次促使行业协会和商会制定规章制度，建立行业自治权，并审查会员的信用行为；最后建立公司担保体系时，其中之一就是建立担保机构和再担保机构，然后支持信用担保服务业发展，制定直接补偿担保公司和合作银行的政策，增加担保公司的风险补偿。第六，优化金融绿色环境，为高科技中小企业建立金融服务平台。建立科技型中小企业金融服务平台，完善中小企业社会服务体系，提高服务中心、咨询中心和技术咨询公司的服务质量和效率。

（三）政府股权投资促进中小科技企业发展

1. 政府部门应为股权投资金融化提供政策支持

（1）建立营销平台，促进银行与公司对接。相关政府部门为科技分支机构建立营销平台，通过政府力量整合银行、担保、保险、风险投资以及产权交易等多层金融服务机构，构建多方合作与服务的长效机制，打造一个适用于中小型技术型公司进行商业融资的平台。该平台可长期收集和分类有关商业融资需求的信息，建立按需信息数据库，使商业需求与银行服务相匹配，并提高投资和融资的成功率。信息和经济委员会科学技术部为中小型技术公司提供各种类型的信息，并召开银行与公司之间的调解会议。科技项目的专家审查小组由政府有关部门的产业政策专家、风险投资机构和银行的专业人员组成，以进行专业的科学技术贷款审查，指导风险投资机构和其他中介服务机构加强与科技分支机构的资源交流和业务合作。通过多方合作进而打造一个由政府部门主导的中小企业股权融资平台，并实现多赢局面。

（2）创新商业银行与风险投资机构之间的合作模式。在公司融资过程中，银行和风险投资机构采用了不同的财务评估方法。例如，风险投资公司的股本资本和商业银行的债务。由于当前的政策限制，以"债务＋股票"合作模式为代表的投资和贷款联盟还没有特定的运作模式。因此政府应该出台相关政策，为技术企业、银行与资本机构之间的全面合作提供政治支持，在合作过程中，也将继续积极探索和开发技术型中小企业的新融资渠道。它在整个过程中为基于技术的中小企业的成长提供资金支持，促进科技型中小型企业的发展。

（3）建立健全中小科技企业信用担保体系。担保行业是高风险行业，因此抵消风险是不可避免的。保险公司不能仅仅依赖于保费收入，而要保证资本金的活性。与此同时，政府各级筹资部门应积极应对，组织专项资金建立信用担保风险补偿基金，并为担保公司的补偿提供相应的补贴。目前，我国的一些省市已经建立了风险补偿基金，陕西省也应该大力学习并且推广，鼓励担保公司向发展较好的中小科技企业担保融资，进而促进优秀的中小科技型企业更容易获得融资。

2. 积极推动股权投资金融化创新实践

国有参股商业银行作为融资的主要提供者，必须在体制创新的基础上，与政府、行业组织和其他金融机构共同合作，加强对中小企业融资问题的研究，并通过产品、客户、渠道和评估方法进行创新。积极探索技术型中小企业的新融资渠道和财务评估模型，为建立新型的中小企业管理和融资体系做出贡献。

（1）创新和以客户为中心的金融产品。考虑到技术型中小企业的生命周期，根据客户需求开发创新金融产品，优化现有产品组合，并分阶段为技术型公司制定服务计划。产品设计应根据公司现金流量的特点量身定制，了解公司订货合同的数量，分析公司的资金和现金流量，合理确定贷款额、还款期限和方式。例如，在一家以技术为基础的公司成立之初，它提供抵押，"综合企业家精神"信贷以及国库基金业务的发展；在成长时期，它发展了"科学和信贷联系"业务，抵押了应收账款贷款、知识产权质押贷款、股票质押贷款、订单开发贷款、收入贷款等。

（2）创新无形资产的新质押融资模式。由于缺乏高价值的有形资产，高科技中小企业通常无法进行传统的银行融资。但是，这些公司大多数都拥有无形资产，如独立知识产权或专有技术。产品一旦投放市场，便具有很高的利润率。商业银行应根据当地情况，探索和建立无形资产抵押融资的有效形式。

（3）简化操作程序并提高操作效率。中小企业融资特点：具有申请数量多、贷款少的特点。商业银行应使用其独特的评估标准和程序专门开辟绿色通道，优化商业调查设计、审查、批准和信贷程序，统一信贷标准和管理要求，并在有效的风险控制基础上为技术型中小企业做出最大化信贷效率。

三、地市财政专项资金进行股权投资的关键问题

利用特殊金融资金进行资本投资的重要性在于，金融资本投资可以促进财政资源的有效利用和公平分配，充分发挥特殊金融资金的定位和激励作用，促进金融资金的利用效率和资本结构的改善。那么地方财政专项资金在股权投资中应该面临哪些问题呢？

首先，专项资金资本投资的目的就是利用财政资金的引导作用，在政府的支持下吸引金融资本和股权资本投资区域规划相关产业集群，在促进企业创新和产业转型现代化的同时，推动区域产业升级，通过资金加持还能进一步增强企业竞争力。企业发展带动区域联动发展从而达到宏观水平调整和优化经济结构的目的。

其次，财政资金通过阶段性持股和及时流出获得投资收益，进行周期性资本投资，促进财政资金的保值增值。财政专项资金通过购买股权成为公司股东，但不参与公司正常运营，不完全以盈利为目标，同时当企业达到投资方期望阶段后，它按照双方同意的退出机制及时退出，并收回了资本和投资收益。这样便使财政专项资金形成投资收益周期循环，形成的持续的资金循环使政府可以充分利用金融资金的杠杆作用，使区域规划产业的企业能够得到足够的融资需求，但财政资金运营面临运营人员不专业的状况，因此为了确保财政资金运营投资业务发展可持续，在设立财政投资项目的专项账户的同时，还要确保业务运营的独立性、符合区域发展规划同时要发挥市场的活力。

最后，如果技术型公司获得的财务支持更大、更集中，那么相对应的技术类公司发展更加顺利，会诞生越来越多的"硬科技"公司。通过发展资本投资基金，可以提高在资本市场上优化资源配置，促进公司上市，提高直接投资融资比例和满足产业融资需求的能力。急需的支持基金还享受了股权管理公司提供的专业咨询服务，这些公司利用其可利用的专业优势和资源，推动了业务发展和创新，同时还帮助公司调整管理框架和符合当前公司情况的营运模式，为公司变得更大更强增加了可能性。

近年来，如何有效地将目前的财政专项资金投入企业，以达到促进国家扶持产业发展的目的是各地政府所面临的一大难题。如今，地方政府已将以前对公司

的免费财政补助逐步转换为股权投资，解决了过去单一的投资方法，还克服了监管不足和诚信风险较高的问题。政府专项资金只作为股东监督融资资金的使用路径及使用结果，使科技类公司更好地自由成长。而政府转向资金的财务管理平台专门依靠对特殊财务股票的投资来负责目标公司股权投资管理的实施、监督以及退出。

（一）行业主管部门责权问题

财政专项资金中用于资本投资的部分应通过建立用于资本投资的特殊金融基金，财政资金将资本投入建立风险资本或者风险资本公司，从而更大地发挥财政资金引导社会资本的投资方向的目的。与此同时，这种形式也会有效地解决行业主管部门的职责和权力问题，减少贪污腐败或者权力过于集中的问题，极大地调动业务主管部门的热情，量化工作赋予工作人员更大的工作价值和意义。财政专项资金应用上的变革其目的是改革专项资金的行政分配，首先成立用于资本投资的特殊金融基金的最终目的是引导社会资本投资于区域规划的工业建设、人才培养、细分产业类型和带有明确的政治意图来促进经济发展、优化升级。主管部门是负责产业政策的生产者和推动者，在他们所负责的产业中需要具有更深的知识和更高的发言权。为了实现这一目标，必须改革和推进特别财政基金的活动，鼓励使用工业发展资金。专项资金的来源主要是各种专项资金以及各主管部门的切实深入参与。因此，在改革体制的设计中，有必要按照权利平等，统一的原则合理地设计职责分工，充分调动财政主管部门的积极性和主动性；尤其是主管当局做出态度的改变并且进一步为责权改革促进区域经济的健康发展做出贡献。

（二）高度重视财政资金投资风险问题

以财政专项资金设立资本投资专项金融基金，同时发挥该基金引导社会资本投入规划产业产生的风险主要体现在以下两个方面：第一，财政资金进入和退出面临的风险。资金作为资本市场的产物，因此它的运作主体是资本而非实物，那么面临的风险程度远大于对经济实体的直接投资；对于股权共同基金尤其是私募股权基金、风险投资，其操作主要是通过专业人士个人判断，寻求企业未来的潜在价值以及为基金带来增值回报，其资本运作目的和方式与银行贷款不同，在此过程中，若政府部门负责人和基金营运负责人选择失误，则会造成基金损失巨大，而对于财政资金则是会损失国家资产和浪费纳税人的钱；此外，财政指导资金与社会资本设立合作基金的模式和营运方式尚在探索中，未形成一个良好的体系，因此财政资金还面临由于道德风险不打算归还金融资金的情况，进而损失更多国家资产，因此这是财政资金投资面临的风险之一。第二，市场风险。基金投资基本上属于市场竞争领域，项目投资决策不力、政策和市场环境变化所带来的风险会使好项目很快就会变成坏项目，从而导致投资损失；政府资金主导的产业方向应是区域规划的产业发展集群，因此财政资金投入应是先手，同时有政策加持，但市场风险依旧存在。

（三）协调政策目标性与资本逐利的关系问题

正确理解政府股权投资指导基金的政策目标与股权资本获利性质之间的关系，并进行适当管理。为了实现促进工业发展的政治目标，政府应对资本投资专项金融基金提出一些重要要求，并据此制定限制条件，保证投资不会偏离预期目标包括投资方向、投资收益及投资损益。其中，主要集中在以下两个方面：

首先，对政府股权投资指导基金和社会资本设立的资本投资专项基金投资范围的限制。作为一项资本投资发展基金，政府资本投资基金基于提供资金以促进当地经济发展为首要目的，将对与其建立的子基金的投资领域具有一定的约束力规定，企业所在行业应属于区域发展规划中的行业类型，不能以高收益为主要目的，进而将资金转向金融、房地产等高回报率的行业，这不但对区域产业发展没有好处，还会加速社会资本流入这些行业，使科技类或者工业企业融资面临更大的问题。因此，投资领域必须按照发展规划方向进行投资，充分发挥资本投资专项金融基金的引导作用。同时在投资领域方面依旧需要足够的侧重点，优先以陕西省重点规划产业集群为投资对象，优先投资重点产业集群的重点企业。政府资金投资方向代表着政策倾斜度，这也极大地减少了产业投资基金的损益可能性。能否取得投资收益这将决定于企业自身经营能力，同时考验投资基金机构筛选公司的能力。

其次，政府股权投资引导基金和股权资本必须处理基金投资收益的分配和损失问题。目前有两种意见。一种是"同等份额、同等权利、同等回报"，分享投资回报，共同承担投资风险，同时通过适当的利润分享机制，不限于行业和领域，充分调动社会资本合作的积极性。另一种是政府股权投资指导基金不分享该基金的投资收益，同时优先考虑支付投资损失，即使是完全低评级的基金也是如此。一般而言，政府股票投资指导基金专注于政策指导，而不是针对收益。当然，这也必须加以区别，根据不同的投资领域采取不同的政策。对于某些特定行业和领域，如公益领域、低投资回报率以及对权益资本不敏感的领域，政府股权投资指导基金可以共享收益，但不能违背区域规划发展要求；关键是要区分情况，并区别对待。但为了企业发展和区域规划，使政府资金无利可图是不合适的，因为资本存量会不可避免地被吸收和转移，企业可以通过这种方式获取利润。因此，政府股权引导基金实际上已经整合到市场中，并且如果采用市场机制，则应该按照市场法律法规行事。在政府股权投资引导基金与股权资本的合作中，应遵循"同时前进，后退，出入相同，利润分担，风险分担"的基本原则。在这种平等地位的基础上，辅以必要的让步和区别，这样将会极大地调动社会资本合作的积极性。

四、优化财政资金股权投资模式的具体路径和方案

（一）实施过程的风险控制机制与优化方案

1. 风险控制机制

资本风险控制。政府股权投资基金应在商业银行专门开设一个专用账户用来储存、分配和清算资金，这将确保资金安全性以及资金运作的规范性。与被投资公司签订投资协议后，委托管理平台将根据投资协议和项目决策会议纪要向托管银行下达分配指令，将投资资金分配至公司账户，同时投资方不参与不干涉公司运营。

价值评估。受托管理机构委托有资质的评估机构对被投资方的企业和资产进行评估，并合理确定权益资本比率、股权价值和金融资本的退出价格，以确保相应股权的价值，确保投资资金购买的股权价值在合理区间、尽可能预期有收益。

投资后的监督管理。政府股权投资基金管理平台应建立基于市场的操作风险防范机制，定期对投资公司的经营和财务状况进行监督检查，并建立系统的风险预警系统来控制投资风险，若公司发生重大人事变动、经营风险或发展预期偏差，应停止投资计划。同时，派出监督人员定期检查公司项目落地情况和进度，保证企业不断前进。

建立退出机制。当被投资方由小微企业发展为中型大型企业时，政府股权投资基金应通过结合被投资单位行业、资产类型、股东资产等实际情况，建立合理的退出机制，确保被投资单位的资产具有足够的流动性和全部价值，逐步从企业

股东中退出，以收回投资本金。

风险分担机制。政府股权投资基金与社会资本共同成立的资本投资专项金融基金，在投资前应确认好风险与收益的承担比例，这将为政府与社会资本长期合作奠定基础。

2. 实施过程优化方案

首先，进行深入调研，充分了解企业财务状况、经营状况、发展前景，同时建立起扎实、严谨的风控体系，尽可能大的减少风险的发生。其次，政府股权投资基金应该允许投资损失并保持收益与损失同时存在，保持对外部因素无法控制的市场风险一个良好态度。笔者认为，为预防和控制资金风险，各地政府下属部门应在制度设计上采取实事求是的原则，根据当地实际情况设立对应的体制以满足减小风险的可能，从而完善管理和决策机制，做出科学决策。再次，资本投资专项金融基金作为指导资金，不得用于贷款、投资股票、投资期货、投资房地产、购买公司债券、购买金融衍生工具和其他投资，包括国家法律和法规禁止的业务；当基金的投资违反法律法规或者有悖政策指导的，资本投资专项金融基金管理机构有权进行"否决"表决；同时在终止合作时，请遵守与基金经理达成的《合作终止协议》。最后，为了尽可能扩大资本投资专项金融基金，应设立子基金，引入社会资本从而达到指导作用，而在子基金中不作大股东，只起到干涉作用。同时成立的子基金也可以有效地选择信托管理机构。信托管理机构是指导特种金融资本投资基金资金管理运作的关键。根据政府委员会（部门）的选择，信托管理机构选择基金经理还配合设立子基金，派代表到子基金参与整个投资决策过程，参与生产和运营。对子基金及其投资项目进行管理，对投资基金进行监督，为基金的决策和交易管理提供专业服务。管理组织的专业水平、专业人才的素质、专业经验的数量，甚至职业道德对经营的最终效果具有决定性的影响，必须认真研究和筛选符合子基金要求的最佳的基金经理。否则，将直接影响基金的推广，甚至会产生很大的风险。

对于子基金选择信托管理机构则须遵循以下要求：第一，必须建立健全的风险防范体系，特别是制定和实施子基金的监督和投资后管理方法，需要密切监控投资公司（项目）的生产经营情况、资金流向和财务状况，以便随时发现并解决问题。第二，合理建立受托人和基金管理人的管理费标准，将与变更无关的损益按固定比例进行管理，该制度旨在将两者的管理费与投资收益挂钩，收益越高则奖励越丰厚，同时上限是有限制的，如果没有收益，则仅有基本工资没有奖励。第三，加强利益联系机制，切实将基金经理的收入（弥补损失）与他的努力和回报联系起来，从而提高责任感以及热情，真正感受到工作的压力。第四，要求被投资方设立特殊账户来核算政府指导资金（如果达成协议，子资金中的所有投资资金也可能会入账），以便跟踪和了解公司中指导资金的使用和流动，随时可以线上投资，同时也有效解决在线交易和内幕交易等问题的出现。第五，所有有关监管部门加强监督检查，防止贪污腐败和工作人员受贿，保证工作公平合理进行。

（二）财政资金的杠杆作用及安全退出

充分发挥财政资金的引导作用和杠杆作用，使财政资金更加有效地发挥促进区域产业集群发展的目标。目前，大多数特殊金融投资基金是从单一特殊金融基金获得的，较少地引入其他资本。由于资金规模有限，许多发展规划相关行业的企业无法获得足够的资金支持。因此只有发挥政府财政资金的杠杆作用带动社会资本联动投入，才会使更多的重点规划产业的企业受益。吸引到社会资本后，与政府投资资金形成新股权投资的子基金，进行共同投资。首先，使用专业的投资人员来提高投资效率，对被投资的公司进行调研，评估投资风险与收益比率；其次，对于资金量需求大的科技类企业，符合区域规划产业重点企业的、经营状况较好且有核心技术的企业可以考虑扩大投资资金，满足公司融资需求，帮助企业成长。建立基于市场的操作风险规避机制和退出机制是维持和增加财政资金价值的关键。目前，大多数退出机制过于独特，甚至难以在实施层面上运作，无法有效地保证财政资金的退出。财政资金委托管理平台进行创新探索，聘请律师团队共同研究具体措施，采取资产抵押、股票质押和联合股东担保等担保措施，确保财政资金能够安全平稳地退出。

财政资金如何安全退出呢？一是需要深化机构与行政体制改革，原有职能对应的财政资金要退出。随着机构改革的完成，重新修订的三定方案也都相继公布。各级政府部门应按照新的三定方案职能划分编制预算，要统筹兼顾、突出重点、量力而行，着力支持国家重大发展战略和重点领域改革，提高保障和改善民生水平，同时不得设定过高民生标准和擅自扩大保障范围，确保财政资源高效配置，增强财政可持续性。要按照零基预算的理念编制部门预算，坚决削减不符合现有三定方案的财政资金。特别是要按照简政放权、建立服务型政府的要求，相应退出相关行政审批保障资金。二是建立政策、项目相对应的财政资金退出机制。要明确政策到期，财政资金及时退出，并依据政策执行情况，动态清理财政资金。对实施期超过一年的重大政策和项目实行全周期跟踪问效，建立动态评价调整机制，政策到期以及绩效低下的项目要及时清理退出。政策符合条件，项目制定实施不能够达到绩效目标也要减少财政资金投入。

（三）优化财政科技资金股权投资模式的方案

第一，要明确行业主导的资本投资专项金融基金的功能定位。陕西省产业引导资本投资基金是省财政设立的政策性基金，由政府资金主导、市场筹集，同时遵循市场规则管理，它按照"高层设计，规范管理，市场运作和加强监督"的原则运作，同时该基金功能定位主要体现以下特点：一是政治特点，专项财政资金主要根据省的产业政策和发展计划，提出总体投资计划和扶持重点，目的是促进社会发展、民生向好，尤其是针对小型和微型企业、新兴战略产业（如种子和创业时期）的资本投资；对于国民经济的重点产业重点资助，进而完成省政府的经济发展目标。二是"引导"特点，资本投资专项金融基金通过参股支持建立子基金，使政府政策目标和社会资本收益目标趋于统一，因此财政基金的作用可以实现多方互利的局面，同时引导社会资金加入实现经济发展目标的行列。三是收入平衡的特点，作为省政府专项财政资金成立的资本投资专项金融基金并非纯粹是盈利的。因此，在省级税收捐赠的一部分可以用于建立投资周期长且收益率低的子基金收入划入补偿机制，平衡社会基金的投资收益，以免打击社会资本的积极性。四是市场化运作的特点，资本投资专项金融基金不影响支持权益参与的子基金的投资运作，也就是说基金管理公司可以通过私募或公开招标的方式选择，管理平台在遵守政府投资要求的前提下自由负责子公司的设立、收购、投资管理和撤资，总的来说就是资金完全以市场为导向。

第二，多渠道投资机制。在建立行业主导的股权投资基金的基础上，构建符合当前实际情况的多渠道投资机制。省级工业资本投资基金由两部分组成：财政出资和社会资金筹集。集资过程可以通过多种渠道进行，目的则是扩充资金规模和加强投资扶持力度。一是调整专项资金支出方式。专项财政资金的省级财政出资由省财政厅按照"专项分配，专项资金设立，下放，集中"的方式组织，这种组织方式整合了省专项资金的财政预算安排。随着中央对地方在工业发展和技术创新方面的支持逐步减少，建议省财政在科技创新和工业发展方面加大投资力度，同时对省重点发展产业如航天航空、新材料、医药制造等增加专项资金的年度投资，从资金上支持行业发展进而反哺资本投资基金的可持续发展。二是整合由财政拨款资助并分配给各个相关部门的省级风险投资专项资金，并落实到各个产业投资基金上，保证资金如实支撑产业。三是加强民族产业相关资金的对接，争取中央政府的支持。建议抓住时机，在省级建立行业领先的投资基金，同时争取相关国家基金的参与；或者财政部可以利用现有的融资渠道帮助科技类中型、小微企业的发展，通过辅助社会资本进行规定范围内的产业投资并投资机构建立补贴政策，充分调动社会资本的积极性，参与到政府经济发展规划中来。四是资本投资专项金融基金的社会筹款部分，将按照可持续发展和低成本营销的原则，通过公开途径从具有银行背景的投资公司、证券公司、信托公司和保险基金中筹集资金。五是继续利用从专项税收和资本投资专项金融基金中获得的收益及本金来补充新的股权投资子基金，从而实现可持续发展。

第三，规范行业主导的股份投资基金的投资运作模式。资本投资专项金融基金采用风险投资、参股、后续投资和其他面向市场的业务等方式。一是重点抓好地方经济发展重点领域，确定专项资金投入重点产业。根据全省经济社会发展战略和地方党委以及政府的决定和安排，专项资金主要应用于新兴产业的风险投资、传统产业的转型升级、现代农业发展和现代服务业行业的发展，技术风险资本等。二是利用专项财政资金促进资本投资专项金融基金发展。财政专项资金主要以参股形式支持设立子基金。他们必须坚持参股权而不是控制权，而且他们不是发起成立股权投资公司的唯一所有人，此行为的目的是确保基金资金的最大辐射范围，更有利于激发资本投资的积极性。建议符合设立子基金的基本条件和在省内注册资本的比例为省级公司投入的资金不得少于子基金资金的80%，或者该子基金的承诺资金将由不超过总资金25%的资金投入。子基金的承诺资金的比例则是由省政府决定，当子基金设立的行业是符合省政府认可或促进的特定行业或公司时，该基金可以适当提高资本比率并跟踪其对公司的投资。三是加强专项资金风险防范，基金管理平台严格限制税收专项资金投入的行业范围，禁止基金投资金融行业、房地产等传统且技术含量不高的行业；严格选择合作基金经理，优秀的基金经理不仅可以筛选出优秀的公司，还能提高基金收益；合作的基金管理平台在启动和运作子基金时，必须同时建立社会资本基金和政府专项财政基金，确保明确收益分配和风险共担比例，同时子基金必须定期报告投资运作情况，并接受资本投资专项金融基金予以评估其绩效；当投资完成并退出时，要保证社会资本和政府投资基金的利益。

第四，建立将决策与执行分开的管理机制。省级财政专用资本投资基金为政策性基金，该项基金没有单一的利润目标，但必须根据安全性、可控制性和风险预防的要求建立"三个主体"管理机制，确保在投资失误的情况下，尽可能减少损失保住本金。如何建立管理机制呢？首先建立专门的财务协调小组。它由省财政厅、财政厅、发改委和信息经济委员会等有关部门组成，协调小组负责向资本投资专项金融基金提供资金并指导其投资，商榷投资子基金的计划和规模，构建子基金管理公司的组织和绩效管理的要求，协调解决专项资金管理中的其他重要问题。其次省投资发展集团作为特殊金融基金的管理机构，代表省政府履行子基金投资者的职责，监督子基金运营的过程，保证资金按照要求投资。最后选择委托专业基金管理机构建立子基金并以市场为导向独立运作。

第五，建立退出产业资本投资资金的渠道，通过为不同的基金建立不同的回购条件，以确保基金的可持续发展。第一个条件，当基金的投资期限届满，其他发起人股东和地方政府将回购资本作为被投资项目的股东进行长期投资；第二个条件，则是对于收益相对较低且到期后难以撤出的基金，项目所在地的城市或县可以组成强大的国有公司来承担回购的责任，当回购能力暂时不足时，托管银行将提供储备营运资金。

第六，建立差异化方向和产业资本投资基金激励机制。为了更好地反映政府的监管意图，资本投资专项金融基金投资方向或者行业必须满足特定业务的分类标准，并实施差异化的标准和激励政策。首先将资本投资专项金融基金的子基金引导到政府经营的行业，母基金将参与社会效益较高，但融资困难较大的子基金的初期、中期或期初投资，并且当地政府给予经济落后地区政策优惠。其次针对投资周期长、经济收益高、资金获取难度较小的子基金或者在发达地区投资的子基金，资本投资专项金融基金参与并且接受较高的回报率，从而实现收支平衡甚至收大于支，更加全面地促进产业子基金的运营，同时更好地促进省内产业的发展和优势的强化。

第七，加强对产业资本投资资金绩效的监督评估。资本投资专项金融基金的资金主要来自政府税收专项资金，它的投资方向反映了政府的宏观调控意向，必须按照国家有关规定纳入公共财政评估和监督体系。首先，各级财政管理部门要加强对有关财政专项资金的监督管理，对于向不同方向投资的子基金，要进行定期检查项目落实进度、是否符合政策目标以及是否达到预期效果，通过一系列的监督和评估，以此确定实施的效果和投资运作的状况。其次，省投资公司作为专项资金的管理人，应行使专项资金出资人的权利，严格监督专项资金的运作和财务状况，并定期上报专项资金的核算，同时资金由有关部门授权的会计师进行审计和管理，保证基金投资的准确性和真实性。

第六章　专题二：陕西高校科技人才流动及团队促进科技企业发展

一、陕西高校科技人才流动及团队建设"家底"

（一）人才流动概况

人才流动指的是人才在不同组织中的工作转移。实际上，组织内大多数人才的流动方式是完全相反的，即无法留住优秀的人才使其流失，而能力较弱的人才仍然保留在组织中。这就是我们所说的人才外流。人才的流动和人才的流失具有相似之处，即组织成员被转移到组织外部，但是两者之间的区别也很明显。正常情况下的人才流动往往是合理且稳定的，而这种流失往往是不合理的。正常和合理的人才流动将为企业组织和每一位个人带来必要的利益和好处，而这些人才的流失往往会导致各种项目在开展过程中遇到障碍，给企业和组织带来各种各样的问题，影响其工作和生产并且会导致各种形式的损失。因此，如果一个组织想要发展壮大，就必须尽最大的努力来留住优秀人才，积极地鼓励和支持人才正常的流动，同时也需要尽量避免人才的流失。

Pallas 将西方工业组织中广义的人才流动定义为不同类型人才地位的变化。可以根据诸如职位、位置和工作性质等因素确定工作条件。技能流动是人才流动的标志，也就是说，任用人才要适应不断变化的技能、岗位的要求以及其他客观条件，从而不断调整和优化工作人员队伍。要想使人才的选拔、培养及各个环节取得满意的效果，需要实行人才的动态管理。

人才的流动既是社会主义市场经济形成和发展的必然要求，也是社会主义市场经济的客观需求，它包括通过调整企业对于人才的需求关系，并充分利用其来达到最好的效果，是充分发挥企业优势的重要机制。人才流动本质上就是一种选拔用人行为。这也就是使人才能够实现其自身的价值，寻求获得较高的收入，并且选择一个较好或者理想的事业，以及满足其他人员的特定需求并完成一些目标。

人才在地区间的流动，相对于不同的主体而言，又可分为流出和流入（见图6－1）。人才流出包括人才流失与人才溢流。西方学者将人才流失称为"Brain Drain"。人才流失指的是一个地理区域的人群或其他具有特殊技能的人群，离开他们所属的群体或被用来接近其他群体。"人才溢流"是印度科学家 B. Ngoshi 和 M. Romangoshi 在《人类流动经济学》一书中提出的一个新的概念。它指的是一个国家的人才的供应由于各种原因超过了当地发展的需求，出现了一部分人才闲置的现象，这就会导致这部分人为了就业而向其他地方流动。同样，当一个地方有太多的人才时，人才流向另一个地方可能被视为人才溢流。

西方学者将人才流入称为"Brain Gain"，即"脑增加"或"智囊增加"。人才流入包含人才的流增和人才的回流。梁伟年将人才流增定义为一种引起各个单位、地区或其他国家在企业中人才数目增加而产生的人才流动。企业人才大量流增的显著特点之一就是所有新增的人才全部都来自于外界。人才的回流是指所有在原先由地方和单位流出而再次返回到其他地方和单位之间的流动。人才流动系统如图6－1所示。

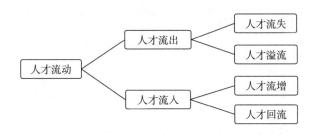

图6－1　人才流动系统

（二）陕西省高校科技人才流动的特点

1. 人才流动的流量持稳定增长态势

合理的人才流动是合理分配人力资源的一个关键手段，是充分利用人力资源以及促进经济发展的一个关键条件。从市场经济的角度来看，通过将技能转移到所需的部门和单位，促进新技术的传播和城市经济的发展，可以有效地避免积压和浪费人才。

近年来，陕西省建立起以西安人才市场为龙头的人才网络体系，高科技人才流动的人数总量呈现增长态势（见表6－1）。尤其是教学与科研人员，短短四年时间由2015年的41569人增长到2019年的50864人，增幅达到了22.36%；研究与发展人员由2015年的12297人上涨到2019年的15858人，四年期间增长了28.96%；R&D成果应用及科技服务人员由2015年的2691人到2019年的2504人，有所下降，在这期间一直处于波动状态。由图6－2也可以清楚地看出，近年来陕西省科技活动人员总量变动基本保持稳定，各类人员的变动也处于相对稳定态势，2015～2019年，一直是教学与科研人员占比最大，其次是研究与发展人员，R&D成果应用及科技服务人员一直处于最低位。这在一定程度上和"陕西现象"形成了呼应，即高产出、低转化，近年来陕西省研究出来的科研成果很多，但真正转化为现实生产力的却相当少。这与相关方面人才的匮乏有一定的关系，人才是一切项目开展的基础，不论是科技研究还是成果转化等，最基本的需求就是人才，为科技成果转化所服务的人员不到位，必然会对科技成果的转化造成阻碍。

表6－1　2015～2019年陕西省高校科技人才数量变动　　　　单位：人

人员类型 ＼ 年份	2015	2016	2017	2018	2019
教学与科研人员	41569	42271	46977	48250	50864
研究与发展人员	12297	12407	12769	14035	15858
R&D成果应用及科技服务人员	2691	2436	2639	2705	2504

总体而言，陕西省高校科技人才流动的特点是：高技术人才流动的总数逐年稳定增长，流动率相对较高；除2017年教学与科研人员大量增加外，近年来没有太大的波动，总体上保持稳定，波动不大。2018年随着国家放开的户籍政策，陕西西安率先开启了抢人大战，简化的户籍制度吸引了大量的人口流入，这为陕西省未来的发展创造了极大的人口红利，本身中西部的陕西省就聚集了全国最丰厚的教育资源，然后加上诱人的户籍制度，未来陕西的发展令人期待，但是各类人才的比例上也反映出陕西省科技成果转化方面的短板，陕西省应给予重视。

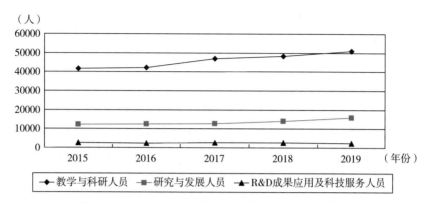

图 6 – 2 2015～2019 年陕西省高校科技人才增长情况

2. 人才流动的流向

首先，从全省各地区的角度来看，人才流动呈现出从边缘向中心汇聚的趋势。位于陕西省中心位置的大学和科研机构的数量较多，文化和社会环境优越，经济和社会发展水平要比陕西省的周边地区优越，大量高科技人才选择向中心流动。其次，从国家的角度来看，高科技人才正在向较发达的北京、广州、上海和东部沿海城市涌入。最后，从跨国流动的角度来看，引入陕西省的人才数量多于流出人才数。近年来，"凤凰归巢"的现象逐渐增多，尤其是全球金融危机的到来使高科技人才对国家发展前景持乐观态度，选择回国发展。此外，人才流入的结构得到了显著改善，具有高职称、高等教育和项目企业家的人数大大增加了。统计数据表明，政府引进外国高科技人才的增加主要是由于市政的经济发展前景、人才引进计划和政府人才培训计划。人才的流入必然会进一步带动陕西省的科技创新，提升科技成果转化程度，助力科技企业的发展，进而推动当地的经济蓬勃发展。

3. 人才流动的方式逐渐多样化

人才流动的多元化更加明显。从全国各地的人才流动角度来看，有调动、雇用、兼职、辞职、裁员、在职合同、无薪假期、解除合同、出国留学、研究生入学考试和灵活的流动等。随着经济和社会的发展，人才流动的各种方式也在不断创新。一旦对本地人才进行了培训和锻炼，他们便返回该地区为当地经济建设服务，从而促进了人才流动。还有新的人才流动模式，如户口不变、关系不变、双向选择、自由进出以及对口交流、项目资金、青年志愿者、技术招标、专家咨询和会议等模式，使人才流动的形式和内涵更加丰富了。在陕西省，高科技人才主要采取兼职、调动、讲学、技术持股、科研与技术合作、商业投资和顾问等形式进行流动,多元化的人才流动方式必然会给科技成果的转化及科技企业的发展添砖加瓦。

4. 人才流动的质量日益提升

随着人才流动体系的不断完善和政府人才市场公共服务职能的不断加强,陕西省高科技人才流动质量日益提升。流动人才学历不断提高,硕士研究生以上的高科技人才向高校、科研等事业单位流动的数量越来越多;流动人才中高职称人数不断提高(见表6-2)。就其变动而言,如图6-3所示,陕西省高校教师系列中,2015~2019年教授、副教授、讲师、助教等人员都呈现出逐步上升的趋势。其中,教授由2015年的3964人增长到2019年的5593人,增幅达41.09%;副教授、讲师、助教分别上涨了54.21%、34.18%、71.67%。从教师系列各职务人员占比情况来看,一直是讲师人员占比最高,其次依次是副教授、教授、助教、其他人员,教授与副教授是高校科研成果产出的主力,陕西省逐年上升的科研成果数量离不开此类人员的稳步增长。

表6-2 2015~2019年陕西省高校教师系列各职务人员变动 单位:人

职务 \ 年份	2015	2016	2017	2018	2019
教授	3964	4275	4578	5207	5593
副教授	6801	7915	8649	9756	10488
讲师	9731	11412	12463	12415	13057
助教	2570	3169	4013	4518	4412
其他	428	530	796	887	1054

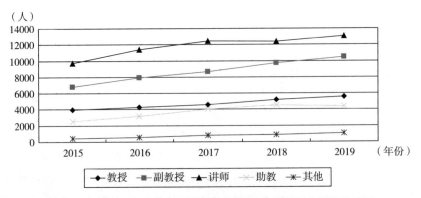

图6-3 2015~2019年陕西省高校教师系列各职务人员变动情况

从表6-3和图6-4中也可以看出，其他技术职务系列的人员中高级职务人员的数量由2015年的3663人到2017年的4074人，增幅达11.22%，2018年有所下降，到2019年又恢复到4000多人，中级人员数量变动不大，一直在6500人左右波动，初级人员2015年处于数量最高值，有5517人，到2016年下降到3211人，之后变化幅度不大。从各类人员的占比情况来看，从2015年到2019年，一直是中级人员占比最大，除2015年初级人员占比超过了高级人员外，其他年份一直都是高级人员占有较大比例。并且流动人才还体现出年轻和复合化的特点，这一特点在高科技人才中尤其明显。这个年龄段的人才在工作中受到锻炼，有一定的经验，并结合了年轻、知识和专业。他们已经成为人才市场上最受欢迎的雇主候选人。同时，为了提高自己的能力，流动人才加强了知识和技能的更新和扩展，以提高自己的能力。因此，具有多种技能、多种专长和能力的人才所占比例越来越大。

表6-3　2015~2019年陕西省其他技术职务系列各类人员变动　　单位：人

年份 级别	2015	2016	2017	2018	2019
高级	3663	3802	4074	3876	4024
中级	6514	6232	6491	6367	6565
初级	5517	3211	3849	3114	3776

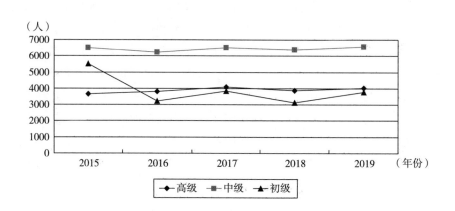

图6-4　2015~2019年陕西省其他技术职务系列各类人员变动情况

总体而言，近年来，陕西省高校人才流动的质量日益提升，各类高职务人员的数量一直在持续增长。一个地区的发展离不开强大的人力资源，高校又作为一个地区重要的科研力量，陕西省高校人才流动的质量日益提升，这对于陕西省高校，甚至陕西省而言，都是一个有利的信号，对于整个陕西省的发展起着积极的促进作用，陕西省各部门还应该抓紧时机，大力提升陕西省的发展能力。

二、陕西高校科技人才流动及团队促进科技企业发展理论分析

一个民族或国家的经济腾飞取决于两个主要因素，一个是先进的科学技术，另一个是现代的科学管理，不论哪个因素，人才都是核心，一个地区的发展亦是如此。21世纪的到来，标志着人类社会的发展到了一个新阶段，即知识经济时代。知识、智慧和人才是此阶段最重要的特征，一个民族或国家的地位取决于人力素质和创新水平。因此，21世纪是高素质人才竞争的时代。大学作为人才培训的一个重要基地，聚集了大量的顶尖人才，人才之间的竞争促进其流动。高校人才的流动主要是教师队伍的流动，也包括一些管理人员和助教的流动。人才流动是高校人力资源合理配置、师资结构调整、学科建设促进、各种人员工作积极性发挥的重要环节。

近年来，随着我国经济社会的快速发展以及人才工作的重视和进步，国家陆续出台了许多文件和法律条例，积极地指导、规范和促进了人才流动，特别是逐渐建立和完善了社会主义市场经济体制，使人才流动更加普遍、正常。在全国乃至全球的人才流动大本营中，大学人才流动取得了长足的进步。召开全国性的人才工作会议，全面深入推进"人才强国战略"，必然促使我国人才培养工作各个方面发生巨大的变革，也必然直接导致当前我国高校毕业人才的资源流动性建设面临前所未有的严峻挑战。高校如何能够正确认识当前的人才形势，分析其发展现状，研究制定相应的管理对策，在当前高校人才流动的发展大潮中不断地建设优化自己的人才师资队伍，在这场高校人才流动大战中立于不败之地，已经逐渐发展起来并成为一个重要的战略课题，对当前高校人事管理的深入研究有着重要的意义。

（一）实现科技成果转化需要人才合理流动

实现对各类科技成果尤其是基于应用型、开发型各类科技成果的知识转化，使之由知识形态的物质生产力逐渐转化成为一种技术生产力，首先要经历对各类科技成果的知识认可与结构调整两个重要阶段。

所谓科技成果的认同过程，主要是指科技成果的应用者或接受者对科技成果的科学性、实用性、可行性、效率性等方面的认可、接受、实施的过程。这个过程是一个双向作用过程。一方面，通过科技成果的主体——发明者或发现者的介绍，展示科技成果的优越性，以便吸引其客体——应用者或接受者；另一方面，科技成果的应用者或接受者通过对科技成果的性质、特点的认识与了解，达到了在思想与行动上对科技成果的认可与接受，以致使他们能够放心大胆并满怀信心地应用科技成果，并由应用前的客体变成应用后的主体。

科技成果的调整过程，是指科技成果的应用者或接受者对科技成果进行试验、调整、改进使之能够顺利地投入生产的过程。这一过程，既需要应用者或接受者具有较高的科技素质，将科技成果科学地应用到实际生产中去，又需要发明者、发现者亲自进行现场技术咨询和指导，协助接受者解决、排除在应用过程中所出现的各种科学性问题或技术性难题。可见，科技成果的调整过程也是一个由发明者和接受者组成的双向过程。

总之，对科技成果的认同与调整都需要发明者和接受者双方的共同努力。因此，为缩短科技成果的认同期与调整期，加速科技成果的转化，一方面，要求发明者及时掌握国内外经济科技发展动态及应用者所在单位的实际情况、商品市场行情等，以便选择、确定出科学性、现实性、实用性、可行性、效率性相统一的科研课题，从而创造、发明出与之相对应的科技成果，以扩大、提高科技成果的转化范围和转化率，并且，还严格地要求专家和发明人员积极主动地参与到相关科技成果的推广、应用中，在具体技术运营、维护管理技术等各个环节提供专业的技术顾问和指导，同时，还要针对操作者进行专门的技术培训，提高他们的专业技术能力和素质，及时地与接收者进行相关技术资讯、商品信息的传递和沟通；另一方面，接受者即是企业中的科研工作人员和实践操作者也需要前往发明者的所在地进行学习、深造，为发明者提供第一手的相关技术资讯和数据并与之共同进行联合和攻关，以此来保证发明者的科技研究与产品开发能够面向实际、面向社会和经济的建设。而欲实现上述目的，就要求人才，特别是科技人才进行合理的流动。

（二）人才合理流动是促进科技成果转化的重要动因

人才尤其是科学技术专业人才的合理流动，是推进科技成果发展和转化的一种有效手段，也是实施科学技术和社会职业功能的一个重要保证。就像国外一些学者所说，效果最佳、效率最高的技术迁移方法就是通过资源流动来取得的。实现科技成果的转移即可以实现科学技术从知识形态到物质的转移，最重要的一点就是可以实现对科技知识和专业技术能力的转移。其中，关键在于促进对人才尤其是科技型人才的流动性转移，也就促进了人才在企业中的合理流动。因为科研人才是我们科学技术最重要的生命活动载体，只有真正实现了科研人才的多渠道、各类形式的流动，才能达到对科技成果迅速转化的目标。

1. 人才流动能使科研课题选择具有科学性、现实性、高效性等特点

科研课题的选择是建立在掌握、分析大量的实际资料，了解某种学科或专业技术领域的发展动态等基础之上的。否则，就会容易导致出现科研课题的选择不具有科学性以及脱离实际的情况，从而影响科研成果的实际效率及功能的发挥。因此，为了保证我国高校所选取科研项目的科学性和有效性，保证我国高校的科研成果一旦完成便被快速推广并应用，转变成为现实的社会生产力，科研人员需要对其进行广泛的实际情况调查和严格的科学论证。为此，需要科技人才进行各种形式的合理流动。其主要表现为高校及科研单位的科研人员到大中型企业和农村乡镇企业去实际调查，在实践中选择科研课题，而大中型企业和农村乡镇企业的科研人员来高校和科研单位汇报本单位的实际情况和所出现的问题，提供科研课题的选择源。这样，就能够做到科研课题选择中的"知己知彼"，保证科技研究开发方向的正确性，为促进科技成果转化打好基础。

2. 人才流动能够缩短科技成果的转化过程

如前文所述，科技成果转化是一个双向过程。而完成这种双向过程的主要形式之一就是人才的合理流动。这是因为，人才特别是科技人才的流动，可以加强科技成果的发明者和应用者之间的信息联系，加强高校或科研单位同生产单位之间的联系，为科技成果的迅速转化开辟道路。另外，现代科学技术发展所表现出来的综合化、一体化等特征导致了科技成果的综合性、交叉性。因此，这种科技成果转化需要各专业科技领域中的人才联合攻关。而上述人才在一定条件下，一定地区内是很难全面具备的。为此，就必须实行人才的合理流动，有计划、有目的地组织各方面的科技人才，齐心协力，合作研究，以便解决在科技成果转化过程中所出现的各种综合性、交叉性的问题，促进科技成果转化。

可以说，人才流动和科技成果转化是相辅相成的。如果没有人才合理流动，那么科技成果的应用者或接受者就很难正确认识、实施科技成果，也很难顺利地试验，这样就不能调整科技成果并在短时间内投入到生产过程中去，即不能实现科技成果的认同过程和调整过程，从而影响科技成果的迅速转化。另外，如果不实现人才合理流动，那么科研课题的选择就很难适应实际生产的需要，开发研究出来的科技成果就只能是样品，而不能成为产品、商品，从而无法转化为生产力、实现其社会功能。因此，要正确处理好科技人员的流动与科技成果转移之间的结构性关系，建立健全有效的人员流动机制，以便于加快从科技成果到生产力的转移。

　　科技型人才的培养是我们国家和地区现代化人力资源的重要组成部分，是推进技术创新工作的关键因素，是推动国家和地区经济社会进步的重要力量。科技型人才的培养在我国市场上具有很强的竞争优势，这不但会为我们的科技型人才自身创造更多的市场发展契机，调动他们对科技型人才的激情与创造力，而且还将为我们所需要高度重视的人才培养组织、地区或者其他国家提供契机。陕西高校蕴藏着丰富的相关专业和技术科技人才，促进了高校相关专业和技术科技人才的全面双向流动，有利于陕西充分发挥高校对专业科技人才的专业带动和教育支持引导作用（何洁，2014 年）。同时，企业也一直是技术创新的流动主体和重要阵地，能够促进整个企业内部的高科技人才有效流动，有利于不断提高和增强陕西省的科技创新创业活力，促进当地科技成果的有效转化，带动科技型创新企业的快速发展。总体而言，陕西省高校科技人才的流动对促进科技企业的发展具有积极作用。地方政府应积极促进高校人才的合理流动，为当地经济发展提供动力。

三、陕西高校科技人才流动及团队的关键问题

　　在知识经济时代，为高校科技人才服务已成为科技支撑经济，建设创新型国家的切入点。政府激励科技人才为社会服务的激励政策，不仅是高校科技人才为社会服务的内在要求，也是转变经济增长方式，建设创新型国家的必然要求。高校人才流动也阻碍了科技企业的发展。陕西高校科技人才流动存在以下问题：

（一）人才及科研团队引进方面

为了实现追赶超越发展，陕西高校突破发展必须有两个前提条件：第一，大学能独立开展大学的建设工作，从理论上讲，它应该有很大的自主性方面的大学战略目标，学科设置、科研方向等。但是，我国一直实施的是计划经济体制，现在形成的高等学校办学模式都以国家为主体。高等教育一直是由政府作为行政主体控制的。此外，我国坚持国家财政支持和党对高校建设的政策引导，使陕西高校不能完全享有学术自由，必须为国家高校建设服务。第二，大学领导应该有自主权。高校领导要以教育的发展为目标导向，一切活动都要服务于高校的职能和属性。然而，在行政管理的办学环境中，高校领导往往注重突出学校的办学成果，各种人才计划和国家重点课题的应用将成为高校建设方向的重点。正是因为政府尚未做出明确区分内部和外部环境的大学，陕西没有权利行使自己的自主权，各大学的使用范围和程度不同，从而导致陕西高校在人才引进和管理方面存在严重问题。

（二）陕西高校人才流动的体制机制

1. 高校人才流动的法律法规不完善

我国高校人才流动的相关法律法规体系尚未建立。目前，我国大部分高等教育领域的管理主要依赖于基本法律，如《教育法》、《高等教育法》、《教师法》等以及有关法律法规，规定的责任范围和职责的基础性能的学院和大学整体或宏观的视角。高校人才的稳定与流动关系到高校的生存与发展，是高等教育领域的核心资源。然而，有关规定高校人才管理还没有形成一个完整的法律体系，高校人才流动的法律法规也尚未发布，因此迫切需要完善高校人才流动的制度建设。

2. 缺乏人才引进的制衡机制

陕西高校缺乏相应的制衡机制引进人才，引进人才不根据关键科学研究方向和高校的学科建设目标，针对性和目的比较弱，缺乏中长期的规划建设和高校的学科发展，也未对引进人才进行科学论证和评价。人才引进和人才流动运作的理念往往是偏向急功近利。此外，高校人才流动相对松散，高校人才流动的有效机制尚未建立。高校人才引进具有很大的随意性，在制度建设中没有形成有效的制衡监督体系。因此，高校在物质激励方面享有绝对的主导权，随意挖取人才，所以现在高校人才之间的流动大多属于非正常流动。与美国相比，美国高校的人才流动频率较高，可以自由、灵活地流动。在美国，人才在大学、科研机构甚至科研企业之间流动有一套有效机制。美国高校在政府干预、资金运用、人才引进、人才激励等方面具有明显的优势，其原因在于美国高校拥有完善的制衡机制，强调专家的集体决策而非硬管理，以实现高校的有效管理。在美国工作的热情最终导致对当前高校人才的职业发展前景失去信心，选择"跳槽"的流动性。

高校内部管理制度关系到人才的专业发展和流动意愿。完善的管理制度可以激发高校人才的积极性和认同感。但目前我国高校人才流动机制体系仍存在诸多问题，影响了高校人才的稳定建设。科技大学的人才引进是以学校的重点研究方向为基础的。它不仅注重引进人才获得的荣誉，也更关注"研究方向与学校发展目标的契合度，以及潜在的未来成就"，以对人才未来的良好预期激励人才发挥价值。引进的人才不能适应学校的发展需要时，应及时予以解聘和吸收。同时，美国也十分重视政府的软性调整。政府在提供科研经费支持的同时，注重申请人的地域代表性，为学科发展薄弱环节提供政策便利，确保高校人才均衡发展布局。

3. 高层次人才的引进流程不规范

目前，陕西省高校在人才招聘过程中还存在着较大的问题。大部分的招聘公告都是在人事部的官方网站上发布的，大部分是针对国内学者和高层次人才的，这就限制了陕西省高校人才引进的范围。在招聘高层次人才时，通常只需要提供科研成果和学术成果的证明，就可以享受一系列的优惠待遇。人才引进后，由于缺乏就业后的检查和监督，一些人才缺乏进步和自律，导致高校资源利用效率低下甚至是无效的。陕西省高校人才引进过程不严格，对高校人才引进过程没有监督和制约程序，客观上加剧了高校人才的不合理流动。

4. 高校人才的晋升机制不合理

与其他教育大省相比，陕西省高校人才流动不够活跃，流动性较低。究其原因，在于高校人才培养机制不合理。对高校教师的评价主要依赖于学术和科研成果的产出。教师的晋升主要取决于科研成果的产出和论文数量等定量指标。缺乏科学的评价标准和灵活的评价方法，导致了高校教师忽视教学、重视科研的倾向。此外，学术和科研成果不是一蹴而就的。有些科学研究需要研究人员投入较长的时间成本。单纯依靠定量指标进行评价，不利于务实、敬业的学者。高校教师评价机制和晋升机制不科学、不规范，导致高校教师心理失衡，不利于高校教学职能的提升，也不利于高校教师能力的充分发挥。

（三）人才流动的主要影响因素

在研究企业或行业之间人才流动的原因时，过去的工资不平等被认为是主要原因，而最近的研究则更多地关注技术人才的社会地位和其他非工资因素。例如，公司或行业中科技人才的社会地位或认可，及其对经济发展的贡献会影响人才流动。他们是否有机会通过学习或培训来改善自己的社会地位并获得更高的薪酬，这也是科技人才选择公司或职业的相对重要因素。同时，无论在工作中还是在大学里，年龄都是区分人们流动意愿的重要特征，也就是，不同年龄的科技人才的流动意愿会有显著的差异。有研究表明，35 岁以下人才流失的风险很高，后来又有学者研究表明，45 岁以下的科技人才流失的可能性更大。

1. 个人属性

（1）个人发展。个人需求主要指包括物质生活需求和安全感、归属感、个人价值期望等职业发展晋升的机会、未来发展成就、社会贡献等能否匹配来发挥个人能力、专业特长，与岗位的匹配程度，能否体现个人价值，等等。

（2）家庭利益。有无住房困难，是否需要购买商品住房、家庭状况是否有重大变故、家庭收入、家庭支出等，晋升制度，专业技术职称评定的难易程度，晋升渠道是否多样化。

（3）组织环境。薪酬福利、职称评定、荣誉奖励的公平性，组织文化行政部门的服务意识，人际关系的复杂程度，领导对人才的重视程度，等等。

2. 组织属性

主要包括工作条件、学校条件、科研条件、工作压力、交流机会和薪酬福利等。学校条件指学校排名、学校性质、学校口碑、设施设备、师资力量、地理位置等；科研条件指科研设施设备、科研经费、科研氛围；工作压力包括是否为坐班制、科研压力、授课压力、职务压力、教师兼职自由度等；交流机会包括出国访学、高校学术交流、外出培训、学校内部培训等；薪酬福利包括工资及福利待遇的绝对值和相对值。

3. 社会属性

主要是社会环境，包括人才竞争、区域经济、引才政策等。

人才竞争指各高校和高校与其他行业间的人才竞争激烈程度；区域经济为学校所处区域的经济发展状况；引才政策包括吸引人才和留住人才的政策支持力度。

据研究，三种属性的皮尔逊相关性均值从大到小依次为：组织属性 > 个人属性 > 社会属性，即影响高校人才流动的众多因素中，组织属性下的因素对教师流动的影响更为显著，个人属性下的因素对教师流动的影响次之，社会属性下的因素对教师流动的影响则相对较弱。

从人才流动影响因素的相关性排序来看，大多数高校人才都是"理性的经济人"，提升人才的薪酬福利、科研条件、公平程度，重视人才的个人需求，制定合理的晋升制度，是引进和留住人才的重要手段。

四、提出进一步优化陕西高校科技人才流动及团队建设的具体路径和方案

当前，高校在科技人才流动中遇到的问题是"想走的有顾虑，想留的就留不住"。陕西高校拥有丰富的科技人力资源，能够促进科技人才在国家创新体系中的充分流动，发挥人才在高校与企业之间的辐射效应，激发科技人才流动体系的活力。

（一）陕西高校应吸引及留住优秀科技人才

不同类别的科技人才流动意愿存在显著性区别，在政策制定中，可以有侧重点地根据科技人才的相关特征制定政策，以促进人才的持续和稳定，协调人才资源流动的专业结构与经济变革的产业结构。

1. 住房因素

有住房的科技人才的流动意愿相对较小，住房优惠政策将对吸引和稳定优秀人才发挥重要作用。我国的传统文化素有房屋安家的概念，无论是"兴家立业"还是"立国安邦"，都是企业发展的重要支撑；从另一角度来说，西安目前房地产市场的上涨趋势，也决定了住房在个人资产中的重要作用。在制定的人才政策中加入住房优惠政策，可以为人才引进和稳定增加砝码。

2. 科研团队因素

加强科研队伍的建设，凝聚科研队伍的合作和热情，是吸引和确保科技人才的关键途径。随着科学技术的飞速发展，许多学科交叉整合，科学问题变得越来越复杂和系统化，科学研究变得更加有组织。但是，科研团队的建立仅有助于该领域的跨学科科学技术人才使用。知识和研究方法不需要发展复杂学科的科研小组，也不需要建立科研小组。但是，这仅反映了对科学人力资源的需求，这些技术提供的科学研究方法或信息无法获得不同领域的科研团队，此外，科技人员需要与科研团队的人员沟通，从而促进科学研究愿景的突破。一个成熟而有影响力

的科研团队希望团队成员对沟通和协作有深入的了解，这样可以使科技人才的交流和变化更加有效。因此，科研团队的结构和稳定性，是科技人才的生命力。

3. 家庭生活因素

有些科技人才不管发生什么事，总是把家庭放在第一位，让这样的人才及家人有一个较好的生活环境，是一种重要的吸引因素。在考虑这方面因素的时候，家庭的因素，如交通方便、房屋地理和目标理想的生活方式甚至于孩子的教育资源等家庭生活因素概括为主要因素。对于重视家庭的科技人才，他们的流动可能性相对较小。只要这种类型科技人才的生活足够便利，家庭足够稳定，高校帮助解决与子女教育和家庭有关的问题，在很大程度上增加了对这类科技人才的吸引力，起到稳定和黏合的作用。

4. 关于个人生活需求

稳定那些在个人生活中有追求的科技人才，使他们得到他们想要的回报，过上他们想过的生活，是一种有效的途径。在针对个人生活有追求的人才中，工资和福利、转移成本以及这些人才的社交圈是主要考虑的因素。只要这类科技人才的生活和交流需求得到解决，那么就可以有效地吸引和留住他们。

（二）放权给高校建立科技人才自主创新激励措施

科技人才激励是科技人才培养的重要组成部分，对地方高校的发展具有重要意义。根据科技人才成长阶段的特点，学院和大学应该构建阶段激励的结构模型，选择激励的要素资源配置，为每个阶段元素选择不同的权重，实现适切地激励，不断调整和完善激励机制，从而达到同样的资源投入能够对提高科技人才能力做出更大贡献的目的，从而不断促进地方高校的发展。

1. 注重引导和加强"产学官"合作

"产"是指从企业研究机构产出，"学"主要指高校研究机构，"官"主要指的是政府部门研究机构。以企业为主体、以高校为导向、以政府部门为推动，成为"产学研"合作模式，为科技人才的转化提供了良好的平台。

2. 建立合理完善的用人机制

发达国家企业普遍实行自由就业制度，员工与企业双向选择，员工自主流动。企业通过提高工资和提升职位来吸引和留住人才，适应市场竞争。

3. 建立科学的评价机制

高校科技人才需要获取物质利益，实现个人价值。高校应该借鉴国内外的成功经验，建立一个科学和标准化的高校科技人才激励机制：制定相应的培训激励制度，设置合理假期，进一步研究高校科技人才，以稳定高校优秀科技人才。

（三）强化陕西高校人才流动的体制机制建设

1. 规范高层次人才的引进方式

美国研究型大学基于"远程杂交"的原则，形成了合理流动、开放竞争的人才引进方式。美国高校招生机制有三个特点：一是招生范围广；二是拥有严格的招聘程序；三是建立健全就业后监督机制。基于大学招生制度的公平和严格，美国的大学吸收了大量的人才。高校教师相对稳定，人际关系简单和谐，为学术科研活动创造了良好的环境。美国高校的招生制度为中国高校人才的合理流动提供了参考。首先，高校应利用各种大众传媒公开发布招聘公告，根据岗位需要，明确候选人的资格、工作经验、学术成就等限制，择优录用；同时，积极引进国内外优秀人才，扩大人才容量，扭转我国高校的恶性竞争局面。高校改革应重视人才引进而不是人才培养，加强陕西省高校人才引进，合理规范人才招聘。其次，有必要建立一个严格的招聘流程。无论是高层次人才还是普通高校教师，都必须严格遵守人才引进流程，引进外部专家进行同行评审，合理评价人才，在人才引进过程中通过公平引进合适的人才，鼓励人才稳定、持续的工作。最后，建立就业后监督机制。招生委员会或人才管理处不仅要履行合理引进所需人才的职责，还要监督引进人才的实际效果，通过对人才行为的外部监督，鼓励人才充分发挥学术价值。只有严格控制人才引进的"入门水平"，才能引进符合高校发展目标的人才。

2. 构建科学合理的人才晋升机制

由于陕西高校内部管理体制僵化，高校人才流动内部管理机制不健全，高校人才职业发展需求得不到满足，进而在外界的刺激下高校人才加速流动。陕西高校对教师晋升的考评办法多为定量指标，侧重于科研成果和论文数量，虽然评选出一部分学术上很厉害的教师，但在合法流动的基础上，通过构建合理的人才晋升机制有利于实现人才和高校的共赢。

3. 借鉴国外高校教师聘任制度

美国高校实行终身和非终身双轨并行制，终身学制名额有限，只有少数具有较高学术成就的教授和副教授被授予学位，其他教师根据不同的职称实行不同聘期的合同制。我国高校是通过编制来管理教师的。除非教师有重大过失，否则不开除。校外教师与高校教师在聘期上达成一致，聘期届满后继续聘任。目前，我国高校教师的管理还不能完全适应高校教师的发展特点，不能有效地鼓励人才终身投入教育。在这方面，我们应该汲取美国学院和大学的管理科学研究人才的经验，实现多个就业方法和提升人才取得了重大学术成果，从短期就业固定任期教学，以满足追求学术自由探索高校的人才。在某种程度上，终身教职的建立不仅维护了高校人才队伍的稳定性，而且还提供了大学教师进行内部和国际学校流动的可能性，并保证了高校的科研人才。此外，要充分发挥高校兼职教师制度的积极作用。兼职教师的就业有其自身的流动性。高校人才合理的校际流动促进了各领域人才的交流与进步，实现了高校人才资源的共享。目前，陕西还没有完全放开教师兼职制度，因此有必要打破相应的制度。兼职教师进一步开放系统，加强兼职教师的管理，合理设置兼职教师的操作规程和管理标准的工资水平，建立就业期限、业务评估等，以确保兼职教师和专职教师享受同样的发展机会和待遇。增加高校兼职教师比例，在一定程度上有利于改善高校人才资源匮乏的问题，确保高校兼职教师加强人才流动的制度和机制建设。

4. 改革高校以绩效为核心的薪酬分配体制

美国大学根据大学类型、职称和学科的不同而制定不同的薪酬水平，但一般都保持合理、公平、有效的激励原则。根据薪酬有效性理论，美国大学采用合同制薪酬制度。高校根据教师的实际工作绩效和预期的工作产出提供薪酬待遇，并正确支付教师学术产出的边际效益，从而保持高质量教师的稳定性。我们可以根据美国高校薪酬分配制度的先进经验，然后结合国内高校自身的特点制定属于自己的绩效体系。同时，陕西高校的工资制度改革必须要结合市场、植根于文化、经济、政治和社会发展，同时也要符合社会主义国家的基本要求，反映社会主义的公平再分配过程，为教师制定合理的工资标准。

第七章 专题三：高校科技园区创新创业平台支持陕西科技企业发展

一、陕西主要的高校科技园区创新创业平台建设情况

2019 年，科学技术部和教育部发布了《国家大学科技园管理办法》（以下简称《办法》），用来进一步改善科技园区所处的政策环境，并就大学科技园区的职能定位、动态趋势、管理体系、运行机制、评估以及发展模式等问题组织有关专家进行了广泛的研究与讨论。国家大学科技园发展战略是一项与国际比较的横向发展战略，可以积极促进深入国际合作和各种形式和类型的交流。要贯彻实施《国家创新驱动发展战略纲要》，就要促进大规模创新创业，创新创业的主要组成部分是大学生，因此规范大学科技园的建设、运营和管理，将会提高国家大学科技园的自主创新能力和发展水平，也将促进创新创业战略的实现。通过修订之后的《办法》可以看出，在国家的支持下大学科学园已逐步进入健康发展的快速阶段。

（一）陕西高校科技园区平台支持科研成果转化

2014 年陕西省出台《关于促进科技园区和创新平台发展的意见》（以下简称《意见》）。《意见》提出，到 2017 年，陕西省的科技园区和创新平台为振兴创新资源、转变创新成果、促进科学技术人才的创新创业精神和培养技术奠定了重要基础；届时它们将推动创新驱动的建设和发展战略是创新省的重要载体。陕西省依靠科技发展和技术创新，促进经济社会发展，依靠诸多大学建设科技园区，二者结合共同建设创新型陕西省。在此期间，陕西省升级了两个国家高新区和十个

省级高新区，创建了80余个工业专业区，并与高校合作共同建立了特色科技产业基地，为促进经济发展、成果转化和创新创业做出了努力。同时在科技企业服务的公共服务方面形成了为技术公司提供从技术研发到最终产品的全面创新平台系统；建立了两个新的国家一级核心研究机构和两个工程技术研究中心，全省有80多家大型企业建立了研发机构。在创新创业平台方面包括全国100多家风险投资机构和100家技术企业孵化器。此外，陕西省结合区域特色和比较优势，根据高校特色建设50多个不同的产业园区，通过区分每个圈子形成相对集中的产业链，并由其中较强的产业链叠加服务能力优秀和技术水平明显的12个具有较强区域特征的产业集群。随后在2016年，中共委员会陕西省人民政府宣布《陕西省促进科技成果转化若干规定（试行）》公告，积极推动大学科技成果转化。2017年，第十二届人民代表大会常务委员会第三十七次会议审议批准了《陕西省促进科技成果转化条例》。2020年，西安市科学技术局发布关于举办西安促进高校院所科技成果就地转化及校地融合发展专场活动的通知。相关政策文件如表7-1所示。

表7-1　陕西省科技成果转化有效政策文件

发文日期	政策文件	发文字号
2016年11月19日	陕西省科技创新券管理暂行办法	陕科条发〔2016〕188号
2016年12月23日	关于印发《陕西省科技创业导师管理暂行办法》的通知	陕科政发〔2016〕207号
2017年3月2日	陕西省杰出青年科学基金实施细则	陕科基发〔2017〕28号
2017年6月8日	陕西省软科学研究基地建设管理办法	陕科政发〔2017〕83号
2017年8月24日	陕西省技术转移示范机构管理办法	陕科发〔2017〕18号
2017年10月30日	陕西省科技成果转化引导基金管理暂行办法	陕科发〔2017〕22号
2017年11月6日	陕西省科技型中小微企业贷款风险补偿资金使用管理细则	陕科发〔2017〕23号
2017年12月22日	陕西省科技企业孵化器认定和管理办法	陕科高发〔2017〕204号
2017年12月29日	陕西省科技资源开放共享平台建设管理办法	陕科发〔2017〕26号
2018年2月12日	陕西省科技特派员管理办法	陕科发〔2018〕4号
2018年11月23日	陕西省重点实验室建设与运行管理办法	陕科办发〔2018〕249号
2018年12月14日	陕西省科技计划项目经费监督管理办法	陕科办发〔2018〕263号
2019年5月10日	陕西省重点研发计划管理办法（暂行）	陕科发〔2019〕3号
2019年5月10日	陕西省自然科学基础研究计划管理办法（暂行）	陕科发〔2019〕4号

续表

发文日期	政策文件	发文字号
2019 年 5 月 10 日	陕西省技术创新引导计划（基金）管理办法（暂行）	陕科发〔2019〕5 号
2019 年 5 月 10 日	陕西省创新能力支撑计划管理办法（暂行）	陕科发〔2019〕6 号
2020 年 1 月 13 日	陕西省科技重大专项管理办法（暂行）	陕科发〔2020〕1 号

陕西省大学在科研基金上的投资在 2017 年超过 100 亿元之后继续保持高增长。在 2018 年陕西省科研经费支出已经增长至 123 亿元。2018 年全年大学接受委托项目 50367 项，项目总金额达到 93 亿元。理工农医类项目金额达到 88.3 亿元，占比 94.69%。这说明当前大学与企业合作，主要就集中在科学、工程以及农业和医学方面；而社会科学领域项目较少（见图 7 - 1）。

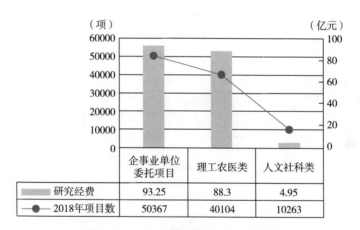

	企事业单位委托项目	理工农医类	人文社科类
研究经费	93.25	88.3	4.95
2018年项目数	50367	40104	10263

图 7 - 1 2018 年陕西省校企合作规模

从图 7 - 2 可以看出：从 2018 年全年观察，陕西省全部科研项目总计 57808 项，总的项目投入经费达到 86.12 亿元。在这个委托项目中，高校承担了超过 40% 的项目份额。这个数据跟 2017 年相比，项目数额增加 1576 项，项目总额增加了 3.61 亿元。2016～2018 年高校实现了项目数量与项目金额双增长，这是对高校科研能力的一种肯定，同时也从侧面反映出高校与企业的合作意向在不断增强。

（二）陕西高校科技园区成果转化现状

1. 高校科技园承担企事业单位委托项目及经费

校企合作项目中排名前三的是西安交通大学、西北工业大学和长安大学。技术合同的承认和注册是一项促进技术市场发展的国家政策和机构，可以促进科学和技术绩效变化政策的正确实施。横向合作可以通过技术合同的确认和注册来实现。数据显示，2018 年，陕西省大学与企业合作科研项目合同达到 18500 余项，合同总金额约为 304 亿元，这相对于 2016 年有一个明显的提升（见图 7-3）。

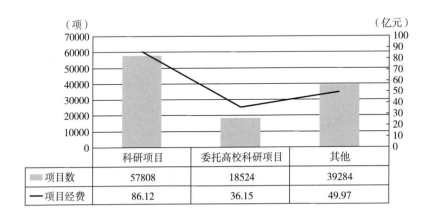

	科研项目	委托高校科研项目	其他
项目数	57808	18524	39284
项目经费	86.12	36.15	49.97

图 7-2　2018 年陕西省科研项目

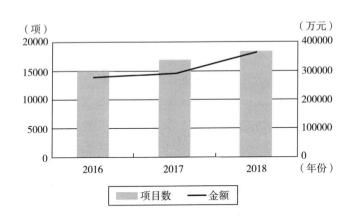

图 7-3　2016~2018 年陕西省高校科技园承担企事业单位委托项目及经费

根据交易合同类型不同可分为技术转让合同、技术咨询合同、技术开发合同以及技术服务合同，根据统计项目总数依次为 257 项、379 项、2587 项、3080 项，数量占比如图 7-4 所示。目前，大学的主要技术计算方法是技术服务，占招生合同总数的 43.7%。

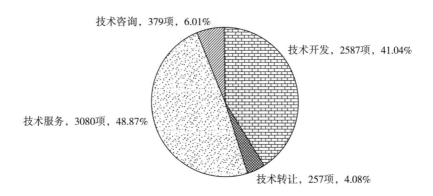

图 7－4　2018 年陕西省高校登记技术合同类别数量占比

2. 高校科技园登记技术合同类别数量占比

从各高校技术合同认定登记情况看，2018 年陕西高校合同登记前十名学校交易总金额为 26.24 亿元，占整体交易金额的 86.15%。西安交通大学合同成交额为 9.37 亿元，位居全省高校首位。交易额位于前三的高校依次是西安交通大学、长安大学、西安建筑科技大学。西北工业大学因合同特殊性，登记数量较少，仅排在第 8 位。

3. 高校科技园合同认同登记交易额

从图 7－5 中可以看出，西安交通大学是 2018 年合同交易额最高的高校，长安大学其次，由此发现高校科技成果转移交易金额和学校知名度有一定关系，但学校的性质影响因素也比较大，如科技成果产出高校——西北工业大学与西安电子科技大学并未在前列，与其军工性质有关。

4. 高校认定登记合同的技术领域金额占比

从图 7－6 可以看出：高校认定等级合同的行业分类主要集中在 11 个领域。其中最主要的是城建与社会发展方面的专利技术合同交易金额达到 9.97 亿元，占到交易金额的 29.45%，是名副其实的第一名。交易种类中还有许多高新技术行业，这表现出大学在硬科技领域、高端技术领域及新能源、航空领域都有着较为强大的研发能力，大学对社会发展起到一定的促进作用。

（三）陕西高校科技园整体发展现状

通过加强高校科技创新平台建设，大力推进协同创新中心、创业空间、大学科技园等创新创业平台和科技成果转化平台的建设。大力鼓励高校、科研院所与工业企业、地方政府和外国科研机构共同建立联合研究平台，形成多方合作互惠互利的共赢局面,进而促进研发合作便利化和校企之间的成果转化效率。例如,西北农林科技大学通过建立当地的特殊重点农业项目,通过寻找合适公司进行研发合作,为此省教育厅每年建立 30 多个特殊重点农业项目,服务于当地,更好地帮助大学和公司共同申请研发和孵化成果。

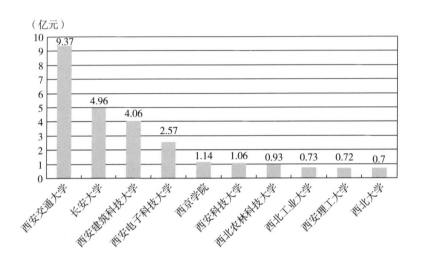

图 7 - 5　2018 年陕西省高校合同登记交易额排名

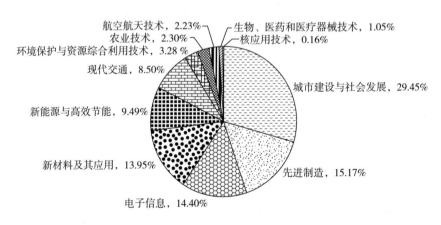

图 7 - 6　2018 年陕西省高校认定登记合同的技术领域金额占比

与此同时,陕西省政府积极搭建合作桥梁,组织大学与地方政府和企业之间进行研发创新和科技成果转化相关的网络活动。在过去的时间里,省教育厅先后在榆林、西安市未央区、延安、铜川、宝鸡、咸阳、安康和西咸新区组织了十多次大学与地方政府和公司之间科技研发类的合作和谈判活动；同时在各个城市建立了研究基地和实验分中心，以促进相关领域的高校与公司和当地研究所的深度合作。西安市作为陕西省的省会城市在大学研究基地方面尤其以各个高校的大学科技园最具代表性，其中以西安交通大学、长安大学、西安理工大学等高校的科技园较为突出。

1. 西安理工大学科技园区

西安理工大学科技园是西安理工大学教育科研事业延伸发展的组成部分，它是基于学校教学、科研、产业三位一体、互为支撑、组合发展的战略目标而诞生的，是为了更好地实现科技成果转化的创新创业平台。西安理工大学科技园地处西安市高新技术产业开发区创业研发园管理区域，位于丈八六路、瞪羚路十字东南角。产业园西邻西三环，南靠南绕城高速，周边环境优美、道路宽敞、市政设施配套齐备、企业聚集。理工大金花校区至科技园约 30 千米车程，驱车前往仅需 40 分钟左右。西安理工大学科技园规划用地 93.05 亩。

截止到 2019 年，西安理工大学科技园区已入驻企业及研发团队 50 余家，主要涉及电工电子、水利水电、新材料、新技术、印刷包装、软件开发等技术领域。园区 70% 以上企业在技术、成果、人才方面与学校合作，提供就业岗位 500 余个，园区就业从业人员 96% 以上为大专学历，企业总产值近 2 亿元。

2. 西安交通大学科技园区

西安交通大学科技园作为第一批大学科技园的成立者，最先在西安成立，并开始着手进行自身科技园区的基础设施建设，次年，西安交通大学正式开始了自己的大学科技园的建设征途。凭借其出色的成绩和超前的意识，在 20 世纪末的全国大学科技园评定中，正式成为全国大学科技园试点，成为大学科技园的先锋官。最终在 2003 年正式成为官方认定的大学科技园。西安交通大学科技园是直属西安交通大学的单位，科技园主要是进行"硬科技"产业孵化的，服务于科技成果转化的；同时也为行业培养创新型和企业家型的人才。

3. 西安电子科技大学科技园区

西安电子科技大学城是依托西部大开发的国家战略为基础而成立的，它的建立响应党中央关于促进高等学校科研成果转化的号召，利用国家高新区独特的区位优势和环境资源，建立一个致力于科技创新、技术成果转化和高科技公司孵化的大学科技园区。该园区位于西安高新技术开发区新建区，陕西省西安市将西安电子科技大学列为西安高新区重点发展项目，主要进行通信技术的研发和相关企业的科技成果转化。

西安电子科技大学科技园计划总投资约 3.1 亿元，吸收"新鲜血液"入驻园区；以国内外有实力的企业及其他资本投资参与科技园区的开发建设，同时吸引高科技成果和高科技人才的持有者进入科技园区，建立具有项目参与和技术参与的龙头企业；为了更好地辅助科技类创业公司成长和大学校内科技成果转化，科技园推出各种优惠政策，不仅为有资格入驻园区的创业企业相应减免税以及国家、省、市政府和高新技术开发区规定的各项优惠政策外，还可享受学校特许经营政策。

西安电子科技大学科技园下设有国家大学科技园管理处（以下简称"科技园处"），是科技园管理委员会的重要组成部分。科技园处是西安电子科技大学在园区内行使行政职能的管理平台，代表高校对科技园区进行基础设施、日常运营、园内公司管理以及科技成果转化等的重要管理平台。科技园处的主要功能如下：

（1）负责指导科技园区管理公司制定科技园区中长期发展规划。

（2）负责组织和完成教育部和科学技术部对科学园的绩效的定期评估。提高国家科学园的评价水平；安排科学园填写教育部和科学技术部的年度统计报告，并要求财政部制定年度免税政策。

（3）负责协助组织科技园区管理公司的股东大会（董事会）并审查主要业务活动，如科技管理公司和科技园区的年度业务计划。并任命外国投资领导人和团队。

（4）负责科技园区管理公司领导班子的组织和评估。

（5）负责指导科技园区公司管理以及加强对投资公司（项目）的监管，保证国有资产价值的维护和保存。

（6）负责指导科技园区管理公司开展对国外工业园区建设的初步示范、谈判和协调关系，并责成科技园区管理公司加强监管。投资场外贸易展览园。

（7）负责引导科技园区管理公司转变科技成果，孵化高科技公司，培养创新型人才。

（8）负责指导国家科技园区管理公司执行国家，省，市科技计划。

（9）负责指导科技园区管理公司加强对重大科技成果转化项目的实施和监督。

（10）负责指导科技园区管理公司建立工商税收、测试和审判、法律税收、金融投资和创造人群空间的技术创新服务体系，支持中小企业发展微型技术。

（11）负责在发展科技园区管理公司过程中，协调教育部、科技部、工业和信息化部以及其他国家和省级机构之间的关系；联结公司与学校之间的横向合作。

（12）完成学校和主管分配的其他任务。

4. 长安大学科技园区

长安大学科技园位于西安浐灞经济区、欧亚大道以南部分，总占地面积约550亩，该项目是长安大学社会服务职能的有机扩展。作为大学科技园，为高新技术企业科研开发、人员培训和科技成果转化等创新创业方面提供发展空间和服务；该项目由科学技术部和教育部宣布为国家大学科学园、国家大学学生创业示范基地和科学技术企业家实践基地。长安大学科技园建设内容包括应用技术研发产业部、西安物联网产业部、国家工程技术研究院和技术研究中心以及创新型企业孵化器。

长安大学科技园依托长安大学的应用工程科学技术研发力量，在现有专有技术的基础上，无缝整合长安大学校属公司、校友企业和战略合作企业联合建立长安大学科技园。大学科技园内的工业中心吸引核心行业公司和相关的上下游公司，从而创建具有不同但相互促进的特征的产业集群。

5. 西北工业大学科技园区

西北工业大学科技园是西北工业大学的国家大学科技园，为响应国家需求积极推进大学科技园建设，促进高新技术成果转化。2001年5月，它被教育部和科学技术部批准，被指定为首批22个国家大学科学园。西北工业大学国家大学科技园将成为高科技企业的孵化基地、科技成果变化的辐射基地；成为企业家人才和创新的培训基地以及研发基地；国防科学技术研发基地为"军民融合"、国际交流与合作发展基地。西北工业大学国家科技园不仅可以增强大学综合实力，还能作为区域高新技术经济发展新的经济增长点。

6. 西北农林科技大学科技园区

作为首批国家级农业高新技术示范科技园的西北农林大学科技园，其已被世界上22个国家和地区认可，也是陕西省内四所重点建设的科技园区。

西北农林科技大学是教育部直属的重点农业大学，学校是省部及中科院联合共建的双一流重点农业大学，也是农林专业毕业生的教育基地和中国现代农业高等教育的发源地。

西北农林科技大学作为孵化器的建设者，在这个科技园建设中取得了回报。目前，科技园区中心总面积为25000平方米，配备农药和节水灌溉设施，如科技园区综合孵化器、流通业务孵化器等。孵化公司的平均孵化面积为1407.5平方米，支持部门中每位 RD 员工的平均孵化面积为 19.9 平方米。

园区内孵化公司发展迅速。西北农林科技大学科技园中心区有孵化公司 18 家，研究生公司 2 家，孵化公司 20 家，总投资 2.36 亿元。科技成果转化了近 80 余项科学技术成果，其中 50 余项是学校的研发成果，这源于园区能够得到大量来自学校的人才资源。

大学通过科技园区对本地经济发展起到一定的促进作用。据统计杨凌示范区中有超过三成的公司直接或间接与西北农林大学科技园有关。由此可以看出，西北农林科技大学与杨凌国家农业高新技术产业示范区和国家大学科技园示范区形成了密不可分的关系，同时西北农林科技大学科技园已经成为杨凌示范区科技成果转化和培育的骨干力量，这直接提高了杨凌经济发展的速度，体现出大学科技园可以带动并促进区域经济发展。

二、高校科技园区创新创业平台有效助力陕西科技企业发展

在陕西地区，科技园已经形成了以西安交通大学、西北工业大学、西安电子科技大学和西北农林大学为主的四所国家级科技园区和西安理工大学与长安大学科技园互相促进的发展局面，各个学校的科技园在这个政策支撑的时段中竞相发展，不仅为各自学校和老师创造收益，更为省和国家创造收益。

（一）西电科大电子信息产业群与星火计划

陕西省人民政府颁布了《关于加快"一线两带"建设实现关中率先跨越发展的意见》，该意见决定依靠关中地区的科学、技术和经济优势，使关中地区率先崛起，并利用关中来振兴陕西的南部和北部，从而实现该省经济发展的进步。科技部正式批准在关中建设国家高新技术产业开发区和国家级关中星火产业带。作为关中高新技术产业开发区的发动机的西安高新技术开发区必将加速其发展。同时，为了创造西部最佳的创新创业环境，西安市政府将西安电子科技大学科技园等大学科技园列为其积极支持单位。在科技计划方面，政府将向西安科技大学科技园倾斜，积极支持创新创业平台的建设、科技园企业的技术转让和科技类企业的孵化，并辅助高校积极参加国家大学科技园申请，申请各种国家科技园区的

规划，由此西安电子科技大学科技园区的外部发展环境和区域优势日益突出，其发展机遇已经来临。

（二）长安大学科技园招商计划

1. 应用技术研发产业板块

项目说明：项目主要吸引科学研究、开发、技术服务和高端制造公司，这些行业包括卡车汽车检查、设备制造、地质和矿产、环境和生态等行业，另外还包含恢复工程、城乡建设和新材料。

2. 西安物联网产业板块

项目描述：占地面积13万平方米。大学将与具有强大技术创新能力的公司合作，以创建 IoT 工业园区。依托西安地区的综合科研实力和人才优势，重点开展超高频 RFID 的开发和先进的传感器研发、技术改造与转让、物联网设备部署、物联网行业应用解决方案收集、物联网产品展示、研发办公和支持业务设施。

目标投资企业（项目）：该项目主要吸引物联网集成技术公司、软件开发和产品销售在该地区开展业务；在智能物流、环保、运输和电网等六个主要类别中吸引研发服务公司和项目。

3. 国家工程实验室及技术研究中心

项目简介：占地面积60亩，建筑面积80000平方米。该项目主要针对国家产业振兴规划，对关键技术和前沿技术进行研究，解决常见产业问题，如关键技术和尖端技术。省部委联合建立的国家重点实验室、国家工程实验室和国家重点实验室培育基地，这些实验室将加大对企业的开放度，并鼓励企业积极参与建立产学研合作战略联盟，开展研发合作。技术服务、员工培训、公开主题等，帮助公司提高创新能力的各种方法。

目标投资企业（项目）：国家重点实验室、工程实验室等项目计划建设3个及3个以上，省级的重点实验室和工程中心预计建设15个；同时还要建设1个交流中心和3个国际协会总部，外加一个国家科技展览中心。通过完整的实验室研究集群，吸引科技机构以及企业入驻科技园区。

4. 创新企业孵化器

项目描述：占地面积230亩，建筑面积310000平方米，本项目旨在为各中小企业打造良好的发展和创业空间，提供包括技术支持、资本融通、人才培养、市场扶持等一系列服务，降低创业者的创业成本和创业风险，提高创业成功率，促进科技成果转化并形成产业规模。

目标招商企业（项目）：建设大学生创业中心，面向全国吸纳与公路交通、道路运输、汽车检测、装备制造、地质矿产、环境生态修复、城乡建设和新材料及物联网等产业关联的科研创新型中小企业或其研发中心，包含创新型创业企业。

（三）西北农林科技大学成果贡献

在杨凌，西北农林科技大学科学园的中心区域已形成，并开始形成大学国家科学园的农林特色。迄今为止，进入园区的企业的所有商业项目都集中在农业、林业、水资源保护的大型农业领域。产品包括优良的农作物品种、改良的动植物品种、花园苗、节水产品、生物农药、肥料、饲料和添加剂。早在 2001 年，孵化器公司的销售额为 1.64 亿元，2002 年，孵化器公司的销售额为 2.85 亿元，建在科技园区内的农业技术商业市场，占地面积 69 亩，已安装中小企业 100 多家，年贸易额超过 3 亿元，它成为陕西省，并成为西北地区的主要农业技术和农业材料基地。产品配送中心带动了果品业、畜牧业、种业、食品、种苗材料等八大产业的发展，促进了科技成果转化，加快了园区企业的发展。

科技园的孵化和创新能力是科技园生存和发展的基础。通过建立种子基金来孵化科学园，该学校加大了对科学园投资促进的宣传，促进了校企联姻并制定优惠政策，以鼓励和支持专家和教授将所有的科学研究成果带入园区。园区引导致力建立科技公司，并提高科学园的技术创新、产品开发和人才培训能力。

由专业孵化器开发的用于无污染农药研发的新型无污染植物基杀虫剂"可乳化杀虫剂浓缩物"，改制为农大德邦生物工程有限公司从属于学校股份公司研发了"尼古丁提取工艺"和"尼古丁化合物杀虫剂乳化浓缩物及其制造方法"两项专利，并将其产品"油酸尼古丁氰化物乳油"转让给甘肃省兰州市兴城宇众农药有限公司，建立了年产 100 吨尼古丁和 1000 吨尼古丁制剂的"植物农药工厂"。与杨凌示范区现代农业公司合作开发"富国""准庆""树冲一针井""绿""悦康"等专利产品，共同建立"杨凌农药化工有限公司"，并获得了杨凌农药化工有限公司的批准，且该公司指定用于农药的国家植物。

大学科学园有效地促进了学校科技成果的产业化。在过去的两年中，学校利用科学园成就转化平台并吸收了社会资本并建立了科学技术产业。到目前为止，已参与建立了 26 家具有专利技术、实物和货币资金的外国合作企业，且外国合作企业的注册资本总额已超过 8.1 亿元，其中学校拥有股份 7930 万股，实现了校办科技产业发展的进步。

根据当前发展情况来看，西北农林科技大学科技园对于杨凌经济示范区越来越重要，示范区内高新产业区和大学科技园形成了非常紧密的联系和合作。无论是科技成果转化还是科技成果企业化，都有着较高的转化率，使示范区农业科技发展更加具有特色，使杨凌经济示范区成为全国优秀农业示范区。科技示范园区、专业示范基地和辐射领域的科技专家，已成为促进和展示各地农业科技成果的新力量，并发挥着积极作用培育区域主导产业。

大学科技园的中央园区科研中心已成为农业装备和先进研发、产业孵化、人才培养、产品展示、农业贸易、旅游技术的重要基础。

（四）西安交通大学的高新技术企业孵化与创新人才培养

西安交通大学科技园作为国家级示范科技园，在着力培养具有高级科技属性的创业型企业和创新能力的企业的同时，还需要注重园区基础设施建设及产业结构的协调。

西安交通大学科技大学园的发展目标是：在五年内，将 1281 亩的土地发展为功能设施及设备，其中基础设施包括建筑面积 100 万平方米和绿化面积 36 万平方米；构建了一个基于经纪服务的支持服务系统，服务系统组成部分包括企业信息、信息网络、风险投资和人才交流。园区技术工贸总收入达 100 亿元，使西安交通大学国家大学科技园成为项目诞生和创新发展的源泉，更加活跃于高新技术产业的发展；西安交通大学国家科技园是西部地区科技成果转化、高新技术企业孵化和创新人才培养的重要组成部分。

（五）西北工业大学与军民融合

西北工业大学中能够代表学校进行对外资本投资、进行科技成果转化、运营管理学校资产的就是西北工业大学资产管理公司，公司注册资本 1977.67 万元，现有各类专业管理人员 30 余人，经过企业规范化建设和几年的发展，在产学研合作、企业管理、资产运营及成果转化还有企业孵化等方面取得了良好业绩，为学校服务地方经济和国防建设做出了卓越贡献。

公司管理和运营体制规范。公司在学校国资委领导下实行董事会决策制，按照现代企业制度规范和运营学校国有经营性资产，通过参控股企业股东会、董事会、监事会代表学校履行出资人和股东权利和义务，实现资产的保值和增值。

公司成果转化和企业孵化体系完善。现已形成以西北工业大学科技产业集团公司、西北工业技术研究院、国家大学科技园、西北工业大学深圳研究院、常熟研究院等平台为依托的完善企业管理和成果孵化体系，各个平台通过与政府和社会资源的融合，为科技成果转化和中小企业孵化提供从项目立项论证、申报、融投资、管理咨询、培训、综合服务等完善的服务，促进成果转化和企业孵化，并成功转化稀土永磁材料、单晶铜基材料、超高温复合材料等一批学校高科技成果，孵化超晶公司、思强公司、鑫垚等一大批中小企业。

公司参控股企业发展良好。公司现有各类参控股企业30余家，其中高新技术企业20余家，企业总资产超过10亿元，公司拥有账面股权1.5亿元，企业涵盖军工国防、新材料、电子信息、先进制造、软件开发、物业管理、咨询培训、文化教育等各行业，公司参控股企业已成为西安市科技创新型城市建设的重要力量。

三、科技园区推动陕西科技企业发展面临的关键问题

（一）高校科技园自办企业不善经营

在将科学成果转化校办企业的过程中，转换效率相对于企业合作较高。一方面，学校人力资源雄厚且科研活动环境相对良好，清楚研究成果转化的方向和学校资金、产地、人力等其他方面的帮助，因此科研成果转化效率比较高。但是，这种模式对于大学来说应该具有更高的整体素质，首先它需要足够的人力资源和相对良好且严格的公司管理系统，而实际研究表明大学的整体科研水平不是很高、经济条件也不是很宽裕还有管理方面能力较为缺乏，所有这些问题将会在科技成果转化过程中或者转化后的公司运营中慢慢浮现，对科技成果转化的实际效率有一定的影响。另一方面，大学的自主管理产业寻求理论创新，追求的目标与企业需求并不同，从而使科技成果偏离了社会市场的实际需求；随着时间的流逝，大学和大学教师逐渐开始忽略科技成果的转化。如今，大学科学技术研究行业中的科研人员更加重视科学技术成果的所有权和签名权，但对于科技成果能否转化并成为推进社会经济发展的动力不感兴趣，这对科技成就的转化是非常不利的。既然校内科技转化效率更高，但实际转化效果为什么不理想呢？下面通过四个方面进行阐述。

第一方面是内控制度不完善甚至有些校办企业未建立内控制度。有些校办企

业不仅没有书面的内控制度，甚至连口头约定的内部牵制制度都没有，企业管理人员仅凭经验办事，在具体操作中出现既当保管又搞销售，既销售又收款，既收款又开票和大量使用自制票据却无人管理、监督等现象。第二方面是内控制度不健全。在建立内控制度时缺乏周密、仔细的考虑，顾此失彼，只重视现金管理，忽视票据管理；重视直接费用，忽视成本核算；重视产品销售，忽视货款催收；重视短期效益，忽略长远发展。由于内控制度不健全，使其生产经营过程缺乏必要的约束机制，影响了校办企业的经济效益，制约了扩大再生产进程。第三方面是供、产、销记录不完整。由于没有完善的内控制度约束，校办企业的管理人员在具体操作过程中无章可循，仅凭工作热情和经验办事，具体表现在：首先，购进原材料有人验收、无人管理、责任落实不到位；其次，验收入库的原材料项目记录不齐全，为管理和成本核算埋下隐患；再次，原材料出库无人过问，投入量无法考查；最后，产成品入库无人验收，出库无人登记。第四方面财务核算不规范。一是供、产环节记录不完整，会计核算缺乏必要的原始依据，无法正确计算生产成本；销售环节的相脱节现象导致单据传递不及时，无法全面反映产品销售收入和应收账款，影响企业盈亏核算。二是在校办企业的财务人员中，临时借用人员居多，这种特殊的供给关系导致他们缺乏必备的专业知识和应有的工作责任心，有的不仅未建立原材料、产成品等明细账，甚至连银行存款和现金账的记录都不完整，更不要说调账、对账了。校办企业自身管理问题极大，工作人员缺少积极性，这样一来假使科技成果转化为企业，也会因为不善经营，再次破产消失，从而使科技成果转化的实际意义不大，实际转化效率不高。

在高校科技成果转化企业大规模都变成了校办企业的背景下，一个不善经营的校办企业是无法存活下去的，就算是科技成果孵化出企业，也没机会长时间存活，为社会就业与经济发展做出贡献。因此当下学校应该革新校办企业的管理机构人员构成，使更善于管理、善于运营中小微企业以及促进科技园管理模式创新的人接替原本的管理人员，为科技园的长足发展做好铺垫。因此，学校自办企业的管理机构应该做到：首先，精选管理人员，可以从校外进行招聘也可从校内竞聘，选择适合科技园需要的人才来参与当下的发展建设；其次，学校应重视校内科技成果孵化的企业，尤其重视其中的优秀企业并予以资金支持，营造校办企业内部竞争的氛围，促进企业之间的交流和成长；最后，完善财务制度，科技园作为一个独立法人，应该拥有完整且正规的财务制度，同时对于小微企业予以财务制度构建的帮助，使企业处于一个制度健全的大环境下，有助于企业长期发展。

（二）高校科技园与企业直接合作不深

高校与企业之间的直接合作在促进科技成果转化方面具有相对重要的意义，但应该知道，科技成果的机遇非常强大。如果转化和使用的科学技术成果不能随着时代的发展而更新和改变，那么科学技术成果将失去其意义。目前，这种现象以大学与企业之间直接合作的方式发生。大学一旦完成科学技术成果的转化，它们将很少继续。因此，这种合作所产生的科学技术成果将面临积压。为了消除这种情况并继续合作以完成科技成果的转化，这个循环实际上是非常不利的。另外，科技成果的转化也将消耗大量的经济和人力资源。对于与大学合作的国内公司来说，这将带来巨大的发展风险，这对双方的未来发展都是非常不利的。面向应用的人才培训。传统的人才培养模式的特点是"理论强调，基础广泛"，远远不能满足现代企业的人才需求。从公司的角度来看，一些大学制定的实践技能培训计划与行业和相关公司的实际产出严重脱节。

在这种情况下，公司将被动地接受学生并组织实习，这将无法满足他们的需求。相反，他们也会给公司的生产带来不便。随着时间的推移，公司将不可避免地拒绝接受学生实习。因此，对于高校来说，如何培养满足社会需求的应用型人才是值得认真考虑的问题。为了满足这个时代的需求，现代大学生需要在三个方面发展职业技能：职业、方法和社会。获得专业能力的最直接方法是通过大学教育，即与特定职业相关的知识、理论和应用。学生从日常生活、工作和社会实践中积累和培养方法。因此，在学校提供专业和理论知识的同时，可以邀请公司的工程师或技术骨干在学校进行讲座或演讲，以便学生更好地理解在实践中运用知识时遇到的问题。学生可以与公司进行沟通，以了解他们的需求，并使他们在未来的学习中更具启发性。

此外，校企合作不深的原因还有：第一，学校被动接受，没有主动把科研成果转化为企业发展的动力，这主要跟大学教师考核体系有关，大学教师职级的评选主要是通过文章发表在期刊的知名度及篇数来衡量，这就导致教师对自身科研成果能否转化为实物或在现实中使用并不感兴趣，这会导致科研成果的浪费，同时对企业方面需求的信息并不了解；第二，学校在选择科技园建成地址时考虑不全面，同时政府未根据科技园和大学特色建设产业集群，由于陕西高校众多，科研项目更是数不胜数，这就增加了企业在匹配所需科研结果时的寻找成本和沟通成本，降低企业寻找高校而合作的积极性。

如何加深高校科技园与企业之间的合作？笔者有以下三点建议：首先，成立项目调研小组，学校主动出击。学校在成立研究项目的时候，应对本土相关企业需要重点克服的项目进行相关调研，在进行方向研究或者项目立项时，可以从调研的相关方向出发，把现实中企业需要解决的问题作为课题，这样一来不仅增加了高校教师解决实际问题的能力，还帮企业攻克了关键技术、为促进社会经济发展做出了巨大贡献。其次，政府应该在校企合作中扮演"店小二"的角色。校企双方成为区域科技发展、区域经济发展的推动者，因此政府予以高校特别科研基金——专门为高校解决企业问题而立项的项目基金，帮助企业与高校对接，鼓励企业主动寻找高校解决理论问题，也鼓励高校主动出击以企业实际中遇到的关键问题作为课题，长此以往，双方才能形成较为深入且长久的合作。最后，高校应与企业进行持续的合作。在与企业完成一项研究委托时，不能直接与企业断绝联系，而应该不断跟踪问题解决进度，当遇到新的问题时，应根据新的问题重新立项继续深入合作，这样对教师来说会形成较为全面的研究项目，对企业来说会有一个可信的科研合作伙伴，对双方都有益。

（三）高校科技园区与周边产业链不匹配

近年来开发的大多数科学园区都建立在学校与政府之间的紧密合作基础上，更大、更强的企业已经诞生。大学负责科学研究，并利用其独特的学术优势开发具有独特特色的科技园区。政府通过对当地大学科技园的深入了解来支持和吸引与商业和投资相关的企业，以形成产业链并为科技园的发展提供基于市场的支持。大学科学园本身专注于培育以技术为基础的中小型企业、科研项目和产业化转型，以及建立和培育与产业链优势相关具有地方特色的学术学科。同时，通过大学科技园与地方政府的深入合作，双方将在建设大学科技园的过程中签署战略合作协议，这是双方合作的主要基础。但是，地方政府在大学科学园建设中的作用是什么？合作协议中应阐明该科目在科学园区建设中的地位。此外，有必要满足大学自身科研转化和市场化的要求，地方政府应给予科技园区税收优惠与政策支持，同时大学科技园建设应该合作共赢处理双方关系。需要结合大学的科技园进行综合分析。

西安交通大学国家科技园，位于雁翔路，早期作为西安交通大学科技园基地，观察发现该科技园在培养人才、干部培训、科研成果方面都做得很好，但周边并没有与科技园相符的产业甚至周边根本没有产业。在2020年完工的西咸新区的大学新科技园则是针对这一缺陷做出了改变，当大学科技园与周边产业集群相符合时，会带动周边产业技术迭代和不断推进企业发展。

西安理工大学科技园位于西安高新产业园，对应产业园区内的特变电工新能源，西安理工大学在西安高新产业园成立了产学研合作基地和企业实习基地，双方就"建立产学研长期合作关系，在电力电子技术、人力资源等领域发挥各自优势，形成专业、产业相互促进共同发展，努力实现'校企合作、产学共赢'"达成了合作。而对于西安理工大学来说，王牌专业在水利水电、材料、机械自动化以及印刷专业，这就造成了学校擅长专业与周边产业不符合的状况。

当然也有高校科技园区与周边产业集群相匹配，或者说周边产业是由于高校科技园而发展起来的。西北农林科技大学科技园位于杨凌示范区，当地政府真正做到了大力支持大学科技园，在用地、资金、政策上的优惠措施使西北农林大学科技园发展迅猛，经过20年的发展，园区及周边受益产业集群生产总值为杨凌示范区的经济增长做出了巨大的贡献。

综上所述，大学特色专业对口行业或产业类型，通过充分利用大学的科研能力和创新能力，科技园承接科技成果转化成功的创业型企业，企业承接本身所需要的科技成果或者与高校建立合作项目，在较小成本的前提下完成技术攻克；这将有利于企业将科技成果转化为实际所需产品，进而推动社会经济的发展，使科技成果利用率大幅度提高，如此一来，相关企业越发集中在高校科技园附近，从而形成相似产业集群和产业链。当产业集群真正形成时，高校科技园与社会发展联系会更加紧密，同时科技成果转化效率会随着产业集群越来越密而越来越高，形成相互促进的正循环。

四、科技园区支持陕西科技企业发展的路径

（一）完善并规范科技成果转化政策措施

1. 成立科技成果企业化辅导部门，倡导自主创业，促进高校科技成果孵化科技企业

在科技园政策方面：在国家和陕西省对国家大学科技园的优惠政策尚未出台的形势下，学校必须进一步依靠西安市成为国家新一线城市和国家中心城市的优势，推动国家及省级有关科技园优惠政策尽早出台。充分发挥科技园建设领导小组的作用，继续优化和完善、落实政府和学校给予科技园的各项优惠政策和支持

措施，促进科技园快速发展。在政府部门方面：成立专门的科技成果转化相关企业辅导部门，帮助成果拥有者成立企业，同时利用政策上的优惠，鼓励并引导更多成果拥有者进行自主创业，增加陕西科技企业的数量。

2. 构建统一科技成果交易平台，使成果持有者有所得，企业拿其所需，实现双赢

市面上不仅有官方的科技成果专利交易平台，各个学校也有自己的专利交易网页，同时还有企业在做专利权交易平台，由于交易平台过多，同时专利成果门类多样，这导致企业不愿花费巨大的时间成本去匹配自身企业所需的科技成果专利权。因此，政府应主导建设统一涵盖所有高校及一些愿意售卖科技成果的研究人员，这将使成果拥有者更好地找到权威平台进行正规售卖，企业能够花费更少的时间成本进行匹配自身所有成果专利，降低双方交易成本。同时在政策上：鼓励企业向成果持有者进行购买并给予一定的税收优惠，同时也鼓励成果持有者在自身创业条件首先的情况下，积极主动售卖专利权，实现自身利益最大化。

（二）建设特色鲜明的科技园区

第一是加强与大学学科和区域产业的联系，建设特色园区。陕西不仅拥有大量的国家大学科学园，而且其他类型的科学园也在遍地开花。调查发现，陕西的大多数大学科学园区在产业分布、投资政策和服务模式方面都相似。因此，如果大学科学园要在众多科学园中脱颖而出，并形成具有特色的产业群，就必须坚持大学学科和区域产业，依靠大学与更高学科联系。为什么要依靠？一方面，国家大学科学园的发展壮大在很大程度上取决于大学的学术水平，应与大学的学术和专业发展相结合，当前陕西省必须抓住机遇，为陕西大学提供建设"一流学者"的机会，一流学者是一流大学的重要标志之一。另一方面，大学科学园对学术建设有反馈作用，并促进学术发展。大学科学园面向公司，缩短了学者与企业之间的距离，将学术研究推向市场，适应经济和社会发展的需求，并为学术发展指明了正确的方向。科技园是转化大学科技成果的创新平台，是孵化创新平台和创新创业人才培训基地。成功的企业知道，业务发展和增长离不开学校纪律的支持。正确地连接大学学科，依靠在科技园区培养创新型和企业家型人才的模式，为大学生提供融合传统课堂教学、实践教学和业务导向的教学方法。

第二是国家大学科技园本地化和加强与当地产业的联系。《关于促进国家大学科技园创新发展的指导意见》指出："有必要加强与产业集群的互动，整合产业链资源，为新兴企业和产业集群服务，促进区域产业创新、转型和现代化。"

如今，国家级的大学科技园区已经成为我国培养创新型企业的重要平台，在科技成果转化方面和战略新兴产业方面已经成为一个重要平台。通过帮助企业和大学科技园联动发展，从而增加区域创新能力和科技成果转化效率，不断培养科技型企业和新型产业，是不断吸引高水平人才和优秀学者的重要一步。与此同时，大学科技园的发展规划应与当地产业规划相符合，从而建立起符合高校自身特色且与当地产业特色相结合的科技园。

（三）营造创新创业良好氛围

营造创新和创业氛围，激发技术转让的活力。作为产业与大学之间的纽带，大学科技园通过为大多数企业家提供良好的创新和创业环境，充分利用平台的作用来改变科学和技术绩效。通过大学综合体的孵化、产学合作、专业技术平台和其他技术转移服务能力，大学教授和学生的研究成果可以迅速转移到综合体中，并转化为实际生产力，直接推动创新技术研究，发展和完善科技成果的转移和转化。然而，大学科学综合体的科学技术成果的转化是一项复杂而长期的系统工程，通常需要大学各部门之间的大力合作。现实情况是，陕西省许多大学内部的科研管理部门、技术转让中心、资产管理公司、科技园区和大学尚未形成分工明确、信息流通顺畅的有效机制，在相互协调与合作时往往出现职责不清晰、角色定位划分不清的状况。这将直接影响教师的创新和创业热情，但科学园为促进成果变化所做的努力是有限的，一些具有业务前景的项目无法从头开始转换，并且通常会错过最佳的过渡窗口。另外，由于系统的限制，难以激发大学科学综合体发展的活力，因此有必要增加科技成果转化的灵活性。陕西所有高校科技园区都具有独立的法律地位，实行公司运营模式，但由于对高校的高度依赖，高校科技园区在管理体制和运行机制上仍具有很强的行政管理色彩。从某种意义上说，国家大学科技园的运行机制是"企业组织结构和企业运行模式"。因此，大学科学园的实际运营和管理中存在的问题包括：不能以主要投资者的身份参与孵化技术公司的发展，缺乏吸引外部投资的动力和有效措施以及激励机制。高端管理服务人才分配的利益，直接导致大学科学园发展活力不足。

陕西国家大学科技园应充分利用当前国家为促进科技成果转化和西安"硬技术"之都的东风而采取的努力，主动出击，利用体制创新为先导，为创新和创业创造绿色环境提供的突破点。笔者提出以下四点建议促进大学科技园的发展。

一是加强大学科技园区体系创新，完善科技园区企业，积极提高大学科技园区自身的积极性，特别是推进园区建设。首先作为大学科技园孵化器，应结合大学自身学科特色进行科技园方向的选择，进而筛选有高附加价值的或者"孵化＋股票投资"进行投资。它将促进高科技项目的产业化，加快新企业的发展，实现科技园区的"双重进入"，提高科技园区的独立造血能力，促进大学科技园的发展。二是营造开放创新的生态环境。首先，必须增加开放性，合理区分大学科技园的管理与大学的关系，打破学校内部相对独立和封闭的管理模式，并建立促进变革的渠道。其次，多层面考核学校的科技绩效，从而加强校内职能部门之间，特别是学校技术转让中心之间的沟通，加强大学与企业的合作和引导对大学科技园的创新机制。三是要妥善管理大学科技园与政府和企业的关系，深化与地方政府的合作与发展，与专业服务机构交流合作。面对技术创新的全过程和整个业务增长周期，建立和完善高度创新的网络和平台，集中高新技术创新的资源，加强"创业精神"，以进一步增强大学科学园的服务能力。四是为使大学科技园促进"孵化"科技类创业公司，园区应为入驻的中小微企业提供各种便利、激励政策、管家服务和其他措施，以加速实现区域产业集群，充分发挥创新企业家的作用，并促进创新实体技术转让的活力，最终促进科技成果的转移和转化。

第八章 专题四：陕西科技成果交易大市场构建与科技企业发展

一、陕西科技成果交易大市场运行现状

在科技成果进行产业化的过程中，技术交易是其转化的主要途径，同时作为创新、创业技术来源的提供方，具有难以取代的地位。而技术市场则是所有技术产品进行互相交换的总和，它涵盖了技术产品从研究开发到运用、转化、商业化和流行的全部进程。

党的十八届三中全会提出重要结论：使市场在资源配置中起决定性作用，把市场的基础性作用提高到决定性作用，显著强调在配置资源过程中市场的作用。同时结合政府的宏观调控，与市场这只无形的手相结合，促进社会主义市场经济的长足发展。中共中央将全方位、多角度在全国推行深层次的全面改革，这为技术市场的发展提供了重大的发展机遇与空间。

（一）技术交易概况

2019年全国科技经费投入力度增强，财政科技支出稳步增加，研究与试验发展（R&D）经费投入持续增长，其经费投入强度与国内生产总值之比为2.23%，比上年提高0.09个百分点。全年的研究与试验发展（R&D）经费支出22143.6亿元，比上年增加2465.7亿元，增长12.5%，稳居世界第二大研究与试验发展（R&D）投入体，与美国的差距逐渐缩小。陕西省研究与试验发展（R&D）经费投入强度超越全国平均水平。其中，按活动类型来看，基础研究经费为1335.6亿元，应用研究经费为2498.5亿元，试验发展经费为18309.5亿元，

三大研究领域较上年增长百分比分别为 22.5%、14.0%、11.7%。基础研究、应用研究和试验发展经费所占比重分别为 6.0%、11.3% 和 82.7%，基础研究所占比重首次突破 6%。截至年底，正在运行的国家重点实验室 515 个，累计建设国家工程研究中心 133 个，国家工程实验室 217 个，国家企业技术中心 1540 家。国家科技成果转化引导基金累计设立 21 只子基金，资金总规模为 313 亿元。国家级科技企业孵化器 1177 家，国家备案众创空间 1888 家。全年境内外专利申请 438.0 万件，比上年增长 1.3%；授予专利权 259.2 万件，增长 5.9%；PCT 专利申请受理量为 6.1 万件。截至年底，全国有效发明专利数量为 186.2 万件，比上年增长 16.3%（见表 8 - 1）。全年共签订技术合同 48.4 万项，技术合同成交金额 22398 亿元，比上年增长 26.6%。

表 8 - 1　2019 年全国专利数统计

指标	专利数（万件）	比上年增长（%）
专利申请数	438.0	1.3
其中：境内专利申请	417.2	1.2
发明专利申请	140.1	-9.2
其中：境内发明专利	123.1	-10.8
专利授权数	259.2	5.9
其中：境内专利授权	245.8	6.0
发明专利授权	45.3	4.8
其中：境内发明专利	35.4	4.3
年末有效专利数	972.2	16.0
其中：境内有效专利	869.2	17.5
有效发明专利	267.1	12.9
其中：境内有效发明专利	186.2	16.3

1. 技术交易总量创新高

技术合同成交额是科技成果转移转化的重要指标，也是反映区域科技创新活跃态势的重要风向。陕西省重点完善技术转移政策措施，加快推进全省技术转移体系建设，充分调动各类创新主体积极性，科研人员活力持续释放。从陕西省科学技术厅公布的数据来看，2018 年陕西省科技成果技术交易市场一直保持活力，全年累计登记的技术合同数达到 37952 项，合同交易金额突破 1100 亿元，稳居全国前列，较上年增长了 21.97%，创造史上技术交易总额最高（见图 8-1）。其中，技术开发合同 13904 项，成交金额 297.75 亿元；技术转让合同 513 项，成交金额 16.76 亿元；技术咨询合同 1401 项，成交金额 8.69 亿元；技术服务合同 22134 项，成交金额 802.08 亿元。2013 年以来，陕西省的技术交易合同数波动上升，成交额则持续稳定增长。总的来说，技术交易合同的成交额范围不断扩充，平均成交金额增加，说明陕西省单个项目的合作宽度与深度有所扩大。

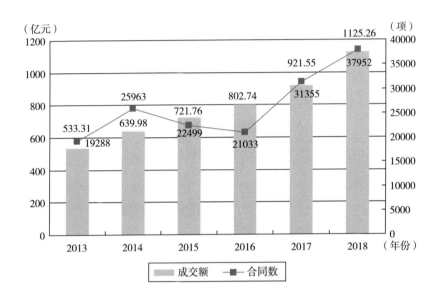

图 8-1 2013 ~ 2018 年陕西省技术交易情况

2. 企业技术交易主导地位稳定

2016 年，陕西省为了推动创建以企业为中心的创新机制，颁布了《陕西省促进科技成果转化若干意见》。同时，陕西省激励扶持企业进行自主创新，制定了很多促进政策和措施，如税收优惠政策，推动企业逐渐作为创新决定、科技研发、科研队伍和成果运用的主体。2015 ~ 2017 年，陕西省企业（含转制院所）技术合同登记量分别为 11935 份、10774 份、20176 份，成交额为 500.7 亿元、451.8 亿元、667.61 亿元，占全省技术合同的登记量为 53.05%、51.22%、64.35%，占交易额的 69.4%、56.28%、72.37%。表明企业、高校与科研机构的产学研活动还有很大的深化空间。

3. 技术交易结构稳中趋优

按照技术交易的类别来说，技术开发、技术转让、技术咨询、技术服务四类技术交易合同中，陕西省的技术交易合同主要是以技术开发、技术服务两类合同为主。2013 年以来，技术开发成交额占交易总额的比重始终在 40% 上下波动，2018 年所占比重为 26.46%，相较以前年度下滑较大。技术服务合同保持在 55% 左右，并持续稳定增长，2018 年达到 71.28%，交易额突破 800 亿元，同比增长 46%，远超技术开发成交额，表明陕西省技术服务能力明显增强，技术服务规模和水平有所提升。同时，技术转让和技术咨询合同成交额所占比重一直处于 5% 以下，表明陕西省的技术转让和咨询服务还亟待提升。总体来看，陕西省技术转移结构趋于合理（见图 8 - 2）。

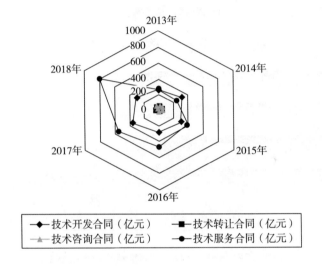

图 8 - 2 2013 ~ 2018 年陕西省技术交易结构类型

陕西 R&D 经费内部支出主要来自政府、企业和国外投资，2017 年政府 R&D 经费内部支出达到了 2326046 万元、企业 R&D 经费内部支出达到 2108775 万元、国外 R&D 经费内部支出达到 5641 万元。由图 8 - 3 可知，2017 年，按资金来源分，陕西省 R&D 经费内部支出中，政府资金所占比例最大接近 50%，企业资金占比于政府资金相差不大达到 46%，其他资金占比较少。政府资金占 R&D 经费内部支出的比例由 2009 年的 60.81% 下降到 50.46%，企业资金由 32.91% 上升到 45.75%，比例结构有所变化，政府的干预有所减少，获取的社会和企业资助增多，政府资金和企业资金所占比重达到基本均衡，政府和企业成为 R&D 经费主要的投入主体。由图 8 - 4 可知，按活动类型分，陕西省 R&D 经费内部支出中，试验发展经费占比最大，达到了 248698 万元，占科研经费总额的 76%，其次是应用研究达到 841060 万元，占科研经费总额的 18%，基础研究占比最小仅有 6%。

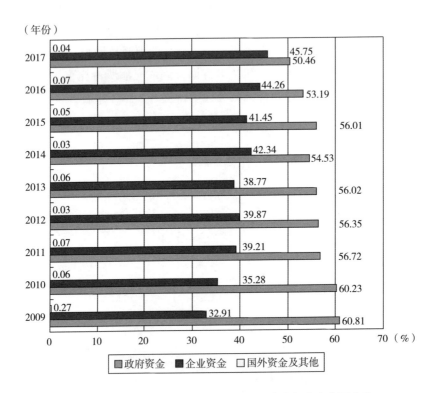

图 8－3　陕西省 2009～2017 年 R&D 经费内部支出来源占比

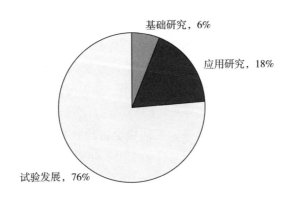

图 8－4　2017 年陕西省 R&D 经费内部支出

4. 技术交易领域相对集中

2011 年以来，陕西省加速了产业结构转型升级的进程，产业逐渐往高水平、高效率、高附加值方向攀升，第三产业的主导作用明显。从技术交易的领域观察，电子信息、新能源与高效节能、环境保护与资源综合利用、先进制造、航空航天现代交通和城市建设与社会发展六大技术领域成为技术交易的主流。2017 年，电子信息、新能源与高效节能、城市建设与社会发展等产业领域成功跃居陕西省技术交易总额前三，累计全年技术合同交易额达 631.35 亿元，占全省技术合同成交总金额的 68.44%。其中，电子信息领域 10850 项、成交额 318.92 亿元，新能源与高效节能领域 2762 项、成交额 192.45 亿元，城市建设与社会发展领域 9056 项、成交额 119.98 亿元，凸显了陕西省在这些领域强大的科技创新能力。科技创新综合来看，技术交易更加紧扣陕西省主导产业发展方向。2017~2018 年陕西省高新技术领域应用技术成果项目数如表 8-2 所示。

表 8-2　2017~2018 年陕西省高新技术领域应用技术成果项目数　单位：项

高新技术领域	2017 年		2018 年	
	成果数	排序	成果数	排序
现代农业	122	2	127	1
先进制造	135	1	106	2
生物医药与医疗器械	112	3	97	3
电子信息	108	4	88	4
新材料	59	6	62	5
新能源与节能	75	5	46	6
环境保护	36	8	41	7
现代交通	39	7	39	8
航空航天	33	9	28	9
地球、空间与海洋	28	10	27	10
核应用技术	4	11	2	11

（二）技术交易流向

"一带一路"倡议得到国家和沿线省份的热烈响应，陕西省的科学技术在服务"一带一路"中承担着不可或缺的重要作用。据陕西省科技厅发布的《2017

年陕西省技术市场统计年度报告》，2017年陕西省输向国内"一带一路"相关省区市技术合同23616项，合同成交金额为667.30亿元，较2016年增长35.64%，增幅明显；输向环渤海地区的技术合同成交金额为177.56亿元；输向珠江三角洲地区的技术合同成交金额为189.52亿元，同比增长69.70%；输向长江三角洲地区的技术合同成交金额为55.56亿元，同比增长172.11%。技术交易主要集中在电子信息技术、新能源与高效节能、先进制造技术、城市建设与社会发展、现代交通、航空航天技术和环境保护与资源综合利用等领域。

同时，近年来，陕西省出台多项举措，大力促进科技成果就地转化并持续向好态势发展，吸纳省内技术合同成交金额逐年增加。据统计，2013~2015年，陕西省输出到省外的技术开发和技术服务合同成交总额分别为288.51亿元、453.49亿元和507.38亿元，分别占当年全省技术输出总量的54.1%、69.86%和70.3%。2015~2017年，陕西省吸纳省内技术合同成交金额分别为214.38亿元、280.33亿元和303.25亿元。2017年，陕西省技术吸纳合同19498项，总成交金额为521.86亿元。其中，陕西省吸纳省内技术合同15318项；吸纳省外（包含港澳台地区）及国外技术合同4180项，成交金额为218.61亿元。技术吸纳主要集中在现代交通、电子信息技术、城市建设与社会发展、新能源与高效节能以及先进制造技术领域。近几年，陕西省输出到外省的技术交易成交额不断提高，技术输出合同在交易总量中的比重也持续增加，说明陕西省的技术输出和技术服务的能力还比较强大，目前依旧是技术溢出省外。一方面体现了陕西省的科学教育实力，另一方面也说明陕西省的技术需求不强烈。

二、陕西科技成果交易大市场构建与科技企业发展关系分析

（一）构建科技成果交易大市场的必要性

市场是检验科技成果推动生产力发展和社会进步方面效益的衡量标准。陕西省科技成果转化特别要注重以市场为导向，始终围绕市场需求这一标准，积极推进科技成果的创新，精选具备市场价值和市场潜在价值的科技成果转化项目。地方政府也要注重发挥市场在创新科技资源配置方面的作用，退出政府科技成果转

化的主导模式，推进市场主导的科技成果转化模式，政府作为引导功能。引导高校和科研院所在市场调研的基础上展开科技成果创新和研究，加强与企业的沟通，畅通校企合作机制，实现高校和科研院所与企业、市场的无缝对接，提升科技成果的市场针对性，切实满足市场的需求，提升科技成果转化的市场化运作水平。政府部门在科技成果转化方面提供资金、政策等方面的支持，做好整体规划工作和引导，实现职能转变，做到既不缺位也不越位。引入市场化运作的技术服务组织、社会化的评估组织等主体作为科技成果转化的服务机构，承担科技创新融资与分配的职能，充分发挥资本市场自主筹集资金、分配研发费用的功能，引导深化改革推进科技成果创新机制建立，构建以市场为导向的科技成果转化机制体制。

发达国家的专利和非专利技术能够被广泛地应用主要是通过技术贸易的方式实现的。提供技术的一方可以将部分的研发投入收回，获取较高的经济收益和效率。接收方虽然需要支付一笔转让费用，但是也节约了自身进行科研所需的研发支出以及人物力投入，最重要的是通过技术市场的交易，承受方能够在较短的时间内获取到迫切需要的技术商品，能够大大地减少研发周期，这在今天日益激烈的市场竞争中显得尤为重要。

随着我国科技的不断发展和科技投入，现如今已经形成以中国科学研究院、高等院校以及省市、部委下属科研院所为主的科研力量，而企业的研发力量相对来说比较薄弱。科技研究和生产部门在体制上的分离使得应用科技成果的难度大大增加，而经济增长形式的转化有赖于顺畅的技术成果转化通道，快速增强我国科技企业在市场中的竞争优势。不管是国有企业还是其他所有制成分的科技企业在成长过程中都要依靠大批的科技成果来提升企业产品的市场份额，但其本身具有的技术研发能力还无法满足企业的发展需求，需要寻求企业外部的技术支持。科技并非现实生产力，诺贝尔经济学奖得主库兹涅茨指出"尖端技术是经济增长过程中允许出现的一个源泉，但是它只是作为其潜藏的必要条件，自身却并不是充分条件，若要使技术能够被有效广泛的运用，若其本身的发展需要这种利用的激发，则必须调整其所对应的体制和意识形态，以此达成合理利用人类知识中的先进部分产生的创新"。我国以往的实际情况恰恰证实了这一观点，很多企业技术水平的落后、一系列国外设备的引入和各板块取得的一大批关键技术成果对比鲜明。

望眼未来，我国已经将科技进步提升到国家和社会经济发展的核心地位，促使经济发展切实转化为依赖科学技术进步和提升劳动者水平的轨迹上来。迄今为止，我国在全球的科技进步中贡献占比仅有30%左右，远远低于发达国家的平均水平，也就意味着这一转化事实上距离真正实现还需更大的努力。为了达成经济快速增长的转化，以后我们一定要重视转化这个关键环节。我国的科技机制与西方国家的不太一样，技术交易市场在技术成果向现实生产力的转变过程中显得极其重要。构建和健全技术交易大市场应该是科技机制改革创新过程中的关键环节。

（二）技术市场对科技企业发展的促进作用

众所周知，技术创新是科技企业赖以生存、成长和发展的基础。然而科技企业的创新实力又受到其自身弱点和许多市场因素的限制。而作为推动科研成果产业化主要路径的技术市场，能够发挥其独特的市场功能促进科技企业持续不断地进行技术创新活动。

1. 技术市场加快了科技企业技术要素的流动

到目前为止，企业对技术改进和新产品研发主要依赖于计划和安排，企业自觉提升技术水准意识和技术研发能力的缺乏一部分也源于政府对企业实行的"软约束"。随着我国逐渐建立起现代企业制度，科技资金投入和技术研发创新的主体必将是企业。但是企业本身不强的研发能力要想通过自己的努力在短时间内有所提升还是相当困难的，而快速进步的科技、强劲的市场竞争对企业逐步提高技术水平也是很大的阻碍。科技研发机构是从固有体制中分离出来一步一步面向市场的，他们拥有一批高水平专业化的研发人员和前沿技术实验设施，并且已经拥有了一些科技成果储备。双方可以发挥各自的优势，取长补短，互相协作，一方面是发展趋势的需要，另一方面对双方自身的发展也有积极影响。既解决了企业遇到的技术难题，又为那些想进入企业的研发人员和科研机构提供了机会。

技术创新是一个需要持续投入资金的过程，主要是将技术基本要素作为其目标，目的是把科研成果产业化、商品化从而获取超额利润。但是技术要素要对增加利润发挥促进作用，必须依靠其合理有效的流动。而技术要素流动的本质即为技术资源进行高效配备布置的过程。处于市场经济下的科技企业在资金、劳动力、技术、土地等各个生产要素上都处于劣势，只有依赖技术交易市场为其传输高端适合的技术，推动企业选择最实用的技术，加速各要素的合理快速流动才可以获取最大利润，提升企业自身的经济效益来获取生存、成长和发展的空间。

技术创新活动具有高风险伴随高收益的特征，在政府政策的引导和高额创新收益的驱动下，以利润最大化为目标的科技金融主体将主动寻找有投资价值的项目。与此同时，科技企业为了攫取高额销售利润并维持竞争优势，需投入大量的人力、物力和财力，尤其是资金投入以提升产品或服务的创新附加值。因此，市场性主体及科创企业对利润的渴求使其紧密相连，从而实现技术创新与科技金融系统的有效结合。

目前，市场参与主体包括直接参与主体和间接参与主体两种，前者包括创业风险投资、多层次资本市场等，后者包括商业银行、保险公司、担保机构等。而在成果转化阶段，基于高新企业的单位成本高、产销量小而导致的低销售收入和大额现金流支出这一前提，政府积极发挥财政资金的政策性引导和牵引作用，极力吸引风险偏好大、专业性和外部性显著的创业风险投资进入该领域，建立起知识产权质保体系，缓解企业的筹资压力，加速转化高新技术成果。当市场初步接受产品，处于导入阶段的科技企业将需大量的资金用以研发和市场开拓以维持技术的先进性和市场份额。因此，除有效利用风险投资的多轮融资为科技企业主要的筹资方式外，商业银行、保险公司、担保机构等间接金融资本主体通过自身组织结构、业务、产品和服务的创新，也为企业提供多样的筹资方式，从而增强了企业的资金实力，提高了其产品的市场占有率。

在不同科技创新阶段，高新技术顺利实现产业化发展都离不开有效的资金供给。由于科技企业在产业化阶段初具规模，规模效益的经济特征降低其在该阶段的信用和投资风险，从而导致融资方式多样化，如商业银行贷款、产权质押担保融资以及股权和债权融资等。因此，进一步扩大生产规模并着手准备研发新技术，不断增加的资金需求量也迫使该阶段的科创企业积极采取科技贷款、风险投资和多层次资产市场等融资手段，获得金额大且成本低的融资，及规范的运营管理模式，最终使企业在行业中占据重要地位，使高新技术的产业化更加成熟。

2. 技术市场给科技企业技术转化创造了有效通道

技术资源配置的最基础路径是通过技术市场实现的，这为有技术需求的一方提供了便利的技术通道，同时，技术市场的需求信息也为技术进行创新指明了具体方向。从技术创新的形式划分，企业的技术创新可以划分为自主技术创新、引入技术创新、国内技术转让创新和模仿改进创新。另外，技术市场为科技企业创新提供了技术外力支撑，能够进一步加快科技企业的创新步伐与速度。

由于自身资源贫乏的限制，科技企业研发成功的技术成果进行商业化只依靠技术转让方式不易达成，常常需要通过和技术产权交易市场的联合，利用技术交易市场本身活络的运行机制，再通过将技术作价入股、企业并购重组、资产互换、技术转包、联合生产等多种形式来实现。例如，通过技术交易大市场和各大高校、科研院所、大专院校等一些非企业组织的科研部门和团队，以有偿方式来联合研发技术，从而加速技术成果落地生产的进程；利用市场化手段，引进、摸索各种技术产权交易的模式，提升技术成交比率，给科技企业供给更符合市场需要的科技成果。

进一步增强企业的自主研发能力，有效转化高校院所的重大原始性创新成果，开展关键技术攻关和技术集成，推动产业链再造、产品和产业向价值链中高端发展跃升。引导企业加大研发投入，优化研发投入结构。支持企业自主开展技术交流合作、建设技术创新中心、成立联合实验室、研发中心、产业技术协同创新研究院、产业技术创新战略联盟、公共服务平台、工程实验室等，推动企业与高校院所协同开展研究，聚焦关键技术需求和市场的潜在需求，实现技术创新与市场高效对接和供需平衡。高校院所应鼓励人才到企业工作和服务，允许兼职兼薪，建立固定和灵活并重、刚性和柔性并举的引才用才工作机制。探索调整行业和地方科研机构的依托主体，把面向国民经济主战场、应用性强的院所划归企业所属，建设企业技术研发研究所。但也要防止"小马拉大车"，减轻企业创新负重，增强企业创新动力。

3. 技术市场扩大了科技企业技术创新的资金来源

技术创新的过程包括全新技术研发、样品试产、中试、添加设备、工艺改革创新、产品宣传以及人员培训等，均需要大量的资金支持。随着技术创新涉及的工作越来越庞杂，资金需求也越来越强，因此持续不断且平稳的现金流对科技企业的技术创新显得格外重要。然而现阶段融资艰难正好是很多科技企业都存在的问题，导致企业在创新过程中无法保持源源不断的资金投入，从而使得大多数企业的技术创新难以顺利结束，中途夭折。

随着我国科技与经济的快速发展，技术市场和资本市场持续的互相渗入、交融。两者的结合一方面在一定程度上可以帮助企业解决资金困难，增加技术交易的资金供给方，推动最迫切、最关键的技术产品完成交易，帮助其尽早投入社会，发挥其功能，并可以改善一直都有的技术研发过程中不恰当的资金分配、交易效益不明显等问题。另一方面可以加速社会资本的流动，促使资金的高效运用，激发资金的运行效益，从而使资本市场更加的繁荣昌盛。因此，技术市场的构建有助于科技企业在进行技术创新的全过程获取不断的平稳的资金流，尤其是有助于科技企业寻觅战略投资方为企业融资。

4. 技术市场促进了科技企业间科技人才的流动

处于知识经济背景下的企业，它们之间竞争的本质即是科技人才的竞争，企业进行技术创新的整个环节都需要人才的参与，企业技术创新的本质则是人才进行具有创造性活动的过程。企业科技人才的素质高低决定了企业具有的技术创新能力的高低，其势必需要科技人才进行有序的流动，同时也对人才市场提出了更高的要求。科技企业由于受到本身软硬件条件的限制，很难自主培养与留用自身研发需要的人才，恰恰技术市场的构建与发展推动了科技人才快速有效的流动，为科技企业进行科研创新提供了足够的人力资本。

此外，作为技术载体的人才要想进入技术交易市场，必然会将自身的技术科技成果带入市场，从而形成知识技能型人才的流动，为技术交易大市场添加了新的活力，加速了技术成果产业化的进度。随着技术市场中人才的有序转移，技术提供方具备专业能力的技术人员能够通过长期兼职、定期提供服务、技术研究开发、项目引入、技术咨询等形式为技术需求方提供拓展服务，有助于技术接收企业迅速吸收、消化和掌握引入的技术。这对那些缺少技术创新或者进行技术创新有困难的企业是相当有用的。

5. 技术市场有助于科技企业降低技术创新风险

因为技术创新活动会受到很多难以确定的因素的作用且对资金具有高度连续性要求，所以其蕴藏着很大的风险。由于多方面因素骤变的干预，技术创新活动往往会半路夭折或者很难达到预先设定的收益目标。现代科技发展更新速度加快，导致处于研发阶段的技术可能随时会被其他新兴技术所替代的风险，加之资金欠缺、通货膨胀、消费者需求转变、国家政策变动等很难确定的因素，科技企业技术创新的风险越来越高。

事实上，造成企业创新风险的主要原因是信息不对称，缺乏必需的可行性分析和证明导致的决策失误。技术交易中介机构是技术市场中存在的最活跃的要素，其可以掌握技术需求方和供给方的要求，探听怎样获取客户需要的技术，加快科技成果的有效流动，给企业在技术市场上进行技术交易提供技术信息、技术论证、技术评估、技术经纪、技术预测、技术招标代理等服务，降低不确定因素带来的影响。而且近年来，技术市场网络化趋势越来越强，使技术交易信息获取和传播更加的方便快捷，这些都能够解决在交易过程中信息不通的问题，降低科技企业技术创新的风险。

6. 技术市场为技术成果建立了完善的评估体系

技术成果与普通的商品相同，具有质量和价钱的属性问题，技术交易市场则应当对其市场上进行交易的技术成果的质量好坏和价格高低建立一套具体准确的评估标准和合理的评估指标。流通的技术成果只有达到了这些标准要求，才能有助于企业从本身已有的条件出发，分析出手上项目所必须满足的要求、可行性以及其所能带来的效果和收益甚至发展前景，继而帮助企业选取最优质的技术成果并且快速实现转化；才可以给技术成果制定合理的价格，保证购买双方心服口服的公平公正交易，因而减少双方因为价格不能达成一致而使得交易搁置或者"长征式"谈判现象的出现。

7. 技术市场会增强为科技企业服务的功能，建立支撑体系

技术交易场所为科技企业提供的服务不能只局限于纯粹的交易中介，它的终极目标不应该是把某些信息或者技术成果成功卖出完成交易，而应当在企业买进卖出技术成果和实施转化的整个过程中提供全面的跟进服务。既要拥有能够给科技企业提供资金、帮助融资、借款的能力，也要具有为其风险进行担保的能力，同时，还应具有为科技企业后续设施改进更新和产品升级换代供给再服务的意识和能力。另外，还应该积极主动地获取社会各方的支持和扶持，给科技企业创造宽松的科技投入环境，建立支撑体系。技术交易场所要想获取广阔的客户市场，就需要对服务不断进行强化，只有这样才能更加高效地推动科技企业成为交易大市场的双向主体。

（三）企业在构建交易市场过程中的"双主体"地位

近年来，科技发展势头迅猛，市场经济也日渐蓬勃，两者的无缝联合已经是众望所归。长期以来，技术市场的产生、成长恰恰是对科技长入经济的合理推动和调整，在技术这个大市场中，交易主体是技术交易场地、科技成果的卖方、买方和中介方，交易的标的物科技成果则是交易客体，技术交易大市场的盛衰兴替由它们一同决定，科技成果是比较特殊的商品，其在技术市场上通过互相交易来体现其作为商品的价值与属性。

技术交易大市场的出现是为了顺应技术成果产业化，满足技术成果交换的需求，它推动技术成果合法流通和交换的方式主要是市场体制、竞争体制、利益驱动体制等，从根源上推动国家科技前进和技术成果转化，继而促进全社会和市场经济的快速发展。而技术交易市场的核心构成部分是技术交易场地，其作为购买双方交易的纽带和载体，它的服务水平的高低很大程度上会对交易量多少和转化成功与否造成直接的影响，因此，技术交易场所是大中型企业能否成为技术交易市场中双向主体的关键因素之一。

企业要想变成市场上双向互通的交易主体，就需要成为买方和卖方。简单来说，企业一方面要具备吸收和消化他人科技成果的资金和实力，以期推动本身的

成长与发展；另一方面还需要具备能够自主研发的条件和实力，能够研发新技术、新产品、新设备为同行业所推行和运用，以此来促进全行业一同前进。

企业只有通过提升企业产品的科技含金量，加大研发投入，才能有能力竞争变成技术市场双向互通的交易主体，从而实行质量效益型的发展模式。然而科技企业要想变成技术交易大市场上名副其实的"双主体"，只依靠企业本身的努力是不够的，还需要联合大学与交易区域、场地一起协同前进、共同进步、共同发展。

企业是达成"双主体"目的的根据地，高等院校是"双主体"达成的技术供给来源、是企业的技术后盾，技术交易场地为两者合作提供桥梁，是活化剂、润滑油，它们以特定的方式和经济联系严紧地结合在一起，互相配合、互相依靠，一起前进和成长。

综上所述，构建和发展技术交易大市场对于企业尤其是科技企业的技术创新具有至关重要的促进作用。值得一提的是，我们也要认识到，目前中国的技术交易大市场还在初创期，很多方面还不属于强劲环节，如与国际技术交易市场的交接、国家整体指引、技术交易市场体制健全和技术交易中介机构创建等。但是，技术交易大市场是国家市场经济体系的关键构成部分，是我国变革经济体制产生的必然结果，对我国科技和经济迅猛发展的推动是显而易见的。我们坚信在国家扶持政策的指导、各级政府的支持和行业机构的帮助下，技术市场能够更加完善，真正发挥其作为"第一"生产要素市场的作用，为经济发展做出应有贡献。

三、陕西科技成果交易大市场建设的关键问题

目前，陕西省的科技成果落地产业化的比率明显偏低，造成这一状况主要是由于技术成果转化为现实生产力的效率不高，商业化程度不高，技术交易大市场还不够健全完善，等等。陕西省的技术交易市场存在明显的信息不通问题，从而使得科技成果交易大市场形成了某种程度的逆向选择，阻碍了技术交易双方顺利完成交易。陕西省内部技术交易市场的发展、管理制度的拟定等都存在比较严峻的问题，导致陕西省的科技成果在技术交易市场上很难促成交易。一方面政府部门缺乏监察管理部门，相关法律法规落后；另一方面科技成果产权供给方定位模糊，缺乏创新活力、投资融资通道和科技成果吸收主体，而且技术交易中间服务

机构的不合理竞争打乱了市场规则。这些问题严重阻碍了科技成果交易大市场的正常运作和建设（见图8-5）。

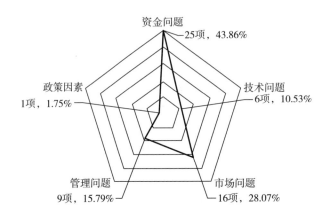

图8-5 2018年陕西省应用技术成果未应用影响因素

（一）信息不对称导致沟通成本较高

当前，科技信息发展迅速，有些技术交易方抢先获得了行业最先进的信息和技术，而有些技术交易方则由于信息不通只能获得较少的信息，还有些技术交易方可能对信息全无所闻，基于此，技术交易大市场就形成了严峻的逆向选择问题，继而打乱了技术交易市场的规则，成为技术交易市场发展的障碍。技术交易市场最大的漏洞即是信息不对称。技术交易各方所获悉的技术信息的不对称不仅表现为人为因素，而且表现为技术因素。人为因素是指交易两方在交易的过程当中不能互相观察、监管和查验，进而导致信息不平等。科技成果提供方相对于科技成果需求方更通晓技术本身，可是在成交之前，其出于保密原则，不能向科技成果购买方展示科技成果的全部信息。相对地，购买方因为无法完全了解技术信息，因而对顺利完成交易存在疑惑，进而阻碍交易成功进行。技术因素是指科技成果自身拥有的价值大小不易测量，不存在一把标尺来确切度量成果价值。

现阶段，对科技成果的价值进行评估还很难达成，而且利用技术交易平台来对科技成果价值进行评估更难。即使有独立的第三方评估机构也无法精准地衡量出科技成果本身具备的价值和未来发展趋势，导致科技成果价格难以确定，甚至会出现价值较低的科技成果被以较高的价格卖给购买方的情况。技术交易不能成功达成阻碍了技术交易平台拓宽自身业务。在技术交易过程中，科技成果不仅存在信息不平等，而且还有信息不完整，其主要体现在科技成果的二次开发、商业化和市场化发展趋向无法准确预料等方面，继而使科技成果交易过程中相关成本增加。

科技成果需要真正落地，企业就是促使科技成果转化为现实的生产力的主要力量。为了促进科技成果的转化，学校和企业必须搭建合适的转化渠道和平台，目前，主要是通过企业来学校咨询或者学校举办各种形式的发布会和宣讲会，邀请一些科技企业参加等方式实现。校企交流也主要是通过高校内部成立一个管理部门独立承担科技成果转化的各类事项。但由于一些企业和高校不能及时进行有效的供需交流，导致高校所创造形成的一些科技成果并不是企业真正需要的，企业所需要的科技成果又不能有效地供给，出现了断层，校企双方缺乏高效的信息交流平台和渠道。

（二）科技成果估价不准

评估和鉴定是科技成果转化必不可少的环节。建立第三方权威的评价机构，对科技成果的对象、内容、程序等方面进行评估和鉴定，确定科技成果的技术含量与质量，出具可行性论证，降低供需双方的不信任，进行有效的洽谈，能够极大地提升科技成果的转化率，促成科技成果的有效交易。

科技成果在产业化过程中，买卖双方都要面临怎样合理公正确定科技成果价值高低的难题。但是当下对技术交易中价值的确定，往往采取的方式是两方协议定价，但实际上，因为买卖双方对于技术所带来的市场发展、合作环境以及之后产生的效益等方面的认识存在差异，大都会使得价格和价值产生偏差，导致以后发现，加大双方之间的矛盾，阻碍科技成果的顺利转化，甚至可能会产生纠葛。因此，迫切需要创建一套标准化、规范化的科技成果价值评估体制，确保双方的公正利益，推进科技成果成功转化为生产力。到目前为止，科技成果实际评估当中广泛出现夸大价值、评估结果掺假的现象。评估的部门对结果不负任何法律责任，导致评估缺少权威性、公正性，很大程度上阻碍了技术成果交易活动的展开。据查阅，曾经某单位接到一项技术评估委托，对一种服装裁剪手法获得的专利进行价值评估。当时，受托单位采取的评估方法是收益法，最后评估结果是其价值2亿元。不管当时这一评估方法有多正确合理，选取的数据多有理有据，2亿元的评估结果在技术交易大市场上都很难使购买方相信。以此种评估结果为基础的专利技术，交易双方很难达成共识。出现这一现象的根源是因为技术评估活动本身就只是一项带咨询属性的活动，评估部门对评估结果并不负责。

由于课题立项的要求侧重于科技领域的前沿和高新，高校中 R&D 人员在课题研究过程中又缺乏与相关企业的交流和市场调研，导致注重科技前沿多、考虑社会和企业实际需求少，因此，从最初的问题选择取向来看，科学技术成果的实际转化受到了很大的限制。此外，大学系统中的一些人员培训和激励机制主要强调论文、作品、项目和奖项数等，在这个评估系统中，R&D 人员没有得到有效的量化，影响了他们参与应用程序和开发研究的热情，最终会导致其对于科学技术成果的数量和纯理论水平的盲目追求，而忽略了科学技术成果应创造的经济和社会利益。

（三）技术交易后续服务跟进机制尚未健全

技术交易过程中很难实现产品的后续研发。技术本身就是商品的一种特殊形式，常常不是一锤子买卖，技术成果也不是最终产品。即使相同的技术为了满足不同购买方实际应用，也往往需要进行数次再开发。技术供给方是科技成果的研发方，交易完成以后，技术本身的持续更新决定了卖方需要帮购买方进行后续完善，以期让更新的技术更好地符合购买方的生产和应用。但这无形中加大了技术交易的错综复杂性，妨碍了交易双方交易的达成，对交易平台来说，也是很大的挑战。另外，技术交易平台还应该进一步发掘增值服务。目前来看，国内大多数交易平台的营业收入主要来自于技术交易经纪费、会员费和宣传广告费。虽然也存在一些技术交易平台比较钟情于提供的增值服务，但是因为其提供的服务不能满足市场的需要，致使该类增值服务被使用的效率不高，使该部分业务的扩张步履维艰。总而言之，我国技术交易平台要想继续发展增值服务，必须设置有针对性的服务以准确符合市场需要，比如可以在以下这些方面发掘拓宽空间：大数据分析、科技成果评估和预测、决策咨询与服务、市场预测与评估、市场化开发等。

（四）技术交易平台与金融融合有待进一步深化

科技成果转化的难点一直都是资金。近年来，尽管国家和地方均想方设法加大科技投入力度，但是依然满足不了转化需求。从技术市场角度来说，资金缺乏，交易项目不流畅的融资通道，都是科技成果落地转化的关键阻碍因素。而金融资金支持对科技成果的交易与产业化的关键作用显而易见，同时陕西省内创建技术交易平台的投资方已经充分意识到金融资本带来的作用，尤其是政府主要投资或者重点扶持创建的交易平台，更加把金融资本提高到空前的重视程度。

推进科技金融结合。鼓励科技型企业在多层次资本市场开展直接融资，积极向省内外风险投资、创业投资和科技投资等推动创新和成果转化的机构联系，推进陕西省的高新技术企业，吸引科技型金融机构的投资，加强对科技型中小企业的推介，引导科技中介的资金服务，强化上市后备库企业培育。

完善科技金融体系。在科技金融平台的基础上，银行、基金机构针对科技型企业的切实需求提供金融上的帮扶，担保公司为企业提供风险补偿，分散企业自身的贷款风险，科技服务机构和政府要做好对接沟通工作，促进各类金融要素和科技要素的结合，尤其政府要加强监管，对企业的经济效益、资金需求、还贷能力都要进行深入了解。这样通过供求服务多方联动积极形成涵盖科技银行、科技保险、科技担保、科技创投的服务科技创新企业全生命周期的科技金融服务体系。

实际上，陕西省的技术交易平台和金融机构的合作形式比较简单，即吸引聚拢风险资本，主要是由风险投资机构推进科技成果的市场化运行。综观国外，很多技术交易平台均创立了自己的风险投资基金，可以实时持续性跟进投资高水平的科研成果，保证科技成果更迅速的产业化。由于科技创新的高度不确定性（科学技术自身、市场、创新收益分配等方面）、高度的信息不对称性、企业资产的性质（无形资产多，缺乏有形资产）以及金融体系自身的缺陷等因素，金融系统在筹资融资、资源配置、信息处理、风险管理等方面对科技创新的支持和促进作用仍有待优化和完善。

四、提出进一步优化陕西科技成果交易大市场建设的具体路径和方案

（一）优化方案

1. 加强信息共享和交易制度完善

（1）健全相关的法律法规体系。技术交易市场中的交易各方要想在残酷的市场竞争当中存活发展，就必须遵循必要的法律法规，保证提供给社会和他人质高价低的产品和服务的合法性。因此，国家及各级政府需要颁布和完善与技术市场有关的法律法规体系，改进技术交易市场规则，惩罚各类型的机会主义行为，

保证社会主义经济体系能够平稳运作,创建一套能够使诚信合法经营者获得好处、各种投机倒把行为付出惨痛代价的约束体制,增加造假者的风险成本,切实保证客户的根本收益,使社会经济体系步入法制道路,一定程度上还能够降低事后信息不平等程度以及道德风险。

(2)建立严格、持续、强制性的信息披露制度。我国技术交易市场存在信息披露不彻底、虚假信息披露、隐藏部分信息披露等问题,严重影响技术市场的交易效果。因此,技术交易过程中,必须依据技术交易市场法律法规进行公平合理的信息披露。通过有效的信息披露,确保市场中披露信息的及时性、真实性、完整性、重要性以及充足性,降低市场中技术交易双方由于信息不对称造成的交易壁垒和障碍。及时进行新的更新与补充,完善已有的信息披露。同时,对于虚假信息披露组织或个人,进行严厉惩戒,加大技术市场信息的监察力度,严肃整治技术交易过程中的不合规、不合法信息。

(3)建立完善的技术交易激励机制。需要策划合理高效的技术产品价格支付机制。在技术提供方对信息披露比较少时,如果其可以给技术购买方提供比较确定的技术应用之后的预计收益情况,则会极大地促进技术交易的谈判进程。与此同时,创建技术产品价格支付机制能够降低技术交易给买卖双方带来的投资压力,共享收益,能够让转让方合理设定价格,有助于深化交易,避免"底侧保护"的发生。

(4)强化政府校正信息不对称机制。政府在保证发挥市场配置资源的同时,应该设计多样化的机制来校正市场中的信息不对称。例如:信息"生产"机制,政府可以运用该机制把个人信息转变成公有信息,继而让交易市场上的信息更加对称平等,解决逆向选择问题;产品责任机制,政府应该要求技术商品的生产者承担因商品所产生的部分损伤责任;信息披露的微观责任机制,该机制要求交易双方在交易开始之前一定要承担相关责任,其能够让处于信息弱势的交易方明确了解自己做出选择的性质和所带来的后果,让处于信息优势地位的交易方必须将自己的技术成果信息进行公开;市场准入机制,在市场管理过程中,政府可以在很多方面设定一些准则,如担任特殊职位的人员的能力要求、发行公司债券的资质、技术商品生产者必需的生产条件和检测方法;等等。交易者要想进入技术交易市场进行交易,就必须符合这些硬性标准,取得政府准许。

(5)建立完善的技术市场保险机制。信息不对称或许会导致技术的购买方出现经济损失,从而让有些技术购买方离开技术交易市场,因此,政府可以构建技术交易市场的保险机制,从而保障交易各方的收益,降低由于信息不通所带来的风险。只有保障了进入市场的交易各方的利益，才能使交易各方安心进入市场交易。政府可以依据不同研发技术的不同特点和风险种类，开展有针对性的保险业务，也可以根据技术交易过程中会产生的差错和纷争设计不一样的保险业务，也能以供需双方因在成果运行期间信息不对称产生的风险设计对应的保险措施。

2. 重视技术市场的人才优势

加速培养技术交易专业化人才，推进高校的科技成果转化和运用。探究制订能够提高科技创新实力、健全完善高校科技成果转化专门机构、创建高校"众创空间"激励教师学生进行创新创业等一套政策措施，指导高校和科研院所深入产学研合作，加快技术落地效率，使越来越多的科技成果转化落地。在对科研人员进行评选职称、科研成绩考评时，把创新创业成果转化率考虑在内，激励高校的科研人员依照有关要求携带项目及成果在岗或者离岗进行创新创业，鼓励支持有能力的高校研究创建专门的科技成果转化机构。

（二）具体路径

1. 从机制模式创新、法律法规制度完善等多方面规范技术交易市场

推动科技、资本和商业的整个进程共同创新，技术转化服务全面创新。科技成果转化的本质是技术本身价值实现的过程，涉及内容多、交易期间长。加快科技成果转化转移，拓宽技术转化的服务范畴，包含技术研究开发和创立企业孵化技术，提供技术信息、技术评估、法律、知识产权保护、拍卖、招标投标、技术合同认定等相关服务。健全政策体制，创新金融商品，创建技术投资融资扶持机制，从研发、交易到市场化整个过程都提供资金上的支持。以科技预测和产业分析为基础，控制产业发展的重要中枢技术的供需，健全科技成果转化服务平台技术供给方信息数据库，创建转化数据库和中小微型企业需求调查政策，发掘企业存在的潜在需求。加强信息成果的分享，加速科技成果和"互联网"之间的结合，促使技术交易线上线下共同发展。踊跃组织技术成果交易展览，展出前沿成果，公布技术需要，促进接洽商谈，促使交易各方成功交接。建立知识产权保护制度，冲破转化过程的制度限制，创建公平合理的分配制度，保证交易各方的合法权益。制订税收优惠政策来激励企业、科研院所和高等院校实行技术转化。

一些下属部门尤其是"三线"创建期发展起来的军工企事业集团，对拓宽民品市场没有高昂的积极性。相较而言，地方政府对依靠军工企业抓住军民融合发展机会具有较高的积极性和热情，社会投资机构、民营企业等民间力量又有很高的参与性。这种"一头冷一头热"的现象，导致在实践过程中，政府、军工

单位和民营企业三者之间没有紧密连接，甚至产生有些地方政府帮助军工企业筹谋怎样融合的窘态。

推进组织形式的演化转型，建立真正协作的研究团队，发挥团队优势互补、整体作战优势和协同效应。对于定向基础性创新团队，加强引导性、先导性资金和资源支持，以引导性项目为基础，激发科研人员充分合作意愿，在承担先导性项目中加强顶层设计和竞争合作的团队文化形成，以合作的文化引领促进研发活动的系统性整体性，形成良性的正向反馈效应，加快从基础研究到应用转化，培育企业形成品牌和产业集群的全链条创新。发挥制度优势促进重大工程团队形成协同效应。推动重大科技创新工程、重大科技创新平台衍生资源的辐射转化，推进交叉前沿领域的融合开放，促进技术创新系统化工程化集成，以关键共性技术和核心技术的解决带动新技术、新产品、新业态蓬勃发展。推动团队协同科研攻关和思想碰撞，而不是科研项目的任务分工。营造追求卓越、做到极致的团队文化，加强研究活动的联系和稳定资助。突出个人在团队里的实际贡献，而不仅是靠个人的光环争取项目经费。既要有抢抓机遇的战略紧迫感，又不能出现急躁的科研氛围。

完善要素投入、激励保障等长效机制。国家重点实验室等重要研究平台集中在高校院所，企业基础研究经费少、平台较弱、工作稳定性差、评职称难等问题使企业难以吸引高层次研发人员和高水平的创新创业人才。从根源入手形成科技成果转化的变革转化和范式升级。通过政策引导和制度推进，促进"科技成果转化"模式向企业主导的"全产业链技术创新"模式的战略转变。通过引导性经费资源向企业倾斜，建设以企业主导的高水平的研发平台。完善落实股权、期权激励和奖励等收益分配政策，打通企业研发人员职称评定渠道，鼓励人才在高校院所与企业双向流动，让高校院所的科研人员愿意做应用和转化，引导高层次人才向企业流动汇聚。促进从研发活动的原始创新到企业的技术创新和社会多主体之间形成联动机制，真正形成推动科技创新的内生动力和创新创业文化氛围。

2. 完善以市场需求为导向的科技成果评价体系

建立健全科技成果转化市场化服务体系。重点是完善技术交易市场体系，丰富和扩大技术交易的内容和方式，培育科技成果转移转化服务机构，差异化促成科技成果转移转化。各高校和科研院所应建立和市场接轨的科技成果评估手段和系统，对科研人员和科技成果转化人员建立健全合理有效的评价体系。对于高校来说，科技成果不能仅仅从学术论文数量、著作数量、专利权数量等来考量，更多的应该是定位到学校或者科研院所的发展方向和目标，同时要考虑高校的科技成果的实际应用效率，对陕西省的经济发展是否有积极的促进作用，是否带来巨大的经济和社会效益，使得高校和科研院所的重点不再单纯放在学术论文和课题项目上，而是以解决社会经济发展的实际问题为目标。建立起能专业识别成果前景的系统，有效识别科技成果。

一是完善市场化导向的高校科技成果价值评估机构，鼓励技术转移机构和相关技术人员成立高校科技成果价值评估机构，以第三方服务的形式参与高校科技成果转移转化，形成快响应机制。根据不同科技成果类型，迅速组成专门小组，联系相关的校内专家、行业专家、企业家、金融机构等多方参与评估。

二是鼓励高校与投资公司合作开发一套贴近现实的成果评价系统。建立多维度的高校成果评价分析系统，从高校、企业家、政府不同角度全方位审视成果。教师、管理和服务部门从高校端口考察专利的分布、成熟度、应用场景等维度，判断其接近市场的程度，掌握高校知识产权的情况；企业家根据自身需求和市场前景从企业端口审视高校现有专利；政府相关部门从政府端口考察陕西高校的优势学科专利情况，以及专利与本地产业发展的结合度；等等。高校层面，应该从学术论文数量、课题项目以及科技成果转化率方面综合评价，同时将一些具有长期性、前瞻性的科研项目建立中长期评估体系，动态化地跟踪评估。

三是完善激励机制，重点增加对社会公众和专业工作人员的激励。首先，设立对公众参与的激励机制，如可以通过比赛等形式让个人或者团队参与到项目想法提出环节，集思广益，对参赛的个人或团队给予声誉或物质奖励。其次，也需要增设对专业工作人员的激励机制。对招募的专业人士进行绩效考核，通过标准的设定来规范和激励工作人员对于自身专业素养提升的重要性意识，并引入市场化的理念，对于招募的人员进行淘汰制，激励在岗人员使其不断提升专业素质，保障科技成果转化工作的质量。

3. 增强技术市场的人才优势

一个国家和社会的竞争力，归根结底是人才的竞争，人才是社会经济发展的硬实力，也是技术市场竞争力的主要抓手。增强技术市场的人才优势，首先，依托陕西省技术市场培养基地，完善优化技术市场人员结构。既要在内部培养专业人才，又要通过专业人才招聘，引进稀缺人才，为技术市场输送新鲜的血液。其次，建立健全技术市场人才培养制度与科技人才成果转化专业资质制度。立足于陕西西安，打造人才培养基地，积极向拥有成熟技术市场的欧美国家借鉴经验，着力提升专业人员的技能与资质，建立专业化技术转移的人才队伍，争取形成具备多种复合型技术转化的国际型人才，加大经纪人人才培养力度，为国内外技术交易权利维护提供有力的智力支持。再次，还应持续监督从事科技成果转化的相关专业人才的继续教育培训，从而构建不同层次人才梯队的培养计划。最后，建立健全人才激励机制。积极推动人才与团队的激励政策，建立起定期考核评价机制。创新人员招录机制，综合提升和规范专业服务能力，提供高质量高水平的服务水平。

一是加强高校知识产权管理人员的培训与交流。定期开展各高校知识产权管理人员研讨培训，并邀请经验丰富的从业人员讲授工作心得，鼓励各高校工作人员相互探讨、交流讨论和积极分享工作模式，并由专业人员进行解答工作中遇到的问题。

二是开辟科技成果转化人才职称晋升绿色通道。尽快出台以科技成果转化为标准的职称评定办法，在评价标准中加大企业评价在专业技术资格评定中的权重系数，重视市场应用方对科技成果转化效果的评价。

三是设立转移转化专业技术岗位。通过评审后的人员，聘用到相应专业技术岗位可不受其所在单位岗位结构、职务人数的限制。对于能力特别突出的科技成果转化人员，可破格申报或直接认定专业技术资格。

4. 强化沟通合作，开展国际国内技术转移

改革开放以来，高技术专业人才的重要性逐渐凸显，我国逐渐加大了对高校科研工作的支持力度，为其提供了有力的经济支撑以及政策支撑。在创新驱动战略的引导下，为了提高科技成果的转化率和服务水平，各个高校积极开展创新型开放战略，增强高校科研成果的转化率，为科技型企业经济发展以及技术创新提供了有力的支持。校企之间必须协同联动，强化沟通合作，真正做到协作共赢，互利互惠，共同为地方经济和企业的发展做出贡献。对于高校来说，在推动科技成果的转化过程中，要破解"高成果率，低转化率"的问题，必须立足于学校自身的发展方向以及各学科特点，增强技术优势，积极主动推进高校与当地企业的产学研结合，在政府的有力支持下，进一步加强与企业的联系。例如，国内很多高校已经意识到提高办学质量与培养专业技术人才的重要性，改革教学机制，精准培养一批科技成果转化过程中所需要的专业技术拔尖人才。搭建企业平台、研发中心与实训基地，不断提升人才队伍的质量，辅助企业进行科技成果的转化。在科教兴国战略下，高校辅助一些具备较强专业技能的人员到企业挂职，拉近高校与当地企业之间的联系，加强校企之间的合作创新，能够对当地企业经济和社会发展起到显著作用。此外，为保证科技成果的顺利转移和转化，高校要完善学校政策制度与评价体系，消除沟通壁垒，交易双方的基本权益得以有效保

障，在合作过程中，负责与省市进行科技合作以及企业开发等工作的科技开发部专门的科研人员通过向其转化本校科技成果，以平等公正的关系进行技术交易，搭建互利互惠的交易平台，共谋发展。

同时，技术引进和国内技术走出国门同等重要，踊跃拓宽国际市场。顺从适应本国政策，展现陕西省技术商品和服务的相对优势，激励企业积极拓宽国际技术市场，促进陕西省在国际交易市场占据一席之位。首先，加大培育"一带一路"跨境技术合作知名品牌。在国家相关战略指导下，推动构建持续平稳的技术合作体制，创建更公开的创新机制，摸索开放式的技术转化。其次，构建国际技术孵化器。推动陕西省企业与"一带一路"沿线国家和地方展开创业创新合作项目，开发国际市场，引入国际尖端前沿技术。再次，促进国内外技术成果的转化。最后，改进科技人员的职位监管制度，消除科技人员跨境、跨部门流动的障碍。

第九章　专题五：陕西军民融合体制机制改革与科技企业发展

军民融合现已上升到国家战略需要层次，是"军民结合"的延展和扩张，是完成"寓军于民"的关键路径。具体来讲，军民融合的含义有五点：其一是研发军民两用技术；其二是国防采办面向商业市场；其三是发掘军民共享资源；其四是运用整个社会的教学资源，培育军民两用人才；其五是把军队非关键保护任务转移到区域服务行业。

一、陕西军民融合体制机制改革的现状

（一）军民融合与科技成果转化

军民融合发展是我国的国家战略，在新时期，要促进我国经济的高质量发展，促进军民融合是重要的一种途径。我国军民融合发展相对于西方国家的发展有时间上的滞后，但我国的军民融合在后来的发展中，也呈现出强大的生命力。纵观我国军民融合的发展历程，军民融合发展整体上可以分为以下三个阶段：第一阶段为军民分离阶段，这一阶段军民隶属于两个体系，在不同的环境中形成了各自的特点；第二阶段为军民结合阶段，这一阶段国家领导人及人民明白军民结合的重要性及必要性，开始从各方面倡导及推行军民的结合；第三阶段为军民融合阶段，军民结合发展到一定阶段，需要实现更深层次上的融合。在军民融合背景下，军民企业融合发展，其中军民企业的科技成果转化在军民融合的过程中发挥着重要的推动作用。

1. 军民融合背景下促进科技成果转化

据统计，"十二五"以来，在军民融合的背景下，陕西的军工企业承担军品科研项目越来越多，已累计达到 1.95 万多项，申请的专利达 1.8 万多项，获得授权的专利达 9300 项，"十二五"期间实现民品产值 2735 亿元，年均增长 15.55%，科技金融也在不断地深化融合，以破解科技型中小企业"融资难、融资贵"的问题，同时在引导基金设立运行、投融资产品设计、科技银行等方面不断推进工作，初步形成了服务于科技型中小企业创新创业的科技金融环境。"十三五"期间陕西省综合科技创新水平稳步增长，这一趋势表明，陕西省在近些年不断重视推动创新驱动发展战略的实施，一系列深化改革、鼓励创新和促进成果转化的政策逐渐显效，全省科技创新实力不断提高，在很大程度上推动了经济高质量的发展。《中国区域科技创新报告》以科技创新环境、科技活动投入、科技活动产出、高新技术产业化和科技促进经济社会发展五个方面为出发点，对我国不同区域的科技发展水平及成果转化进行数据统计及分析。从近五年公布的数据来看，在科技活动产出水平方面，陕西省在"十三五"期间一直稳居全国第四位，究其原因，一方面是陕西省科技论文的获取数量在近些年取得了优异的成绩，另一方面是陕西省获得的国家科技奖励和技术市场取得了不错的进展。此外，观察陕西省科技促进经济发展以及高新技术产业化水平的发展情况，可以发现，在近些年不断呈现出平稳发展的状态，充分展现了科技创新对于陕西省经济发展的促进作用（见图 9 - 1、图 9 - 2）。

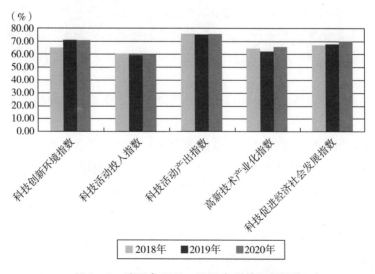

图 9 - 1　陕西省 2018 ~ 2020 年科技创新评价

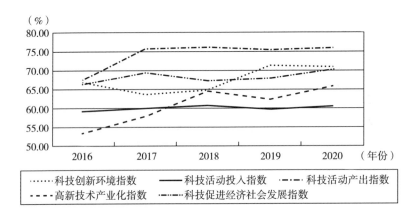

图 9 – 2　陕西省 2016 ~ 2020 年科技创新评价

　　继我国将军民融合作为发展战略后，各省也相继出台相关政策促进地方军民融合的发展。当前，在军民融合背景下我国推动科技成果转化的工作主要有以下三种。首先是搭建军民融合信息交流平台。为了解决军民融合过程中存在的信息不对称的问题，更好地促进军民科技成果双向转化，连接科技成果转化的技术端和承接端，为双方提供准确便捷的信息服务，政府与各地方政府共同携手，搭建满足不同需求的军民融合信息交流平台，使其成为军民融合过程中各参与主体更有效和高效的沟通桥梁。具体来讲，为了解决军民融合过程中存在的信息不对称问题，国家及各级人民政府均出台相应规定及推出相应平台，比如，工业和信息化部、财政部建成了国家级权威的国家军民融合公共服务平台，地方政府建立了军民融合资源数据库信息平台，信息平台涵盖科技成果资源库，国防解密专利数据库以及专家人才库，这些平台的建立，有效地缓解了产业之间信息不对等的问题。

　　其次是推进军民技术标准通用化。长久以来，军民技术之间的体系壁垒造成了军民技术标准的不同，对于实现军民技术的转化不利，在不影响军用品质量要求的情况下，可以推进军民技术标准的通用化，打破二者之间的壁垒。为了进一步加快军民技术标准通用化的进程，2018 年，中央军民融合发展委员会办公室国家标准委及相关部门召开会议，研究建立推进标准化军民融合工作协调的机制，计划在未来 3 ~ 5 年的时间内，对于旧的技术标准进行更新替换，促进新旧标准的融合，在此基础上，逐步消除军民标准的交叉及矛盾问题，进而建立适应军民融合发展的军民技术标准体系，推动军民融合的发展。

　　最后是组织军民两用技术创新大赛项目对接会。近年来，工信部、财政部、中央军委装备发展部等部委已连续举办了三届"中国军民两用技术创新应用大赛"，在科技成果转化过程中普遍存在的问题是技术提供端和技术承接端之间缺少直接的沟通，进而导致科技成果束之高阁或转化失败，因此，在不同的地方组织军民两用技术对接的活动，促使当地以及相关的科研院所、高校、企业以及科技园区进行面对面的交流，同时面向全国范围的军民领域内优势的企业开展军民融合技术创新应用大赛，可以使同领域的企业进行相关的交流，促进科技信息的交流以及科技成果的转化，促进军民融合发展。

2. 军民科技成果转化实现军民融合发展

军民融合以及科技成果转化，二者其实是相辅相成的。在科技成果转化方面，军民融合对于我国的国防现代化建设以及经济社会的发展具有重要的意义，是科技成果转化的题中应有之义。同时，军民融合型科技成果的高效转化，可以促进军民融合的快速以及深度发展，现从以下三个方面介绍科技成果转化对于军民融合发展的促进作用。首先，军民两用科技成果的转化可以推进军民融合的发展。军民融合的一个重要性质是军民两用科技成果的转化，军民两用科技成果的转化一方面可以满足军事发展的要求，另一方面能适应民间经济发展的高新技术要求。军民两用科技成果的转化有工艺、产品、技术等多种形式，转化过程涉及技术提供端、技术承接端和公共服务平台，在军民融合型科技成果转化过程中，科技成果主要依赖技术提供端的高校和科研院所，高校及科研院所由于其具有高技术和知识型人才，可以提供大量的高质量的科技成果，而将这些成果进行产业化，推向市场则需要技术承接端的企业和科技园区等。对于军事需求和民用技术需求，通过将对应的高校及科研院所的科技成果进行转化以满足其需求，进而推动实现军民融合。

其次，民用先进技术的转移推进了军民融合的进程。近些年，一些民营企业快速发展，在一些技术手段方面处于行业中的领先地位，推进军民融合的另一种重要的模式就是将这些比较先进的民用高新技术成果应用到军工企业以及国防科技生产领域中，通过适应性开发研究使其更好地进行转移嫁接。由于军品研制周期长，一次性投入费用多，试验费用高，引导具有优势的民营企业进入军工领域，可以有针对性地减少这些方面的缺点。陕西省在促进科技企业发展的同时，注重与民营企业的结合，实现融合发展，在财政方面、税收优惠方面、知识产权保护方面，政府出台了相应的政策，对于民营企业给予相应的支持，增强民用技术的转移效应，通过将民营企业领域内的高新技术及科研成果向军工企业方面的转移，实现军民融合发展。

最后，军工优势技术的溢出有利于推进军民融合。军工优势技术溢出的融合，是指国防军工企业存在技术优势的前提下，通过机制、政策、地域等条件实现技术移动的过程。民用领域内有资本、技术、管理等方面的优势，军工企业存在技术方面的优势，通过科技成果转化、引进、吸收和创新，整合运用军工企业和民营企业的优势资源，可以培育出军民两用高新技术产业集群和产业链，以推动行业的发展和地方经济的发展。

（二）陕西军民融合企业发展现状

陕西省是我国关键的国防科技工业根据地，具有浑厚的工业基础和实力。这几年来，陕西省不断推进军民融合的创新发展，采取一系列措施手段促进相关产业的发展，在相关措施及企业相关人员的努力下，陕西军民融合企业呈现出蓬勃发展的态势。

首先，企业的实力在普遍增强。从陕西省国防科工办获悉，2016 年陕西省国防科技工业体系获得国家国防科技相关奖项超过 100 个，国防专利总数居我国各省份第二名，2017 年陕西省的军民融合发展平稳，其产业规模位居全国第二，陕西省的军工企业具备民用品研究生产的单位显著增加，投资范围持续扩大，而且军民用品已经不是以前的普通消费品，而是转换为能完全代表军工科技特色的高科技产品。当前，陕西省军工企业转民营企业已经将近 300 家，在这些民营企业中，年平均产值超过 1 亿元的企业大概有 80 家，极大地带动了区域产业发展。

在"军转民"加速发展、持续推进的同时，"民参军"也得到了较快的发展。调查数据显示，目前陕西省已经取得保密资质的民口配套企业达 589 家，其中 452 家是民营企业，在这些企业中，其主要业务涉及的产品种类多，服务对象广，企业的产品从零部件、元器件和材料逐步向整机转变，企业产值也在稳步发展上升。另外，"民参军"企业和项目阵营依然在继续扩大，在很多领域取得了不错的成果。

其次，产业的规模在稳步扩大。当前，陕西省已经开始创建省军工科研设备和仪器公开共用的服务平台，审查核准公布了第一批共用设施设备的名单，1000 多套重要实验设备和巨型研发设施成功公开共用。陕西省的军工企业和高等院校与民营企业总共创建了国家重点实验室 26 个，国家级工程中心 4 个，国家级企业技术中心 10 个，博士后工作站 24 个，这些技术交流中心的建成，有助于产业的发展和规模的扩大。为推动陕西省军民融合产业创新发展，2017 年以来，陕西省国防科工办先后围绕先进复合材料、工业机器人、智能制造和先进控制技术、导航产业、光电信息、电子信息、橡胶技术、增材制造、高校创新、智慧海洋、航空零部件加工与装配制造及高新人才培养等领域，指导组建了 12 个军民融合产业（人才）联盟，积极推动多个领域的技术提升和产业发展，各联盟成立以来，在推动技术合作和科技创新、军民两用成果推广、军民融合人才培养等方面取得了初步成效。

最后，专业园区的建设取得了显著的绩效。在推进军民融合发展的过程中，军民融合基地的产业园区建设情况也在不断地完善。陕西省基于航空、航天、兵器产业基地以及其强大的产业实力，不断促进军民融合的发展，目前，陕西省已经形成了六大军民结合产业基地。

这些产业园在军民融合的背景下快速发展，举例来讲，西安阎良国家航空高技术产业基地从建立初便致力于成为全国民用航空产业的领头者，打造中国最适合发展民用航空产业的区域，现通过不断地发展，已逐步成为中国航空高技术研发的中心，影响力也越来越大。陕西省从天然资源来看，拥有雄厚的航天工业实力，并且有雄厚的发展基础，西安国家民用航天基地在此基础上，秉承"航天产业立区、战略产业兴区、数字产业繁区"的发展定位，不断促进基地的发展，截止到 2019 年，已经拥有国家级高新技术产业 105 家、院士工作站 6 个、国家级工程中心 6 个、国家级孵化器 2 个等。同时，西安兵器工业科技产业基地作为西安创建国家军民融合创新示范区的重要支撑，陕西省已将西安兵器基地纳入陕西省装备制造公共服务平台，给予重点支持建设，西安兵器基地获得了国家发改委军民融合专项建设基金支持 1.065 亿元，陕西省国防工办 500 万元产业扶持基金以及经发区产业扶持资金 70 万元，此外，陕西省的西安船舶科技产业园、汉中航空产业园、渭南蒲城通用航空产业园等也在快速发展。在这些专业园区快速发展的同时，我们也要注意到目前陕西省军民融合体制机制有待完善，首先是保密和解密程序的问题，由于国防工业与军工企业具有高保密性的要求，所以涉及保密监督制度的问题，而目前陕西省甚至全国的定密监督程序有待细化、保密监督程序有待完善、解密监督制度有待健全，这个问题从世界范围来看，不同国家给出了不同的处理方法，比如，美国实行一系列法规政策，鼓励国防科技成果转化，促进人才向民用企业转移，同时进行军事科研数据，资料等解密、促进军工科研机构将国防科技向民营企业转移，我们国家可以借鉴相关经验，以解决这方面的问题。此外，军民融合参与主体之间存在协商障碍，政策法规运行方面存在障碍，政府主管部门在推进军民融合方面存在激励不足的问题，要解决这些方面的问题，推进军民融合的发展，需要政府、企业、高校之间的合作，以使陕西军民融合企业实现稳定的发展，进而促进军民融合的发展。

二、陕西军民融合体制机制改革对 科技企业发展的促进作用

（一）军民融合为科技企业带来的机遇

随着全球技术的巨大变革和发展，军民融合已经逐渐上升到国家战略地位，军队改革深化、武器设备体制创建和国防工业的转型，甚至各行业、各地区、各单位军民融合市场创新制度的创建和健全，对于军工企业、民用科技企业而言是很大的发展机会，同时也是严峻的挑战。

第一，军民融合为科技企业发展提供了一定的资金上的支持，如果科技企业参与军品研发制作或者相关的技术研发项目，那么企业很可能获得政府的相关资金的支持，会有相应的研发资金的保证。在相关政策推动下，我国金融体系建设不断完善，充分运用金融市场来获取一个相对稳定的融资渠道和方式，有利于缓解企业的融资压力，为企业带来更稳定的资金支持和保障。但我们应注意到的是，企业可以进行内源性融资，这种方式具有内生性，因此成本更低，财务风险更小，但同时也会面临企业的快速发展得不到资金的支持，不利于企业价值的快速提升的问题，企业也可以进行外部融资，这种方式可以满足企业快速发展所需要的资金支持，但同时企业会面临更大的财务风险。因此，企业必须根据自身的发展情况，选择合适的融资方式：一方面企业应该充分了解相关的优惠政策，有效利用新兴融资产品，并且要注意提升企业的信用等级；另一方面企业应结合自身的发展阶段，考虑企业的融资需求和融资成本，选择高效率的适合自身的融资方式，充分调动高效资源服务于企业的融资行为，而不能一味地追求融资的数量。

第二，从生产研发一般用品到向军用品转型，可以使企业获得更多的发展机会与空间。如今，按照国家规定，军队的物资采购除涉及国家安全、保密性要求高的物资外，能公开招标的尽量公开招标，这意味着科技企业可以进军军品生产企业，参与军品生产，获得更多的发展机会。同时，这也意味着科技企业面临更多的竞争和挑战，如果企业所涉足的新的市场环境出现变化，而企业的商业模式

不能适应这种变化，会将企业的发展置于巨大的困境之中，因此企业面对市场的不确定性，应具有更强的适应能力，将企业的商业模式、客户价值、企业的资源进行充分的结合，以改变传统的商业模式，实现产品与服务的创新。

第三，推动企业进行技术变革和进步。如果企业参与相关军品生产，对于技术性要求高的产品，企业必须在原有技术基础上不断进行改进与变革，以生产出符合要求的产品，促进企业进行技术变革与进步。同时，如果企业在此过程中获得技术上的创新，还有可能获得国家的成果奖。企业的发展必须具备一定的技术基础，而企业要想获得持续发展，必须具备核心的技术，这是企业的竞争力来源，它可以是一个技术点，也可以是一个技术面。军民融合背景下，科技企业的发展面临着激烈的竞争，企业就必须坚持以关键技术创新为突破口，努力实现行业关键技术可控，这样才可以把发展的主动权牢牢把握在本企业手中，提升企业的核心竞争力。企业关注于关键技术的创新和突破，要求企业对关系到企业发展全局和根本的科学技术问题投入更多的力量，在关键的部位做出精确的投入和部署，这样才能尽早实现技术突破。

第四，推动提高企业的管理水平。由于军用品有严格的质量要求，企业参与到军用品生产的行业中，就必须获得相应的资格证件，如国标质量认证、保密认证、许可证认证和名录认证等，通过这些认证对于提高企业管理水平有很好的作用。由于我国军用技术和民用技术一直是两个相对独立的技术创新体系，而在军民融合背景下，为了实现军用技术和民用技术高效的转化以及资源的共享，需要企业根据军民技术的特点和各自的发展需求，建立一个独立的技术创新管理协调机构，协调军民融合企业的发展。同时，企业还应完善自身的管理体系，完善诸如原材料采购、保密管理、产品认证等方面的规章制度，确保产品的质量和性能。由于技术人员是科技企业的人才优势资源，所以对于技术人员的薪酬管理应进行合理的规划，建立以激励为核心的薪酬管理体系，将薪酬分为项目开发奖励和提成两部分，技术人员完成项目规划发放一部分奖励，产品实现销售再发放另一部分奖励，这种薪酬制度可以有效促进技术人员关注对产品的技术改进与提升，提升产品质量。

第五，可以帮助企业获得较高的利润增长。一方面，军民融合改革使得进入军品生产的相关企业可以获得税收上的优惠；另一方面，军用品一般比民用品的利润高，这使得适销对路的企业可以获得可观的利润增长。民用品的生产本身具有大产量、成本低的特点，而军用品具备质量要求高、品质高的特点，而军转民或者民参军的企业可以结合这两者的特点，找出一种适合的发展模式，可以满足产品质量的需求，同时降低产品的成本，实现更多的利润。

第六，可以使企业获得良好的声誉和形象。由于军用品本身具有较高的质量要求，所以生产合格的军用品的企业就被冠以生产高品质产品的标签，这对于企业树立良好的形象以及获得更多的市场份额有良好的促进作用。

总的来看，军民融合为科技企业的发展提供了一个新的领域与方向，科技企业在军民融合的背景下会遇到新的机遇与挑战，如果科技企业可以在此背景下找到合适的发展路径，对于企业的长远发展有促进作用。

（二）促进科技企业创新发展

随着军民融合发展的不断深入，国家、各级人民政府及相关部门均制定了一系列的政策，以推动企业的创新发展。国家层面出台了《促进军民融合产业发展的若干政策措施》等政策，各省份也按照相关意见出台了多项具体的扶持政策。同时，各部委还建设了相关军民融合平台，如国家军民融合公共服务平台、全民武器装备采购信息网等，帮助军地间实现有效对话，这些政策以及平台的建设，为企业的创新发展提供了良好的支持和保障。

首先，创新发展成为常态。随着我国军民融合发展的逐渐深入，在国家层面，通过各省份以及地方各部委的共同努力，国内军民融合企业数量快速增长，企业快速发展，为我国经济和社会发展贡献力量。无论是"军转民""民参军"或是天然形成的军民融合企业，从参与到军民融合领域开始后企业就开展了不同程度的创新活动。总的来讲，军民融合背景下的科技企业中，生产出的大多数产品都是通过其自主创新打造出来的，其产品也多为技术含量高的中高端产品，企业创新发展已为常态。企业为了促进发展，提升竞争力，普遍进行了不同层面的创新。在组织层面，调整股权结构，改善内部激励机制。在技术层面，完善本企业的技术能力和知识结构，同时强调互相学习，汲取优秀企业的知识，促进协同发展。

其次，创新形式逐渐多元。科技企业的创新形式变得多元化，具体体现在军民两用技术的创新以及以商业模式变革和创新为核心的非技术创新行为，军民融合背景下科技企业利用内部资源和外部环境，不断促进军民两用技术的转化，同时采用"服务＋产品创新""市场＋技术创新"的组合形式，推动军民融合企业的发展。

以军工企业为例，在军民融合背景下军工行业的发展应围绕国家战略安全需要，遵循军民融合发展的要求，充分发挥军工企业的优势以推动社会及经济的发展。推动军工行业的发展，一方面需要纵向上各层级的大力支持，另一方面需要在横向上提升各创新主体以及各主体之间的积极性。在纵向层面，需要各级组织、军工行业、军工企业以及民资、民企的共同努力。在组织层面，需要国家建立推进军工行业发展的连接军地双方且具有权威领导力的领导机构，形成顺畅的沟通协调机制，进而解决在实际工作中产生的沟通困难、分工不明确、职能交叉等问题，推动军民融合工作的顺利进行。在行业层面，通过"军工＋"融合发展模式，将军工企业的创新成果以及在生产要素中的优化与集成作用推广融合至社会的各个领域，一方面推动军工企业的发展，另一方面促进社会经济及各方面的发展。例如，将军用产品的高技术需求通过信息交流平台与企业进行对接，将军事需求转化为企业的研发要求，推动企业的创新发展。军工企业核心能力的提升，对于保障我们国家的安全，推动国家经济建设的发展至关重要。要提升军工企业的核心竞争力，要从军工企业的特点出发，进行组织创新、金融创新、科技创新和商业创新，发挥军工企业的外部性特点，使军工企业成为带领我国经济转型发展的引领者。在民资、民企方面，发挥现有优势，吸引民营企业和民营资本，通过建立科学的"民参军"评估管理机制，激发经济主体的主观能动性，吸引优势民营企业，与军工企业形成优势互补、合作共赢的发展形态。

在组织创新方面，军工企业的组织结构根据产品性质的不同以及任务性质的不同而有所差异，建立符合企业特点的组织结构有利于企业的发展以及核心能力的提升，进而建立企业的组织结构、组织运营体系和保障体系。同样，在军工科研院所的改革过程中，我们可以看到不同性质的科研院所，根据其特点不同其组织类型也有所差异，对于具有公益性的面向国防科技工业全行业的科研院所，建立现代科研院所制度，其提供的服务具有公益性、基础性，因此由国家进行统一管理，并纳入财政全额拨款事业单位的管理范围；对于一些核心科研院所，因其地位的特殊性及关键性，可能会关系到国家的安全，需要进行重点保障，企业的任务以及企业研发所需要的经费，由国家统一进行安排；而对于一些具备现代企业特点的科研院所，进行企业化转制，建立现代企业制度，如一些从事武器装备研制生产相关的企业，以及进行相关一般产品和配套产品应用技术研究开发的科研院所。

在金融创新层面，我国进行了军工企业股份制改造和科研院所改革，我国目前已经基本形成涉及证券、银行、基金、保险等多个层次的金融服务体系结构，但是军工企业与资本市场的融合程度以及军工企业整体的资产证券化程度不高，因此要提升军工集团的证券化率，充分利用资本市场这个平台，促进与军工企业的融合。在相关金融政策的支持下，针对军民融合的问题以及"民参军"企业融资难的问题，设立了相关军民融合科技银行、科技保险企业、融资担保企业等，同时成立专项服务项目，对于一些具有资金困难、金融支持薄弱的行业及区域给予帮助，逐渐满足"民参军"企业的金融服务要求，并不断完善金融服务体系结构，减少相关金融机构的融资成本。

在科技创新方面，为了使军民双方的技术进行交流和融合，应首先了解军民双方的技术需求以及军民两用产品的特点，进而实现军民双方资源共享、协调发展，最终实现经济效益最大化和国防效益最大化。推动军民两用产品的发展以及产业的合作，要充分发挥军民双方的技术优势和特点，对于民资企业而言，军品具有技术溢出效应，因此民资民企可以充分利用其先进的科技成果，推动自身技术的升级和改革，同样，军工企业可以根据民资民企生产技术成熟、成本管理系统成熟的特点，大幅减少军用品生产的成本。

在商业模式创新方面，以往的军民融合形式比较单一，融合范围比较小，融合形式主要是"军转民""军技民用""军企民品"等，在以往的基础上，丰富军民融合的形式，同时拓宽融合的范围。融合的形式主要有"民参军"、军工资产上市、军民双向融合等多种形式，在多种形式的军民融合过程中，推动军转民、民参军的效率提升，提高科技创新和装备研发的效率，最终建立一批军民结合、产学研一体的科技协同创新平台，构建具有时代特征的军民融合发展新格局。

再次，创新经验不断积累。在军民融合过程中，科技企业的发展涉及军转民的企业和民参军的企业，无论是这两种形式中的哪一种，都存在一些优秀的企业，对于他们的发展过程，存在一些其他企业可以借鉴的经验和举措。随着市场环境的改变以及客户需求的改变，企业必须相应地改变其发展思路，在不断变化的环境中形成自己的独特优势，进行升级改造，主动进行创新，探索经验，实现稳步发展。

根据现代公司理论，公司股权结构、股东构成、股权集中度以及大股东身份的异质程度的不同，意味着股东行使的权利和效果有所不同，进而会影响公司的治理机制，而适度化的股权结构以及良好的股权分配可以帮助企业吸引人才、资本和资源，对于企业的创新行为和创新绩效也有着重要的影响作用。军民融合背景下的科技企业可以参照相关企业的股权结构，从股权结构改革入手，在我国现有股权改革的基础上进行借鉴和学习，积极探索适宜企业创新发展的最佳股权配置结构。同时，科技企业的发展，一方面需要高技术高水平的技术人员，另一方面需要经验丰富的管理型人才，这就要求企业建立人才多样化的体系，学习吸收异质性高的企业的建设经验和管理方法。企业要想在竞争激励的军民品市场上占据一席地位，必须不断地根据外部环境的变化对本公司的方案进行调整，制定科学合理的方案以应对市场环境的变化。企业要根据以往的经验，不断完善企业的产品采购体系、市场营销体系、产品销售体系，细化相关工作人员的岗位职责与权限，在原有管理体系的基础上实现创新发展，进而识别机会，把握机遇，促使企业不断创新和发展。

最后，企业间协同创新不断推进。协同是组织间相互作用的高级形式，企业间通过联合而共同发展进步的行为就是协同创新，这是企业开展创新性相关活动的一种必备的能力。近年来，随着军民融合的不断推进发展，科技型企业与国内高校科研院所合作，不断探索建立开放性的科技创新平台，逐步构建起系统完备、顺畅高效的科技协同创新体系。

军民融合背景下的科技企业的产品跨越了军民品市场，这就要求企业不仅需要一定的技术能力，还需要有广而博的知识面，要充分把握军民品市场的特征和内外部资源条件，不断进行创新、不断推进技术能力的整合以及优化，加强与同行业不同企业间以及不同行业企业之间的交流，提升企业的知识面和核心竞争力。

企业与外部企业的协同发展，可以实现"1＋1＞2"的经济效益，协同创新的核心是知识增值，是企业、政府、高校和科研院所以及中介之间为实现科技成果的产出和转化而形成的一种跨领域合作的模式。科技企业可以与不同主体进行合作，加强各类科技资源的集成效应，共同谋求发展。

三、陕西军民融合体制机制改革的关键问题

陕西省是我国国防科技大省。陕西省军民融合发展宗旨是以军民设备共用、产业互相融合、技术创新、资源统筹、保证高效率为主，同时带动机制体制革新、系统及要素之间融合、制度和准则的创建，截止到2020年底，已呈现出全要素、多领域和高收益的基本状态。陕西省军民融合的发展深入程度平稳，处于国家先列，给军民融合创造了优良的发展环境。

与此同时，陕西省在自然资源上的优势，使陕西省的核、航天、航空、船

舶、兵器和电子六大行业全面发展，这有利于促进军民融合的发展。陕西省产业根基稳健，建立了大批军民融合产业根据地，这些产业园区的创建给军民融合进步、军民两用技术实行创造了重要的平台和机遇。在此基础上，虽然陕西省的军民融合产业取得了巨大的成绩，但是仍然有一些问题亟待解决。

（一）供求机制方面

在军民融合过程中存在信息不对称的问题，军民融合平台和渠道的完善程度不高，军民融合需求的对接比较困难，导致供求机制障碍，主要体现在以下三个方面。

首先，军转民企业市场竞争力不强，民参军企业进入门槛高。由于受到保密制度的制约，军民之间缺少充分的信息交流，军工企业的固有管理经营模式不能很好地满足市场经济的要求，导致其生产出来的产品在市场上无人问津。一方面，军工企业多为按需研发制造、按期限交货的模式，而市场形势变化速度较快，导致军工企业不能很好地适应市场规则；另一方面，军工企业的产品多为高质量、高品质的产品，使产品可靠性和成本都处于较高的位置，而民用品更强调的是产品的生产成本，甚至是外观设计、用户满意等因素，这使军工企业的产品在市场上缺乏竞争力。而民营企业要想进行军工产品的生产，一方面缺乏相关的信息来源；另一方面需要面临比较严格的准入要求，这就阻碍了民营企业的参与程度。

其次，军民两用技术转化各参与主体的利益不一致导致信息差异加剧。利益的差异是信息对称的动力，利益不同的参与主体会倾向于封锁信息，这会加剧信息不对称程度。在军民技术转移过程中，参与主体涉及军工企业、民营企业、科研院所、高校、地方政府、国家等。对于国家而言，要通过有限的资源投入获得最大的产出，一方面提高国防科技实力，另一方面促进经济发展；对于军工企业和民营企业来讲，获取利益才是企业生存和发展的最迫切的要求；对于科研院所、各高校来讲，获得科研成果，而不重视其后续的转化问题是常态；对于地方政府来讲，如果不将军民两用技术转移、军民融合的绩效纳入考核工作，那么军民融合就很容易成为表面工作，这些主体之间的利益差异会加剧信息不对称的问题。

最后，交易程序的烦琐导致信息不对称加剧。信息不对称通过交易行为发挥作用与影响，在军民两用技术的转移与扩散过程中，技术交易行为是最基本最直接的一种方式，但在技术交易过程中，交易双方对于信息的掌握以及解读并不是完全一致的，有更多信息获得的渠道，可以掌握更多信息的一方在技术交易的过程中会处于相对有利的位置，相反，缺乏信息的一方则会处于比较劣势的地位，而交易过程的程序过于复杂烦琐的话，会在一定程度上延长信息传播的过程，加剧这种信息不对称的情况。

（二）激励机制方面

观察陕西省成果转化的激励机制，不难发现在现有的机制下，军工企业军转民的内在积极性不高，自主意识不强，分析其原因：其一是现有的军工企业的业绩考核体系对于军工企业缺少激励作用，目前，就军工体系本身来说，其各个军工单位，企业管理层的考核评价体系的主要要求都是军工产品的研发制造任务、经济收益指标是否达标，而缺少专门的评价指标来考核军工企业的军工技术成果转化效率对地方经济和社会发展的服务效果；其二是管理层级颠倒错乱。总的来说，军工用品的生产任务是由国家分配的，资金充裕，而民用品常常居于隶属地位，需要自己去市场上寻找项目，资金大部分是自己筹集，量少且没保证。再加之民品公司面向的市场常常都比较传统，所以会受到宏观经济比较大的影响，打击了"军转民"的积极性。

对于民企而言，财政资金对口支持不足，税收减免的政策不完善。其一，民企在有关军工产业方面难以获得国家财政上的支持。军品研发的显著特点是投入大、资金回收周期长，需要国家给予财政上的扶持。目前，民企难以获取国家财政的配套资金，都是自己筹集资金、自主研发、自主生产，产品研发制造成功以后，军队才能参加采办。与军工企业的制造项目相比来说，后者既能够获取政府的巨额投入，又能够获取全部的研发经费弥补，毫无疑问，这一做法违背了公平竞争的市场原则。其二，民企单靠竞争采办获取的微薄收益来弥补巨额的研制费用也不能够长久。此外，两者在税收上也享受不对等的优惠政策。军队用品的市场价格享受低利免税的税收优惠政策，而民企却极少享受与军品同样的优惠。少数民企虽然也实行和军品同样的税收优惠，但是也存在很多的问题。例如，生产军品实行退税的税目范围具有局限性而且覆盖范围不宽，退税流程繁杂，期限长，标准不统一，导致退税红利变成"镜花水月"，某种程度上还打击了民企参与军工企业融合的踊跃性。

知识产权收益分配制度不完善。首先，由于知识产权保护、技术专利权属关系等问题，使知识产权收益方面存在一些影响军民融合的因素。由于技术成果权属关系不明确，技术成果的转化与获利主体不明确，这会挫伤参与主体的积极性，也在一定程度上减缓了军民两用技术的转化和军民融合的历程。其次，知识产权收益比例分配有待规范，军民融合科技成果转化过程中参与主体众多，知识产权收益如何进行分配、分配比例如何确定等问题还有待细化和规范。

主管政府部门绩效考核体系不全面。首先在军民融合的进程中，政府作为第一参与者与第一负责人，对于军民融合的发展起到引导与支持的作用，然而目前政府的绩效考核体系并不完善，由于政府考核绩效中没有将军民融合完全收纳到其工作内容中，一些主管政府部门在军民融合的相关工作中没有完全投入，或者积极性不高。其次由于军民融合的绩效考核指标还无法量化，政府主管部门在相关工作中找不到重点和发力点，工作效率不高。

（三）监督机制方面

首先，保密监督制度不健全。"军转民"涉及国防科技保密问题，而国防科技则关系到一个国家的安全，如今，国际竞争越来越激烈，在这样的环境中保护国家的信息安全就显得尤为重要；而"民转军"主要是民营企业核心技术的保密问题，对于一个企业来讲，其核心技术是其核心竞争力的主要来源，因此，军民融合涉及保密监督问题。目前，保密监督部门在保密监管的过程中缺乏监督联动机制、反馈机制，容易造成多头管理、监管真空的情形。此外，定密监督程序有待细化，存在定密权的归属主体不明确的问题。

其次，现行解密制度不健全。现行解密制度存在解密监督在启动主体上范围过窄，缺乏必要的监督审查，缺乏强制性解密程序，缺乏解密责任追究制度等问题。由于经营管理和政府政策等方面的作用，军工集团企业还需要不断健全有关工作机理和工作程序。主要原因有以下两个方面：其一是制定保密的指标要求不清楚，许多军工单位为了防止暴露机密，在制定时只高不低，致使许多具备市场潜在能力的技术成果由于定密不合理而很难就地转化；其二是在接触保密规定方面，当前，虽然军工体系订立了技术解密方法和程序，但是依然具有解密责任方模糊、解密指标不一致等问题，导致很多拥有市场前途的军工技术无法实时解密，阻碍了军工技术向民用产业的转移。

最后，审计监督体制不成熟。随着军民融合发展成为国家战略，军民之间的经济活动形式与活动内容愈来愈复杂，需要军队审计不断进行创新，发挥审计组织的权威性以及独立性，构建与新时代新环境相适应的审计制度，而现行审计制度存在多方面的问题。以陕西省为例，第一，人员编制与资金方面的约束，由于审计工作的难度随着军民融合企业的发展不断升级，而目前可以参与到审计工作中的人员以及可以支持审计工作的资金十分有限，不利于审计工作的顺利开展；第二，专业审计人员队伍的建设问题，随着经济的发展以及军民融合的程度不断加深，涉及的经济业务以及行业领域也在不断扩大，对于一些投资规模大、建设周期长、现金流复杂的项目来讲，财务违规行为变得更加隐蔽化，这对审计人员的专业能力、审计队伍的专业化提出了更高的要求；第三，随着经济活动覆盖更多的领域，会接触到更多的经济主体，经济环境复杂程度以及合同的复杂程度都会提升，这对审计工作带来了新的挑战，而在审计活动的进行过程中，无法做到对全部领域以及全部的经济活动进行监督。

（四）政策法规运行机制方面

知识产权制度方面，不足以满足军转民发展的要求。目前，国防技术成果军转民的相关法律法规还需要进行完善和健全，根据《国防法》规定，以国防目标为主的科技成果由国家直接拨付经费，由此产生的科技成果隶属国防资产，其产权也属于国家，没有经过核准不能更改用途，但是在实际工作中，因为各个主体的认知不同，对于收益权的要求也不同，而在现行制度下，无法合理分配利益，致使科研企业的利益常常不能受到合理保证。此外，还缺乏对国防知识产权的保护以及对国防民用领域知识产权互相转移的激励，这些问题的存在导致很难激发国防知识产权转移的主动性。

军民融合统计制度方面，相关统计工作进展困难。根据目前的情况，陕西省的军民融合统计报表制度，在宏观上而言，没有整体上形成一套完善的军民融合统计报表制度，没有将陕西省军工大省的优势体现出来，因此形成了许多保密企业的经济活动脱离地方经济的发展，也影响军民融合工作的进展。资料显示，西安市内的军工企业中，并不是所有的企业都可以提供完善的资料，一些企业由于涉及机密的原因，谢绝提供企业的相关数据资料，这使得相关军民融合的数据收取困难，军民融合的技术成果不能准确及时地归入地方的国民经济统计，而在此过程中无法获取的相关数据和信息也会对军民融合的工作的进展产生不利影响。又如，根据国家统计局颁布的《固定资产投资统计报表制度》，有关军工、国防、人防建设的项目，并不需要基层相关人员进行数据的填报工作，而由相关部门整体上报呈送数据，在此过程中，固定资产的统计范围并不完全，导致了军工投资中只有民品纳入了固定资产的投资统计范围，而服务业的固定资产漏记的较多。此外，根据我国现行的统计规则要求，在对地方经济投资进行统计时，只将军工投资的民品部分计入固定资产统计范围，因此我省固定资产的总数会有一块数据缺失。

中介机构服务功能发挥不充分。军民融合涉及军民两用技术的转化，其主体军工企业与民营企业在现有市场情况下无法做到信息的充分交换从而实现平等的交易，此时就需要有中介机构的介入，充当信息交换的媒介，然而，目前陕西省关于中介服务机构的完善制度并未建立起来，也没有充当中介角色的机构，参与国家军民融合公共服务平台科技服务机构只有少数几家公司，且集中在西安，其他市并未有中介服务组织参与，这些问题的存在，都阻碍了陕西省军民融合的发展。

四、提出陕西军民融合体制机制改革的具体路径和方案

（一）优化方案

1. 充分发挥投资引导作用，解决民企资金困难

首先必须变革健全税收优惠政策，增加优惠深度，激励民企加入国防建设，特别是国防科技工业发展的支持激励制度和风险保障机制，实行长期有效的激励；其次必须摸索创建军民融合项目资金制度，设置军品投融资风险基金，攻克民参军技术产品售后服务难题，制定行业准则，遏止利益追逐恶性竞争等有关风险；再次必须给满足国家产业政策、拥有优良市场前途和收益要求的军民融合项目实施转化支付、财政补贴和政府采办等优惠措施，保证有关主体能够积极参与国防建设；最后必须完全体现政府投入指导作用和资本市场融资作用，依据项目能够产业化的程度，计划性地实施主体多元化投资，对军民融合发展给予可信的资金支持。

加强科技创新，成立创新基金，支持军民两用科技项目。军民融合涉及企业以及相关新技术项目数量众多，而资金支持力量薄弱，因此对于新技术以及新项目应进行审查，对于一些具有广泛用途的、有希望可以大范围推广制造的技术及项目进行重点的扶持，同时对于科研人才和军民两用技术项目进行优先扶持，推动军工技术成果转化，加快转化进程，指导和推进军民融合发展，为陕西省军民融合发展提供强有力的科技支持。

2. 优化供求机制

提高需求对接精准度。由于我国市场制度的不完善，缺少信息发布的平台和渠道，一方面军工企业无法了解和掌握民营企业的技术优势，另一方面民营企业也没有渠道去获取军品生产的生产需求，造成了供求不平衡的局面，陕西省虽然已经形成了采购信息网络的构建，但目前为止还不能满足军民双方准确及时获取信息的要求。

要统一军民两用技术标准与管理标准，需要军民协同合作，共同制定统一的技术标准与管理标准。现有的技术标准对于军用技术和民用技术还未统一，有关部门对于旧的标准和规范应进行废除和修订，形成符合现实情况的新标准。在此前提下，促进军用标准和民用标准的统一，在民用标准高于军用标准的情况下，如果采用民用标准不影响军事需求，则尽可能地采用民用标准，由此减少民用技术的转化成本。同时，对于军民通用的技术产品，应该使用同一的标准，因此相关部门应出台政策，用以统一现行的军用标准和民用标准。

3. 完善激励政策

军民融合发展的本质就是通过发展军民两用技术促进资源共享，最终实现国防建设与经济发展的双赢。在军民两用技术转化过程中，对具有自主创新能力的单位与个人的需求都极为迫切，然而由于存在激励机制障碍，使个人与单位技术转化动力不足。因此，需要完善激励政策，提升科研机构、研发人员自主创新能力，强化军民双方转化技术的积极性与能动性。

健全考核政策，改善从事军民融合工作人员的福利待遇。考核政策不仅是企业管理人员进行管理的基础，而且是管理人员进行管理的有效手段、提升工作效率的重要途径。要提高军民融合产业相关的基本工资，企业的绩效工资分配向科研技术人员倾斜，切实落实国家对于相关行业的优惠政策，让科研技术人员能够更加充分地发挥自己的才学智慧，保证军民两用技术转化稳步推进。

调整完善军品税收政策，激发民营企业参与军民融合的热情。首先应对现有的税收政策进行分析，对全国军工企事业单位的税收情况进行研究，进而修改相关的税收政策，制定合理的税收政策。例如，对于承担武器装备科研生产、维修保障的企业，无论是军工企业还是民营企业，均采用相同、公平的税收政策。

4. 完善监督机制

完善国防安全保密管理制度。从我国现在的国防科工标准来看，对于涉及的产品信息、制造条件等信息的问题定密标准不清晰，程序复杂，而且保密审查的程序未起到真正的监督作用，流于形式的意味明显，相应的制度体系不完善，因此，要进一步完善国防科研生产保密制度，合理设置保密要求，强化供应链管理，有效解决民参军涉密难题。

健全与完善军民融合宏观管理体制，深化管理机构与组织变革，实施全面绩效管理，改善优化军民融合发展机制的外部运行环境。树立正确的发展观念，正确处理好军民融合中政府与市场的地位与作用，加快形成国家主导、需求牵引、市场运作的工作运行体系。要充分发挥省部级各级政府、相关部门与军民融合发展委员会的作用，调动在陕军民企业、军口科研单位、军事院校、高等学校以及民口单位等各方面参与主体的积极性，聚集各主体的力量，建立完善的工作运行体系。

5. 完善法律法规

建立以企业为主导的产学研结合机制。现行的企业、科研机构与高等院校等并未充分发挥他们的作用，也未处于正确的位置，要建立正确的体制机制，形成以企业为主导和核心、企业科研机构与高等院校协作创新的机制。此外，建立促进知识转移以及技术转移的政策，使得企业在技术及知识转移过程中有更多的支撑以及依靠，促进具有实力的企业和具有较强研发能力的科研院所及高校进行更多的合作，以提高知识和技术转移的效率。

启动和实施国防知识产权制度改革。民用企业使用国防知识产权目前需要付出昂贵的代价，这使许多企业没有能力负担或者承担如此巨大的压力，因此将国家投资形成的国防知识产权无偿提供给民用企业，使知识在更多的企业以及领域内流动。同时要努力探索可以使得知识产权创造主体获得必要收益权的方法途径，完善军民融合中介服务组织的建设，着力建立一个健全的军民融合创新支持体系和金融支持体系，从而推进军民融合领域军民对接和供需匹配，完善军民科研生产开放竞争的市场机制，实现军队与国防建设和社会经济发展的深度融合。

（二）具体路径

1. 搭建功能不同、双向联通的军工平台

首先，构建信息服务交流平台。现有的信息交流平台存在信息流通不畅的问题，可以在现有信息平台基础上，进行整合优化，实现分领域、分密级设定公布权限，搭建一个层次分明、权威高效的信息交流平台。其次，大力发展军民两用技术，构建军民技术双向转移平台。对于具有潜力的两用技术，对其发展做出规划，促进两用技术的发展，对其技术资源进行公开分享，建立一批产业同盟，推动军民技术之间的转移和扩散。最后，构建军民融合科技成果转化平台。例如，科技交易大市场、科技成果孵化中心等，对于一批已经具有先进技术的企业进行扶植，对于已经呈现出优势的军民两用技术进行培育和推广，创建具有活力的军民融合创新创业实践基地。

2. 建立军民融合科技产业基地

军民融合中军民两用技术的转化涉及技术转移及扩散，影响技术扩散的重要因素有技术势差以及空间距离等。军民科技融合其实是在技术势差的推动下，科技资源从势能高的领域流向势能低的领域的过程，在这个过程中，距离会对技术扩散的效果产生重大的影响，即技术扩散的源头企业以及接受技术转移的企业距离越近，越有利于技术扩散，因此建立军民融合产业基地，有利于在一定区域内形成产业集群，有利于军民两用技术的转化。建立军民融合产业基地，要实现三个基本要求：一是军地双方参与实现军民融合；二是技术与能力要体现军民两用；三是成果需要产业化，产业需要规模化、集群化。要对产业基地的产业发展进行规划，选取符合国家产业规划和产业政策，并具有军民技术同源性的产业入园。同时，积极主动效仿我国其他军工大省的成功方法，制订专门针对政府支持的关键产业的准确、定向的税收优惠措施。

3. 健全人才激励政策

首先，健全考核政策，规范公共部门的行为，明晰政府的权责边界。在军民科技融合过程中，政府制定有利于军民融合的政策和制度，技术转移和扩散则主要依靠市场。考核是管理工作高效的基础，将军民融合和个人利益结合起来，有利于调动相关人员的积极性。其次，与军民融合企业的人员进行接触交流，深入分析其利益需求，了解实际工作中的困难，优化激励体系。支持专业技术人员、技术研发人员以及高级管理人员以科技成果、专业技术等多种方式入股企业，将企业的发展与个人利益挂钩，激发其工作热情，为企业的发展贡献智慧与力量。

第十章 高校科研成果转化促进陕西科技企业发展的优化措施

一、明确政府、高校、企业在科技成果转化中的定位

从各国成熟的科技成果转化模式来看，美国的成功模式在于政府出面为科技成果转化搭建平台；德国的成功模式在于成立了高校和企业协同创新的科技创新体系；英国的成功模式在于多方共同促成校企合作。各国的共同点就是国家或者地方政府、各个科研院所与高等院校、企业、中介组织等社会主体各司其职，有明确的功能和定位。而陕西省内阻碍科技成果转化的关键点在于，科技成果与产业发展脱节严重。具体表现为，省内每年有较多科研成果通过验收，尤其是高校一直在源源不断提供新专利，可真正实现转化的项目较少而且转化进程缓慢。想要彻底打破这一局面，就需要多方的共同努力才能实现市场化运作，提高企业的转化效率。

明确政府、高校、企业在科技成果转化中的定位，是促进科技成果能够尽快地转化成生产力，实现从科研室到企业、从企业到市场的完整产出链的关键。无论是企业还是高校的实验室，其作用都在于提出假设进行相关研究和实验，得出实验成果；企业从市场角度辨别科研成果的市场可行性，开发成果的潜在市场价值，最后将其推向市场以实现经济价值；而在政府方面则是建立了较为完善的法制保障体系，在科技成果转化为实际生产力的过程中起到了保驾护航的作用，并从宏观角度为科技企业营造有序的市场环境。

二、推行双向型多样化的科技成果转化概念

西安市关于科技成果转化方面，已经有了自行转化、技术转让、委托外包的意识，但是仅限于个别高校和企业间的合作，没有形成规模和体系。我们可以在现有的基础上，加强各主体的转化意识，推行双向型多样化的科技成果转化概念。"双向"是指在科技转变为经济的过程中高校、企业双方要加强合作意识，"多样"是指转化形式尽可能多样化。

（一）加强高校方面对科技成果转化的落实

高校作为向社会输送人才的储备地，拥有先进的科技理念、成套的机械设备，每年也会产出大量的科研成果，然而，能够转化为价值的成果比例一直不高。主要是因为，我国高校是以核心期刊发表论文作为科研成果导向，据此衍生出的专利能否发挥商业价值，往往不是高校的关注点。因此，想要在高校方面实现科技成果转化，关键在于加强以市场为导向的研究理念，将科研项目与企业需求相连接。

首先，大学可以成立校办企业，采用"先转化后分利"的方法提高科技成果转化率。高校的科研管理部门可以无偿将高校的科技成果转交给校办企业进行转化，一旦实现了商业化，校办企业要按协议规定分享一定比例的利润给科研人员和学校；如果转化失败，科研管理部门将无法收取专利转让费。这种"先转化后分利"的科技创新方法需要合作双方对彼此有足够信任，校办企业与大学同处一个领导下的两个不同机构，满足这一条件。而且，校办企业还可以将高校作为一个庞大的研发部门，将企业需要的科技下放到高校的实验室中进行研发。这样一来，大学增加了科技成果转化机会和与市场联通的渠道，校办企业能将节省的研发资本用于成果产品化，实现了高校内部研发、测试及转化的自主产出模式。另外，由于校办企业内部的董事长、总经理多是由高校教职员工兼任，与学校的关系过于紧密，所以要特别注意与学校的管理体系相区分，采用现代企业的治理模式和绩效考核。

其次，大学科技园区应采用以大学为核心的自我管理模式，凭借着技术优势、区位优势以及人才优势在园区内培育一批小微企业，吸引科技企业入驻园

区。一是需要大学科技园将高校积攒的科技成果进行评价，然后筛选出具有转化价值的成果，再确定拟转移转化的价格范围，最后纳入科技成果信息库中，便于企业挑选可行的科技成果进行交易。二是鼓励高校教师兼职技术经理人，让教职工在授课之余丰富阅历。将有能力有意愿从事技术转移的相关经纪和其他中介工作的教职工，与高薪聘请的企业管理人员共同组成一支技术转移转化的混编队伍，这也为高校教师将成果转化融入专业课程教学中打下基础。三是大学科技园区有必要提供优良的投资服务和融资环境，应鼓励金融机构与高校开展融投资、租赁、信贷等业务，引入各方面公共资源共同参与建设，进而在聚集效应下形成高新技术产业链。

最后，全面提升高校科技成果质量，要求注重市场质量之余加强学术质量。这就需要将科研人员的眼光从传统的学术高度转移到学术应用上，需要学校将科技成果转化上升到发布核心期刊的同等高度上来，并将科技成果的转移转化纳入教师评职标准中。政府可以根据高校科技成果转化模式，出台相关的科技成果转化政策方针。例如，发布校企合作的法律法规，将双方的合作行为规范化、合理化，保障高校、科研人员、企业三方的共同利益。这其中，转让科研成果无形资产的股价方式、科技入股的股利分配都需要有相应的法律法规来规范行为。

（二）将企业科技创新与高校教学相结合

科技企业在成立之初都设有研发部确保企业核心的质量和产出，发展壮大中的企业也会通过招聘科技人员来扩大企业规模。但是企业也可以通过公开招标或协商的方式，委托高校或科研机构进行所需的技术研发。为了防止委托研发模式下研发出来的科技成果缺乏市场认知，企业可以指派专业人员作为技术指导，和高校教师一同引导学生进行科技创新与研发。企业通过委托节省了大量的时间和人力等资源，补足了企业研发力量中的薄弱环节，从供给层面丰富了获取新技术的资源供给。高校通过与企业的沟通合作找到了新的科研方向，在科技创新中将科技研发与常规教学内容有机融合，也有助于将高校科技成果转化为教学资源。

再进一步，企业可以与高校进行联合开发，实现全方位、多领域的技术研发及成果转化活动的对接，共同建立研发机构、共同培养技术人才。还可以与企业及其他院校或科研机构合作共建联合实验室，这既为高校和企业之间开展技术咨询和共同研究提供了场所，又为高校科技成果转化吸引了外部资金，充分发挥了高校人才、知识、信息等资源优势以及企业的资金、管理和市场优势，实现了优势互补。

学生可以借此合作机会学习企业工作流程，丰富自己的实习经验，对自己是否有能力进研究所工作做一个预判。企业可以制定新的绩效考核制度，将研发投入、技术服务、科技成果产出和转化等指标纳入其中，作为企业年度经营考核标准。在此基础上，可以加强高等院校、科研机构和企业的有效对接，实现三方共同合作的联合开发模式。借助产学研合作平台，以共同的科研需求项目为纽带，将人才和技术优势与商业化优势紧密结合，让三方齐心协力联合攻关技术难题。

（三）深化校办企业科技创新

校办企业与民办科技企业相比有着更为雄厚的科研能力、信息资源、人才聚集和后勤管理优势，将重点突出高校科技成果转化优势，带动科技产业升级，实现产学研的密切结合。校办企业成立的关键在于将高校和校办企业区别开来，明确两者的职责，高校是培育人才的地方，校办企业是希望人才就职的公司。

建立完善的现代企业制度，明确高校和企业之间的产权关系，制定上下级分明的人事管理制度。对于校办企业要做好资产评估与登记，对于资金入股和技术入股要做好明确的股权划分制度，对产权也要有明确的归属与界定。同时，高校应积极推动校办企业的资产重组，进一步整合优化配置学校有限的人力资源、物力资源和科研力量，集中精力放在科技成果转化上。

采用有效的激励机制调动学校校办企业对科技创新和发展的热情，营造一种轻松且具有创造力的组织文化。鼓励支持教师、科研人员及毕业生到校办企业就职，促进高校人才向企业流动。允许全校师生将自己研发的具有转化可行性的成果作投资股参与校办企业发展，以此激发全校师生对具有市场价值科研成果的偏好，使科研选题在研讨阶段就经受市场模式的初考验，以此来促使科研成果与市场对接。在校办企业内部采用绩效管理和薪酬管理双向激励法，来调动企业内部科技人员的科技创造性和积极性，实现科技新产品早日面市，带动同类产品或替代产品的更新换代。在市场的超额剩余价值下，促进整个行业的科技创新，促进科技企业的发展。

三、建立健全科技中介机构服务

（一）中介机构承担着加强企业与高校联系的责任

从本书第三章的中外对比中可以看出，各国的中介机构在加强企业与高校之间的成果交接方面发挥了重要作用。而我国，企业与高校之间的交流并不直接形成，高校注重研发，企业注重价值，两者之间缺少联络。现阶段，陕西省各高校建立的科技园填补了高校与企业间分离的行政职能，但我国还需要成立职业化专门机构，或者进一步提升科技园的性能，使其具备科技转化职能。

中介机构面对学校，能够提供企业和市场上需要的科技创新要求和方向，能对高校提供的科研成果进行转化可行性评估，再反馈给学校，让学校根据评估报告略微调整研究方向，使新研发的成果比以往更具有转化和成功推向市场的潜力；中介机构一定要设定筛选环节，将甄别出来的科技成果进行培育和孵化，避免成本消耗；最后联系企业寻找投资者，让产品在企业层面上实现生产和推广，将成果落实为生产力。如此，高校放入中介机构中的项目，相比原来多了与企业接触的渠道。

（二）扩大中介机构的服务项目和责任

中介机构不应仅局限于实现科技转化的科技园，还应该依托社会资源，包括大学的资源、法律政策、交通设施、工业基础等，打造集研究、开发、生产、销售、服务为一体的活动中心，促进科技成果商品化并加速向传统产业渗透，发展高新技术产业。这就需要中介机构针对科技成果转化过程中的疑点、难点和重点环节，有针对性、侧重性地加大市场化服务。

一是中介机构还应包括科技信息中心、知识产权相关法律咨询、科技成果评估等一批服务型机构。例如，对于想要凭借手里的科技成果成立科技企业的创业者进行引导，帮助其了解手中科研成果的市场价值，或者注册公司流程等。二是中介机构兼具打造信息服务平台的责任。打造技术市场信息网络，搭建科技信息、技术商品信息、科技专家信息的流通平台，让企业、高校、科研机构能够及时通过信息网络获取有效的科技信息，实现供需的动态平衡。三是制定和实施科学严谨的成果评估机制，提高技术市场的准入机制。组建专家咨询队伍对科技项目进行严格的技术评估、项目评审，从源头上避免假、伪、劣技术进入孵化器，提高孵化技术项目的水平。

（三）在中介机构中引入中试试验

已经有多项研究结果表明，经过中试的科技成果，产业化率基本可以达到80%，缺少中试环节的转化成功率只有30%。而我国的科技市场上严重缺乏中试氛围，科技成果的研发、中试、商品化三者的资金投入比例十分不协调，仅为1：1：100，低于西方发达国家1：10：100的投入比，这也是我国科技成果转化率不如西方发达国家高的一个原因。通过调研发现，缺少中试的企业主要集中在中小微企业，这类企业缺乏中试所需要的人才队伍、资金规模、实验装置、试验场地等基础要素，只有跟其他机构合作才能进行中试。

中介机构推出中试服务，就相当于为这些中小微企业提供一个中试场地。企业可以缴纳一笔费用租用场地，组建人手自行中试；也可以与中介机构签订合作条约：企业在中介机构完成中试后推行的产品，中介机构可以按比例享有一定利润。中介机构成立一定规模的中试投资基地后，不仅可以向企业提供新的服务，还可以将达到评估标准、具有一定转化可能性的科技成果放入基地试行。据悉，科技成果完成中试后，其技术成熟度可达8级以上，这样一来，在中介机构孵化出新企业的概率也极大提升。

中试项目的成立也会吸引新一批投资者的注意，在这里，这些中小微企业有机会为自己的项目寻找新的投资人。而且，中介机构提供的项目越多，孵化成功率越高，投资者可选择的项目也就越多。入驻中介机构的投资者，也可以依据成果在中试后的表现评判是否要进行投资，极大降低了投资的风险。综上所述，引进中试服务，有助于科技成果所有者实现转化和融资双重福利，促进企业的成立或规模的扩大。

四、以资金为纽带强化产学研合作

同科技研发一样，科技成果转化也需要大量的资金作支撑。转化不能只在实验室中进行，还需要和市场建立联系，在这个过程中面临着寻找场地、生产样品、进行中试等环节，这就需要大量资金来支持转化的后续活动。

（一）政府控制资金发放并引导资金流转

1. 政府通过控制研发基金的发放来调节科研机构和企业的合作

可以学习英国的联系计划和知识转移合作伙伴计划，通过利益捆绑方式提升了校企合作的科技成果转化率。一是政府可以要求科研机构和企业只有合作才能申请到基金资助。二是政府仅对合作项目进行部分资助，余下资金须由企业提供。三是政府可以考虑将研发和转化一分为二来看待，在加大对科技研发财政投入力度的同时，设立科技成果转化基金。这样可以促使研发者在科研立项时就将后续的科研转化囊入其中，增加研发人员促进成果转化的动力，也促使高校或企业将已经"束之高阁"的专利翻找出来，研究其是否具有转化可能性。四是学习美国的信用担保方式，让地方政府为科技成果转化作保，为符合条件的对高校成果进行转化的企业提供转化风险补偿金。五是政府可以支持大学科技园对园区内正在孵化的企业发行技术债券等融资工具，或者在园区内开展与科技成果转化的保险业务，以加强金融对高校科技创新的保障。

2. 发挥政府在引导外部闲散资金优化配置中的重要作用

政府部门可以适当出资建设省级科技成果孵化引导基金，鼓励具备相关资格、有条件的民间组织共同参与合作，助力高校科技成果的孵化工作，成功产出一批科技企业。先由政府出资建立风险投资基金，并言明政府不以营利为目的进行投资，在将高校科技项目成功转变为产品后，政府就会转让公司股权及时撤出，让市场机制发挥作用，不进行过多干预。同时表明，参与共同投资的民营企业具有优先低价购买政府持有比例的权利，调动投资者对未来盈利的期望。如此，在政府撤离资金后也能以高额收益，聚集一批专精于科技项目投资的风险投资公司，既发挥出了基金的投资价值功能，也为高新技术的早期融资和资本市场的形成奠定了基础。

政府对科技型中小企业的融资渠道的引导是多元化的。一是政府可以放宽对金融机构发放科技贷款的限制，允许金融机构开展以科技项目为标的、知识产权质押为主要内容的科技金融服务，持续对具有核心技术的科技型企业进行支持；二是允许高校和企业以联合设立科技股权投资基金的形式，加大对科技型中小企业研发投入奖补力度；三是允许高校和企业以联合设立科技企业经营创新人才奖的形式来鼓励科技企业创立；四是确立以政府为主体、以应用研究为导向，吸纳社会资本参与企业的研发和转化的科技金融结合机制。

（二）依托大学科技园开展科技金融助力科技成果产业化

处于初创期的高新科技企业在发展过程中需要通过投融资，吸收外界大量的研发资金帮其发展壮大，但由于外部的资本往往对企业实际情况、研发能力及所在的研发领域等各个方面都不够了解，在进行投资时就会额外谨慎，直到微小企业无力经营都无法下定投资决心。因此，信息阻断使企业很难获得金融投资，与投资公司的信息不对称也就成为了制约企业生存和发展的最大阻碍。

但是，基于大学成立的科技园则没有这方面的顾虑。一是因为大学科技园孵化的项目有大学做背书，相较于其他机构孵化的企业有着较高的技术含量和较好的发展潜力，大大减少了投行投资的技术风险。二是具备较好的产业市场性的项目可以大幅减少孵化需要的时间和资金成本，投行能以较低的投资额和较短的时间成本获得丰厚的投资收益，加剧了投行的投资意愿。

如果投行能与科技园区进行战略合作，入驻科技园区成为园区中的一分子，为中小企业提供长期稳定的资金，就有机会深入了解各企业的实际情况，有效消除与企业间存在的信息不对称问题。投行还可以与大学科技园合作开展设立投资基金、科技信贷和产权质押等多元化的科技企业类金融服务，为科技型中小企业解决在发展壮大过程中的资金需求。例如，著名的硅谷大学、剑桥大学周边的科技园，就以这种方式为主要融资手段成功吸引了大批民间创业项目对外投资，帮助科技园区中的个体民营企业有效缓解了资金压力。

首先，园区可以根据小微企业没有抵押物，需要将技术成果类无形资产进行评估，再以无形资产为抵押进行贷款的现状，创立风险分担机制。即无须通过商业银行，园区自行对小微企业拥有的科技成果进行作价评估，将本应支付的现金兑换为在园区内进行孵化的服务。若项目孵化成功，企业将有能力偿还贷款；若企业无力进行转化，园区将接手该项目继续科技成果转化的后续部分或者为其寻找新的买家，所得收益不再与项目人相关。其次，园区也要积极争取地方银行的信贷支持，促进园内商业和企业信贷服务。此外，引进或建立中小科技企业贷款担保机构，两种体系相互配合，弥补政策性金融机构在园区项目投资方面后续能力不足的缺陷。科技园还可以引导园区内企业开展股权融资活动，加大证券市场支持力度，吸引民间资本进入园区。最后，园区有必要建立风险投资的退出机制，让风险资本通过培育这些企业的成长获得高额收益。

五、构建科技成果转移转化人才队伍助力成果转化

（一）政府发挥引进人才的引领作用

陕西省政府在 2020 年发行的《陕西省引进高层次人才暂行办法》，主要是为了弥补因重视高层次人才缺口，而忽略的一般科技人才的引进。陕西省每年都有众多的省内外学生从高校毕业，将这些外省的学子留在陕西建设发展，可以扩大高素质人才集群，有利于筛选创新创业、高科技、具有管理者素养的人才。据此，陕西省可以学习深圳市的人才落户补贴，按本科、硕士、博士学位分级给予落户补贴，吸引外省的高素质人才到陕西省安家落户。

陕西省还可以效仿德国的做法，鼓励一些企业中优秀的技术工程师或者从事技术方面的人才申请担任本地区的高校教师或者教授。这种做法有助于打破体制内和体制外的壁垒，实现校外人才的向内流动，突破高校职称评价囿于论文发表的传统。另外，省政府还可以鼓励高校设置科研助理岗位，吸纳优秀的科技转化人才，为科技成果转移转化输入新鲜血液，有效地助力高校的科技成果转移转化工作。高校不仅可以向企业输送人才，企业人士也可以重回学校，将工作经验、市场信息、社会阅历融入教学中。

（二）完善高校科技成果转化团队的综合管理

1. 创新高校科研教师管理机制

强化各个学科专业的优势互补和深度融合。目前我国高校的科技研发和管理工作采用的是各自为政的模式，将学院视为一个单位，通过整合院内各系或各班的能力共同进行科学研发。这种科技研发和管理方式，跨院系、跨学科的交叉性概念较为淡薄，不利于整合校内资源、开展多元创新理念。因此，要加快高校科研管理体制改革，加强不同学科专业之间的交叉融合，组建一支从事学科融合专项研究的队伍，为科研立项提供思路。高校还应赋予专门从事该项科技成果研发与转化团队更多的自主和决策权，以实现对科研资源的有效优化和整合。

建立科技成果评估机制。高校采用更为科学、公正、合理的评估方式对科技成果进行评估。一方面，向全校师生传递高校重视科技成果转化的信号，使校内

人员充分认识到科技成果转化的实际价值，进而实现学校、科研团队及教师个人三者利益的有机结合。另一方面，科学的科技成果评估方式将与教师的职称评定相互关联，在教师职称的评定、晋升、奖励设定中引入省科学技术奖的评选方法中的指标，再纳入科技成果转化可能性、是否进行了转化、转化后的效益水平等指标。同时，新的教师评价体系也会反向促进科研人员在立项过程中，对整个项目的可行性进行有效的分析，充分考虑技术的可转化性。

实行知识产权激励机制。首先，提高科技成果转化团队激励机制的科学性与透明度。制定激励方案时，既要注重对转化团队的整体激励，还要兼顾团队中每一位成员的利益，充分激发团队成员的工作热情。在实行激励后，学校要公开公示对团队或个人的奖励说明，保证奖励行为的公开、公正性。其次，对真正实现转化的科研团队进行现金奖励。在国家法律规定的基础上，学校可以提高一定的比例或者提供额外的现金作为成果转化的实质奖励。最后，对在一定年限内完成过科技成果转化的教授，给予实验室、设备、材料方面的便利，方便其团队进行研究。

2. 打造优秀的技术经纪人队伍

高校中不缺少科研创造人才，而是缺少将科技成果推向市场的团队。就像明星出道需要经纪人做向导，高校的科技成果想要面向市场也需要这样一个技术经纪人将成果引进市场。负责科技成果转移转化的技术经纪人需要掌握科技、法律、市场等知识，需要具备较强的判断、沟通和营销的能力，这些并非一个人的才能，往往需要打造一个团队，而且专业事情由专业人士处理，更能起到事半功倍的效果。

有的高校会成立科技园，有的高校会成立科技转移转化办公室，有的高校依然只有科技管理办公室，但只要科研成果想要实现转化，就需要相应的人才来接手。为了防止资源错配、人才浪费，为了提高办事效率，高校培养一批专职于科技成果转化事业的人才，组建一个技术经纪人队伍，成了刻不容缓的事情。

高校可以对本校的科研管理人员进行商业化的成果转化培训。这些科研管理人员本身就对专利申请、保护、转让的流程十分熟悉，再对其进行商业培训，学会多与市场接触，就培养出了学校和市场信息交流的联络员；高校还可以设立法律顾问岗位，不一定非要招聘一位律师成为校职工，只需要与某位职业律师或律师事务所就科技成果转化相关事宜达成合作即可；高校还需要成立科技顾问一职，这个职位可以由研发团队成员兼任，也可以专门招聘有科技素养的人担任。技术经济团队需要将科技成果的创新点、实际效用、转化试行方案、可能的商业用途等信息书面化，为寻找企业伙伴做准备。科技成果中的一些专有名词对非科研人士来说较陌生，这时候，书面工作就需要拥有科技素养和商业知识的人共同完成。长此以往，高校与企业间的商业往来就逐渐形成了一套模式，校内的科技人员也不用在为科技成果转化而奔波，只需要接收科技经纪团队反馈的市场信息，专心进行科技创造即可。

参考文献

[1] Anderson T R , Daim T U , Lavoie F F . Measuring the efficiency of university technology transfer [J] . Technovation, 2007, 27 (5): 306 –318.

[2] Baishun S U, Xie F. The reflection on transformation of scientific and technological achievements of college [C] . 2009 International Conference on Education Management and Engineering, 2009.

[3] Beyhan B , Findik D . Student and graduate entrepreneurship: Ambidextrous universities create more nascent entrepreneurs [J] . Academy of Management Annual Meeting Proceedings, 2017.

[4] Blalock G , Gertler P J . Welfare gains from foreign direct investment through technology transfer to local suppliers [J] . Journal of International Economics, 2008, 74 (2): 0 –421.

[5] Bozeman, Barry. Technology transfer and public policy: A review of research and theory [J] . Research Policy, 2000.

[6] C Fitzgerald, M Ledwith, R O'Shea. The role of the technology transfer office in promoting University – Industry collaboration [J] . The Journal of Techology Transfer, 2014.

[7] Czarnitzki D , Doherr T , Hussinger K , et al. Knowledge creates markets: The influence of entrepreneurial support and patent rights on academic entrepreneurship [J] . European Economic Review, 2016 (86): 131 – 146.

[8] Fang L , Sheng Z , Yuhuan J . Sustainability of university technology transfer: Mediating effect of inventor's technology service [J] . Sustainability , 2018, 10 (6): 2085.

[9] Friedman J , Silberman J . University technology transfer: Do incentives, management, and location matter? [J] . The Journal of Technology Transfer, 2003,

28 (1): 17 - 30.

[10] GöktepeHultén, Devrim. University industry technology transfer: Who needs a TTO? [J] . International Journal of Technology Transfer & Commercialization, 2010.

[11] Han B. Discussion on the role of scientific and technological achievements transformation platform of universities assets management company [J] . Technology & Innovation Management, 2015.

[12] Hansen K , Kim J J , Suffian S , et al. Leveraging informal lending mechanisms to facilitate technology transfer and microenterprise in developing countries [J] . Technology in Society, 2015, 41 (5): 65 - 75.

[13] Harhoff D , Narin F , Scherer F M , et al. Citation frequency and the value of patented innovation [J] . Review of Economics & Statistics, 1999, 81 (3): 511 - 515.

[14] Hu A G Z , Jefferson G H , Jinchang Q . R&D and technology transfer: Firm - level evidence from Chinese Industry [J] . Review of Economics & Statistics, 2005, 87 (4): 780 - 786.

[15] Jerzy Piotr Gwizdała, Karol Śledzik. Responsible research and innovation in the context of university technology Transfer [J] . Social Science Electronic Publishing, 2017.

[16] Jimenez - Moreno J J , Ricardo Martínez - Cañas, Ruiz - Palomino P , et al. The role of science and technology parks in the generation of firm level social capital through university - firm relations: An empirical study in spain [J] . Springer Berlin Heidelberg, 2013.

[17] Kamal S . Trade, foreign direct investment, and international technology transfer: A survey [J] . World Bank Research Observer, 2002 (2): 191 - 235.

[18] Lee A H I , Wang W M , Lin T Y . An evaluation framework for technology transfer of new equipment in high technology industry [J] . Technological Forecasting & Social Change, 2010, 77 (1): 135 - 150.

[19] Link A N , Siegel D S , Bozeman B . An empirical analysis of the propensity of academics to engage in informal university technology transfer [J] . Social Science Electronic Publishing, 2006.

[20] Liu H Y , Subramanian A M , Hang C C . Marrying the best of both worlds: An integrated framework for matching technology transfer sources and Recipients

[J] . IEEE Transactions on Engineering Management, 2020, 67 (1): 70 - 80.

[21] Lundqvist M , Williams - Middleton K . How entrepreneurial is it to connect students to university technology transfer? [C] . ECSB Entrepreneurship Education (3E) . 2018.

[22] Mancha R , Hallam C , Wurth B . Licensing for good: Social responsibility in the university - industry technology transfer process [C] // Portland International Conference on Management of Engineering & Technology. IEEE, 2017.

[23] Marino P , Dominguez M A , Otero S , et al. University - enterprise technology transfer for education and training about industrial processes [C] //Human System Interactions, 2008 Conference on. IEEE, 2008.

[24] Markman G D , Phan P H , Balkin D B , et al. Entrepreneurship and university - based technology transfer [J] . Journal of Business Venturing, 2005, 20 (2): 241 -263.

[25] Markman G D , Phan P H , Balkin D B , et al. Entrepreneurship and university - based technology transfer [J] . Journal of Business Venturing, 2005, 20 (2): 241 -263.

[26] Matt M , Véronique Schaeffer. The cooperative strategy of technology transfer officies: A longitudinal study [J] . Post Print, 2015.

[27] Meng M, Tong G F. University scientific research management system in operation of the transformation of scientific and technological achievements knowledge characteristics [J] . Manufacturing Automation, 2010.

[28] Nayyar G P R . Transformative capacity: Continual structuring by intertemporal technology transfer [J] . Strategic Management Journal, 1994, 15 (5): 365 -385.

[29] O'Shea R P , Allen T J , Chevalier A , et al. Entrepreneurial orientation, technology transfer and spinoff performance of U. S. universities [J] . Research Policy, 2005, 34.

[30] Phillips A , Tumarkin P , Peyghambarian N . Entrepreneurship and commercialization at universities: A faculty perspective [J] . Technology & Innovation, 2018, 19 (3): 601 -603.

[31] Savon I , Ukraintsev V , Kanaki V . Technological audit in the system of tools for assessing the innovative potential of technology transfer [J] . IOP Conference Series: Materials ence and, Engineering, 2020, 709 (4): 44 -60.

［32］Shun－Bin M A. The transformation of scientific and technological achievements in higher vocational colleges based on school－enterprise cooperation ［J］. Career Horizon, 2012.

［33］Siegel D S , Phan P H . Analyzing the effectiveness of university technology transfer：Implications for entrepreneurship education ［J］. Rensselaer Working Papers in Economics, 2004.

［34］Siegel D S, Waldman D, Link A. Assessing the impact of organizational practices on the relative productivity of university technology transfer offices：An exploratory study ［J］. Research Policy, 2003, 32 （1）, 27－48.

［35］Sobkowicz P . The role of science and technology parks in communication processes between research institutions and industry ［J］. The Journal of Technology Transfer, 2013.

［36］T Kyung, D V Gibson . Knowledge and technology transfer：Levels and key factors ［J］. The Journal of Technology Transfer, 2000.

［37］Teece D J . Technology transfer by multinational firms：The resource cost of transferring technological know－how ［J］. World Scientific Book Chapters, 2003.

［38］Urata S , Matsuura T , Wei Y . International intrafirm transfer of management technology by japanese multinational corporations ［J］. General Information, 2012.

［39］Walsh S T , Kirchhoff B A . Technology transfer from covernment labs to entrepreneurs ［J］. Journal of Enterprising Culture, 2012, 10 （2）：133－133.

［40］W D Q Torres, G D Hernández－Pérez, E González, M J Mantulak, W Corrales. The technology transfer in the development of the small and medium metal－mechanic ecuadorian enterprise ［J］. The Journal of Technology Transfer, 2018.

［41］Wright M , Birley S , Mosey S . Entrepreneurship and university technology transfer ［J］. The Journal of Technology Transfer, 2004, 29 （3/4）：235－246.

［42］Zofia Gródek－Szostak. Technological offer databases as the means of support for technology transfer in an enterprise ［J］. Studia i Prace WNEiZ, 2018 （52）：319－330.

［43］傅利平, 涂俊. Spatial spillover effect of university knowledge on enterprise technology innovation from the technology transfer perspective ［J］. 研究与发展管理, 2015, 27 （2）：56－64.

［44］安益强，滕大才，张颖．依托大学科技园开展医学大学生创新创业教育的实践探索［J］．实验室研究与探索，2018，37（12）：229－232.

［45］白朴存，其木格，刘飞，等．科技成果转化要素分析及体制机制因素研究——以内蒙古高校为例［J］．内蒙古工业大学学报（自然科学版），2020，39（3）：235－240.

［46］边全乐，杨韵龙．论新形势下农业科技成果第三方评价制度的构建［J］．农学学报，2014，4（8）：118－124.

［47］曹亚君，韩永涛，黄河，等．科技社团建设航天科技成果转化平台的实践探索［J］．学会，2019（10）：31－35.

［48］曹严，苏蔚，冯煜．辽宁省科技成果评价指标体系研究［J］．中国科技纵横，2020（9）：212－213.

［49］常宇，穆振霞，高斌，张琪．依托科研成果转化的大学生创业研究［J］．中国教育技术装备，2017（8）：1－2.

［50］陈柏强，王伟，盛琼，张昊．论正确处理高校教师离岗创业和科技成果转化的关系［J］．研究与发展管理，2016，28（5）：132－136.

［51］陈凡．浅析科技成果转化质量及提升路径［J］．科技经济导刊，2020，28（35）：151－152.

［52］陈思英．对科技成果转化评价指标体系的分析［J］．中国科技纵横，2019（5）：249－250.

［53］陈英昭．当代大学生自主创业现状及可行性分析［J］．福建质量管理，2020（7）：249.

［54］陈颖．高校院所科技成果转化提档加速［J］．决策探索（上），2020（12）：20－23.

［55］丁超豪．高校科技成果转化问题与对策研究［J］．吉林省教育学院学报，2020，36（11）：104－107.

［56］丁明磊，刘彦蕊．南京和武汉探索促进科技成果转化的实践及政策启示［J］．科学管理研究，2014，32（2）：55－58.

［57］董婷，高新房，许尔杰．成果转化精准助力高校"双一流"建设［J］．科技中国，2019（8）：22－25.

［58］杜宝贵，张焕涛．基于"三维"视角的中国科技成果转化政策体系分析［J］．科学学与科学技术管理，2018，39（9）：36－49.

［59］杜作娟，姜超，岳建岭，唐秀之，黄小忠．德国应用科技大学教育体

系模式及启示 [J]．高教学刊，2020 (4)：17 – 20.

　[60] 范瑞泉．落实并释放科技成果转化政策红利有效推动高校科技成果转化 [J]．科技管理研究，2020，40 (15)：145 – 149.

　[61] 付八军，王佳桐．大学教师学术创业的内涵诠释 [J]．绍兴文理学院学报 (教育版)，2020，40 (2)：9 – 15.

　[62] 付八军．论创业型大学科技园区平台的建设 [J]．当代教育论坛，2016 (1)：1 – 6.

　[63] 付伟．高校科研成果向教学资源转化的方式、困境与突破对策研究 [J]．经济师，2020 (11)：153 – 154.

　[64] 高家宏．科技成果转化绩效评价指标评析 [J]．科技风，2020 (6)：258 – 259.

　[65] 高鹏，刘春霞，吴艳艳，刘淑萍．中小企业科技成果向标准转化措施与路径的探究 [J]．中国标准化，2020 (9)：94 – 97.

　[66] 高锡荣，张钟昱．高校教师的成果转化意识及其结构效应分析 [J]．科学学研究，2009，27 (12)：1877 – 1884.

　[67] 顾训明，徐红梅．高校教师离岗创业的制度性困境及其超越 [J]．创新与创业教育，2016，7 (5)：23 – 27.

　[68] 何金．地方政府在科技成果转化中的职能研究 [D]．云南财经大学硕士学位论文，2015.

　[69] 何平，杨力，李文静．智能化科技服务平台对产业发展的价值和建设策略研究 [J]．科学咨询 (科技·管理)，2020 (12)：1 – 3.

　[70] 何如喜．国外科技成果转化成功经验及其启示研究 [J]．中国新技术新产品，2014 (9)：160.

　[71] 何志峰，乔时．如何一次通过高新技术企业认定 [J]．企业管理，2020 (10)：86 – 89.

　[72] 胡亚菲．四川省科技成果第三方评价机制初探 [J]．技术与市场，2018，25 (8)：98 – 99，101.

　[73] 黄敏．高职院校科技成果转化与大学生创新创业平台机制研究 [J]．教育现代化，2019，6 (4)：35 – 37.

　[74] 霍姗姗．当代大学生自主创业现状、困境以及成因探讨 [J]．统计与管理，2018 (1)：90 – 92.

　[75] 江杨，林丽珍．我国科技成果转化管理体系探讨 [J]．农业科研经济

管理，2019（1）：21 – 24.

［76］姜天一．军工科技成果转化平台建设研究［J］．中国军转民，2014（6）：69 – 71.

［77］兰洋碧，薛景业，赵杨．浅谈大学生自主创业面临的问题及对策［J］．新教育时代电子杂志（教师版），2018（5）：246.

［78］李健．培养创新型人才必须强化教学与科研的融合［J］．中国高等教育，2008（9）：14 – 15.

［79］李军民，宋维平，吴家全．构建种业科技成果托管平台提高种业科技成果转化率［J］．农业科技管理，2013，32（4）：59 – 62.

［80］李美桂，夏凡，付瑶．促进科技成果转化的经验探索——基于大众创业万众创新示范基地的实践研究［J］．科技管理研究，2020，40（18）：126 – 133.

［81］李娜，李国德，付亮，等．高校科技成果转化与大学生创新创业平台互动机制研究［J］．科技创新导报，2015（19）：235 – 235.

［82］李娜，李国德，付亮，武士威，闫清．高校科技成果转化与大学生创新创业平台互动机制研究［J］．科技创新导报，2015，12（19）：235.

［83］李文全，徐素萍．科技成果转化平台的关键技术研究［J］．韶关学院学报，2020，41（9）：13 – 17.

［84］李文涛，段珺，高振．高校科研成果转化现状与建议［J］．中国高校科技，2016（11）：66 – 67.

［85］李艺全．创新驱动视角下高校内部学院科技创新能力评价［J］．福州大学学报（哲学社会科学版），2017，31（1）：34 – 41.

［86］李玉清，许朗．高校科技成果转化的问题分析和对策研究［J］．科技管理研究，2006（4）：128 – 131.

［87］梁海泳．科研院所成果转化风险及防范［J］．财经界（学术版），2019（23）：71 + 91.

［88］梁朋，武宁，王伟．"双创"背景下高校学生创新创业教育体系构建［J］．辽宁工业大学学报（社会科学版），2021，23（1）：100 – 103.

［89］刘慧，李波莉，雷勇．法经济学视域下职务科技成果权属混合所有制改革分析［J］．内江师范学院学报，2020，35（11）：120 – 123.

［90］刘磊．高校科技成果转化的制度困境与化解［J］．扬州大学学报（高教研究版），2019，23（4）：17 – 21.

［91］刘强，申丹，徐春波，等．中医药第三方科技评价的实践和思考［J］．世界科学技术—中医药现代化，2018，20（3）：323 - 327.

［92］刘溶沧．促进科技成果转化的环境和条件：比较与借鉴［J］．经济纵横，2000（11）：4 - 7.

［93］卢彩晨．大学科技园区理论与现实基础及发展趋势［J］．鞍山科技大学学报，2006，29（5）：542 - 544，550.

［94］卢立珏．构筑创新共同体：有效促进高校科技成果转化［J］．中国高校科技，2018（11）：81 - 84.

［95］罗曼曼，孟佳，王帅，等．高校大学生专利成果转化与科技传播协同创业模式研究分析［J］．科技传播，2014（20）：221 - 222.

［96］马江娜，李华，王方．陕西省科技成果转化政策文本分析——基于政策工具与创新价值链双重视角［J］．中国科技论坛，2017（8）：103 - 111.

［97］马喆．高校教师科技型创业的制度研究［J］．创新与创业教育，2020，11（3）：33 - 37.

［98］聂常虹，武香婷．股权激励促进科技成果转化——基于中国科学院研究所案例分析［J］．管理评论，2017，29（4）：264 - 272.

［99］宁向东．科技成果转化"最初一公里"很关键［J］．中国石油企业，2019（8）：61.

［100］潘启勇，王晓兰，赵飞，沈俊．高校技术转移中心的发展策略研究［J］．科技与创新，2020（21）：120 - 121.

［101］裴琴．"双创"背景下高职科技成果转化实践探究［J］．科技经济导刊，2020，28（23）：120 + 105.

［102］彭定赟，王土兰．"双创"形势下高校科技成果转化管理模式研究［J］．武汉理工大学学报（信息与管理工程版），2016，38（6）：730 - 734.

［103］秦乐．科技成果评价指标体系研究［J］．信息通信技术与政策，2019（1）：14 - 17.

［104］任婕．科技成果转化问题分析与对策研究［J］．企业科技与发展，2019（8）：7 - 8.

［105］史童，杨水利，王春嬉，谭文俊．科技成果转化政策的量化评价——基于PMC指数模型［J］．科学管理研究，2020，38（4）：29 - 33.

［106］宋慧芳．科技成果转化中各方行为的研究及对策分析［J］．研究与发展管理，1995（6）：48 - 51.

［107］孙芸，金海燕．科技成果转化面临的四个问题［N］．中国科学报，2019-08-22（006）．

［108］王金龙，沈丽娜，王明秀．国外科技成果转化的成功经验及启示分析［J］．生产力研究，2017（12）：103-106+112．

［109］武金虎，康志新，姚妮妮．企业科技创新成果转化的困境和对策研究［J］．中国金属通报，2019（10）：142+144．

［110］锡权，商意盈，朱涵，殷晓圣．科技创新面临哪四大桎梏［J］．决策探索（上），2020（8）：63-64．

［111］夏镇波，张亮亮．依托高校科技成果转化支持大学生创新创业的模式研究［J］．创新与创业教育，2020，11（5）：18-25．

［112］许端阳．国外技术转移监测评价的特点及其对我国科技成果转化评价的启示［J］．科技管理研究，2013，33（21）：23-28．

［113］杨思军．科技成果转化要打破唯专利论［J］．中国高校科技，2020（8）：94-96．

［114］叶晟洲．科技成果转化模式与选择分析研究［J］．农村经济与科技，2019，30（15）：301-302．

［115］于耀翔，林超辉，陈辉，丘嘉鹏，赵毅，杨坚伟．高校科技成果转化中心的运行方案与绩效研究——基于校企协同的可行性分析［J］．中国高校科技，2020（11）：87-91．

［116］喻金田．促进科技成果转化的政府行为［J］．云南科技管理，1998（1）：16-17．

［117］袁传思，贾晓，袁俪欣．高校科技成果转化实施模式与路径的探索研究［J］．科技管理研究，2020，40（3）：84-89．

［118］岳华，李姗姗，任子蓓．高校科技成果转化对大学生创业的意义及发展对策［J］．河北农业大学学报（农林教育版），2012，14（3）：1-3，6．

［119］翟金辉，朱义令．企业科技成果转化有效路径探析［J］．科技与创新，2019（24）：35-37．

［120］张静．高校大学生自主创业问题与对策探析［J］．辽宁经济职业技术学院·辽宁经济管理干部学院学报，2020（2）：99-101．

［121］张平，姚威，陈劲．论大学科技园的产品创新平台建设［J］．科研管理，2005（S1）：62-67．

［122］张俏俏．企业科技创新发展的制约因素及对策探讨［J］．中国中小

企业，2020（4）：164 – 165.

[123] 张晓．科技成果转化模式与对策［J］．中国高新科技，2019（16）：13 – 15.

[124] 张钰，姚丰华．深化校办企业科技创新　促进科技成果转化和区域经济发展［J］．教育现代化，2017，4（35）：82 – 84.

[125] 赵晨光．与科技成果转化相结合的创新型人才培养模式［J］．教育教学论坛，2012（S4）：134 – 136.

[126] 赵峰．强化成果转化服务　促进融通创新发展［J］．科技中国，2020（10）：24 – 27.

[127] 赵丽．国有科技型企业科技成果转化管理分析——以转制院所企业为例［J］．科技创新与应用，2020（16）：189 – 191.

[128] 赵绍东，张峻霞，徐胜球．探索高校科技成果转化的一种新途径［J］．中国轻工教育，2013（6）：41 – 43.

[129] 郑皓文．"大众创业、万众创新"背景下对大学生创办科技型小微企业的思考［J］．科技创业月刊，2017，30（6）：24 – 25.

[130] 周一恒，严家明，吴新忠，任子晖．融合科研成果的综合创新实验教学探讨［J］．实验技术与管理，2020，37（11）：230 – 234.

附　录

附录一　国家科技成果转移转化示范区建设指引

为深入贯彻落实《国家技术转移体系建设方案》（国发〔2017〕44 号）和《促进科技成果转移转化行动方案》（国办发〔2016〕28 号），有序推进国家科技成果转移转化示范区（以下简称示范区）建设工作，制定本指引。

一、总体要求

（一）指导思想

深入贯彻习近平总书记系列重要讲话精神和治国理政新理念新思想新战略，认真落实党中央、国务院关于实施创新驱动发展战略的重大决策部署，落实和完善促进科技成果转化的政策法规，探索形成各具特色的科技成果转化机制和模式，围绕地方经济转型升级、社会民生需求加速科技成果转移转化，带动形成全社会大力促进科技成果转移转化的热潮，为供给侧结构性改革提供科技支撑。

（二）建设原则

——统筹部署。根据国家重大区域发展战略，对不同地区进行统筹布局，加强分类指导和梯队推进，引导区域协调发展。

——突出特色。从地方经济社会发展实际需求出发，紧密围绕各地资源禀赋、产业布局、区位优势和科技特色等，开展各具特色的示范任务。

——改革创新。围绕激发主体活力、公共平台建设、专业人才培养、财政资金支持等方面，落实和完善政策措施，结合实际开展体制机制探索，形成可复制推广的经验做法。

——市场导向。充分发挥市场在配置创新资源中的决定性作用，壮大技术市场，加速技术、人才、资本等创新要素的流动与融合。

——上下联动。加强中央与地方统筹协调，强化地方建设主体作用，有效集聚地方科技资源和创新力量，形成上下联动、横向联通的工作机制。

（三）建设目标

示范区建设期原则上为 3 至 5 年，"十三五"期间部署建设 10 个左右。打造形成一批政策先行、机制创新、市场活跃的科技成果转移转化区域高地，形成一批可复制、可推广的经验做法。有利于科技成果转移转化的政策环境和体制机制不断健全，专业化的技术转移人才队伍不断壮大，科技成果转化公共服务平台更加完善，企业、高校和科研院所科技成果转移转化能力明显提升，各具特色的科技成果转移转化体系逐步建立和完善。

二、建设布局与条件

（一）总体布局

围绕国家重大区域战略以及重点产业发展战略布局，统筹不同地区，重点选择工作主动性和积极性高、科技创新基础较好、科技成果转化工作特色突出、对周边区域发挥辐射引领作用的有关省（自治区、直辖市）进行布局，既注重发挥东部地区的示范带动作用，又注重适当向中西部地区倾斜。

以省（自治区、直辖市）为建设主体，主要依托国家自主创新示范区以及国家和省级高新技术产业开发区、农业科技园区等，围绕区域经济社会发展特别是供给侧结构性改革对科技创新的实际需求，开展科技成果转移转化区域示范。充分发挥示范区的辐射带动作用，促进科技成果跨区域转移转化和创新资源开放共享，带动周边区域乃至全国范围的科技成果转化与产业升级。

（二）建设条件

地方政府高度重视，把促进科技成果转移转化有关工作列入重要规划和计划。

有较好的科技成果转移转化工作基础和突出的示范特色，技术市场交易额等主要指标实现持续增长。

制定出台较为完备的科技成果转移转化配套政策法规，建立较完善的科技成果转化平台，拥有一批较高水平的技术转移及成果转化服务机构和专业化的人才队伍。

科技与产业发展特色鲜明，能形成较好的示范效应，对国家重大发展战略发挥关键支点作用。

三、重点示范任务

（一）推动高校和科研院所科技成果转移转化。支持高校、科研院所强化需求导向的科技研发，为科技成果转移转化提供高质量成果供给。鼓励高校、科研院所建立面向企业的技术服务网络，通过研发合作、技术转让、技术许可、作价投资等多种形式，实现科技成果市场价值。鼓励医疗机构、医学研究单位等构建协同研究网络，加快新技术、新产品应用推广。完善个人奖励分配、横向课题经费管理、兼职或离岗创业等制度。

（二）建设科技成果中试熟化与产业化基地。建设产学研相结合的技术研发应用基地，构建面向产业需求的研发机制，提供技术研发与集成、中试熟化与工程化服务，支撑行业共性技术成果扩散与转化应用。建设通用性或行业性技术创新平台，加大重大科研基础设施、大型科研仪器和专利信息资源的社会开放力度。培育一批创新型产业化集群，承接科技成果转移转化。

（三）围绕重大需求推动科技成果转移转化。建立完善成果信息采集、发布机制，发挥社会化的科技成果评估在技术识别、价值判断等方面的作用，分类分批精准发布对接成果信息。针对区域经济社会发展、产业转型升级等重大需求，加强科技成果应用推广，促进示范区技术交易额稳步增长。支持财政科技计划成果和科技奖励成果转化应用。

（四）培育专业化科技成果转移转化机构。建设专业化、市场化的科技成果转移转化机构，明确对转移机构的绩效奖励机制。构建互联互通的技术交易市场和平台，汇聚科技成果及技术需求，提供融资并购、公开挂牌、咨询辅导等服务。推进众创空间、孵化器、加速器等创业孵化平台建设，加强与高校院所、企业和投融资机构的协同。探索设立国际技术转移中心，整合海内外相关资源，为国内成果"走出去"与承接国外技术转化提供综合服务。

（五）壮大职业化科技成果转移转化人才队伍。建设技术转移人才培养基地，支持高校开设成果转化课程，开展评估评价、知识产权等教育和培训。建立技术转移人才培养与考评标准，畅通人才职业发展通道。健全科技人员服务机制，推动科技特派员、科技专家服务团等参与科技成果转移转化。推动将科技成果转化领军人才纳入各类人才计划，与国际技术转移组织联合培养国际化技术转移人才。

（六）加强对科技成果转移转化的支撑保障。大力发展科技服务业，推动市场调查、咨询、法律、知识产权等机构参与成果转移转化，提供全方位、专业化服务支撑。加强政府资金投入，鼓励设立创业投资引导基金等，引导社会资本加大投入。支持银行探索投贷联动模式，建立符合科技成果转化需求的信贷、保险和投贷联动等机制。稳步探索互联网股权众筹、知识产权质押融资等新型金融业态。强化知识产权运用和保护。

（七）强化科技成果转移转化工作体系建设。完善示范区建设工作推进体系，加强市县基层工作队伍建设，明确示范区建设责任主体和分工。建立相关责任部门联席会议机制，加强科技、教育、发改、工信、财政等部门联动，实现重点任务统一部署与创新资源统筹配置。探索示范区科技成果转移转化绩效考核机制。

（八）营造良好政策环境。落实国家促进科技成果转移转化相关政策法规，建立实施情况监测机制，为调整完善相关政策举措提供支撑。探索完善符合地方特点的政策举措，创新政府购买服务、税收激励等举措，总结推广政策措施。

（九）开展各具特色的示范任务。根据本地方特点和区域发展目标，提出具有区域特色的建设任务，在推动国际技术转移、绿色发展、军民融合等方面先行先试，形成一批可复制、可推广的新经验、新模式。

四、建设程序

（一）提出需求。对于工作基础好、积极性高、符合布局条件的省（自治区、直辖市），地方科技主管部门经报请地方政府同意，提出示范区建设需求和建设思路。

（二）制定方案。地方科技主管部门编制建设方案，开展专家咨询论证，由地方政府报送科技部。科技部根据情况组织开展调研咨询，提出对建设方案的编制意见。

（三）启动建设。对满足建设条件、建设方案成熟的地方，科技部支持示范区建设。地方政府按要求启动建设，加强建设方案任务落实和考核评价。

（四）监测评估。示范区设立各具特色的建设指标体系，引导建设方向和目标任务。每年12月底以前，地方科技主管部门将示范区年度建设情况书面报科技部。示范区建设期满前，科技部组织开展总结评估，并根据评估结果决定整改、撤销或后续支持等事项。

（五）示范推广。示范区凝练提出可供复制推广的若干政策措施和经验做法。科技部对示范区建设经验和做法进行总结提炼，向全国示范推广一批可复制可推广的先行先试政策与经验模式，发挥示范区的辐射带动效应。

五、组织实施

（一）加强组织领导。示范区所在地方政府发挥建设主体作用，制定实施方案，完善建设领导推进机制，明确任务分工和进度安排，落实建设任务。科技部将示范区建设纳入与地方的常态化的工作会商机制，加强中央和地方对示范区建设的战略对接、措施协同、政策衔接。

（二）强化政策支撑。示范区应全面贯彻落实促进科技成果转移转化的相关法律法规及配套政策，建立政策落实责任制，切实加强政策跟踪监测和效果评估，对已经出台的重大改革和政策措施及时跟踪、及时检查、及时评估。国家层面出台或地方示范推广的科技成果转化政策在示范区进行先行先试。鼓励和推动示范区探索实施具有地方特色的改革政策，完善科技成果转化政策体系。

（三）优化资源配置。鼓励示范区创业投资基金加强与国家科技成果转化引导基金的协同联动，带动社会资本共同设立创业投资子基金，加大对示范区的支持力度。支持示范区开展科技金融结合试点工作，引导金融资本支持成果转化。国家建设的技术交易网络平台、科技成果信息服务系统等与示范区相关平台和系统实现互联互通，区域性技术转移中心、示范性技术转移机构、成果转化类科技创新基地等优先在示范区建设。

附录二 陕西省促进科技成果转化条例

第一章 总 则

第一条 为了促进科技成果转化为现实生产力，规范科技成果转化活动，加快实施创新驱动发展战略，推动经济建设和社会发展，根据《中华人民共和国促进科技成果转化法》和有关法律、行政法规，结合本省实际，制定本条例。

第二条 本条例适用于本省行政区域内的科技成果转化及相关活动。

第三条 科技成果转化活动应当尊重科技创新规律和市场规律，发挥企业的主体作用与政府引导作用，体现知识价值分配导向，遵循自愿、互利、公平、诚实信用的原则，加强知识产权保护，保障参与科技成果转化各方的合法权益。

第四条 县级以上人民政府应当将科技成果转化纳入国民经济和社会发展规划，加强科技、教育、财政、投资、税收、人才、产业、金融、信息、国有资产监管、军民融合、知识产权、政府采购等政策协同，建立协调机制，为科技成果转化创造良好环境。

第五条 县级以上人民政府科学技术行政部门按照其职责，负责管理、指导、协调和服务本行政区域内的科技成果转化工作。

县级以上人民政府其他有关部门在各自的职责范围内加强协作配合，负责做好科技成果转化相关工作。

第六条 县级以上人民政府及其有关部门对在科技成果转化中做出突出贡献的单位和个人，应当给予表彰奖励。

第二章 组织实施

第七条 科学技术行政部门应当会同有关部门，根据国家和本省产业政策以及本地国民经济与社会发展规划，制定科技成果转化工作计划，定期发布科技成果目录、科技成果转化项目指南和重点科技成果转化项目供求信息，引导科技成果转化活动。

第八条 省科学技术行政部门应当会同其他有关部门建立统一的科技报告制度和科技成果信息系统，规范科技成果信息采集、加工与服务活动，除涉及国家秘密和商业秘密外，依法向社会提供科技成果信息查询、筛选等公益服务。

鼓励利用非财政资金设立的科技项目的承担者提交相关科技报告，将科技成果和相关知识产权信息汇交到科技成果信息系统，有关部门应当为其提供方便；该科技报告可以作为有关部门认定其开展研究开发活动、享受财税优惠政策的参考依据。

第九条　国家设立的研究开发机构、高等院校应当加强对科技成果转化的管理、组织、协调和服务，建立职务科技成果管理制度，明确登记备案、转化实施、处置分配、组织保障、异议处理等内容。

第十条　国家设立的研究开发机构、高等院校对其持有的科技成果，除涉及国家秘密、国家安全外，可以自主决定或者授权科技成果完成人决定转让、许可或者作价投资，不需报相关主管部门审批或者备案；但应当通过协议定价，在技术交易市场挂牌交易、拍卖等方式确定价格。

通过协议方式确定科技成果价格的，可以由科技成果完成人主持公开询价，确定成交价格后，应当在本单位公示科技成果名称、内容摘要、转化方式、拟交易价格等信息，明确并公开异议处理程序和办法。受让方是职务科技成果完成人或者其利害关系人的，应当予以注明。

通过在技术交易市场挂牌交易、拍卖方式进行科技成果转化的，可以采取公开询价的方式确定基准价格。

第十一条　国家设立的研究开发机构、高等院校通过在技术交易市场挂牌交易、拍卖等方式确定科技成果价格，或者通过协议定价并按照规定在本单位公示，单位负责人已履行勤勉尽责义务且没有牟取非法利益的，不承担因科技成果转化后续价格变化产生的决策责任。

单位负责人根据法律法规和本单位依法制定的规章制度，开展科技成果转化工作，履行了民主决策程序、合理注意义务和监督管理职责的，即视为已履行勤勉尽责义务。

第十二条　国家设立的研究开发机构、高等院校对其持有的科技成果，自成果完成之日起二年未实施转化，尚具备转化价值和条件的，可以采取下列方式进行转化：

（一）科技成果完成人可以根据与本单位的协议进行转化，并按照协议约定向单位返还收益；协议没有约定收益的，应当从转化成功获利之日起，连续三年从转化所得的年净收入中提取百分之十返还本单位。

（二）科技成果完成人未与单位达成协议的，国有资产行政管理或者其他行政管理部门可以通过挂牌交易、拍卖等方式组织实施转化。

第十三条　县级以上人民政府及有关部门应当建立以企业为主体、市场为导向、产学研紧密结合的技术创新制度，发挥企业在研究开发方向选择、项目实施和成果应用中的主导作用。利用财政资金设立的、具有市场应用前景的科技项目可以由企业牵头组织实施。

第十四条　鼓励和支持企业联合研究开发机构、高等院校建立以企业作为投资主体、管理主体、需求主体和市场主体的产业技术研究院、工程技术研究中心、重点实验室等新型研发平台，提供共性技术研究开发、中间试验、工业性试验、工程化开发等服务，提高科技成果成熟度，优化科技成果市场供给。

第十五条　鼓励企业加大科技创新的经费投入，促进科技成果转化。符合条件的企业可以按照国家规定，享受研究开发费用税前加计扣除、固定资产加速折旧、高新技术企业所得税优惠等政策。

第十六条　鼓励企业建立健全科技成果转化的激励分配机制，利用股权出售、股权奖励、股票期权、项目收益分红、岗位分红等方式激励科技人员开展科技成果转化。

第十七条　国有企业应当增加技术创新和科技成果转化的投入，建立完善技术开发体系，提高自主创新能力和核心竞争力。

国有资产管理部门应当将国有独资企业及国有控股企业研究开发投入、科技成果转化绩效等指标列入企业负责人经营业绩考核范围。

国有独资企业及国有控股企业当年对科技成果转化的经费投入，可以在经营业绩考核中视同利润。

第十八条　自主创新示范区、高新技术产业开发区、经济技术开发区、高技术产业基地等高技术产业聚集区，应当制定吸引优秀科技人员和经营管理者创新创业的优惠政策，创新科技成果转化服务机制，发挥在区域经济发展中的示范、辐射和带动作用。

农业高新技术产业示范区和农业科技园区应当围绕区域主导产业和农业产业结构调整，发布适应现代农业发展的科技成果目录，引导企业参与农业科技成果转化。

第十九条　省人民政府应当建立健全军民融合协调机制，加强军民科技成果相互转化的政策引导，完善军民科技规划计划的衔接与协调，促进军民融合创新发展。

省人民政府应当依托各类军民融合信息服务平台，发布军民融合科技资源信息和军民科技成果转化目录。

省和行政区域内军工企业较多的设区的市人民政府应当制定发布军民科技资源共享目录，设立军民融合产业基金，加强军民两用人才的培养，促进军民科技资源的优化配置。

鼓励和支持符合条件的企业事业单位参与军工重大科技项目的联合攻关、合作研发和军品生产，促进军民技术双向转移和转化应用。

第二十条　县级以上人民政府应当建立健全农业科技成果转化推广应用机制，加大农业科技成果转化的投入，加强农业先进适用技术的示范、推广、培训和普及，促进农业科技成果转化。

鼓励企业、研究开发机构、高等院校与农业技术推广机构、农业专业技术协会、农民专业合作社、农户建立互利合作的利益分配机制，开展科技成果交流、人才培训、科技咨询和信息服务。

第三章　服务机构

第二十一条　鼓励设立各类科技成果转化专业服务机构，为科技成果转化提供下列服务：

（一）科技成果信息的搜集、筛选、分析、加工、发布；

（二）科技成果的交易代理；

（三）科技成果的价值评估；

（四）科技成果转化人才培训；

（五）科技创业孵化服务；

（六）科技成果转化的其他服务。

科技成果转化专业服务机构提供服务，应当遵循公正、客观的原则，不得提供虚假信息和证明，对其在服务过程中知悉的国家秘密和当事人的商业秘密负有保密义务。

科技成果转化专业服务机构从事科技成果转化活动，依法享受有关优惠政策。

第二十二条　县级以上人民政府及其有关部门应当遵循市场导向和政府引导相结合的原则，综合运用政策激励、平台建设、政府购买服务、人才培养等措施，加强对科技成果转化专业服务机构的扶持。

对承担本省重大科技成果转化任务或者在本省成功转化科技成果，做出突出业绩的专业服务机构和个人，可以享受国家和本省的奖励政策。

第二十三条　鼓励社会力量建设符合技术交易规律的科技成果交易网络平台，提供线上与线下相结合的专业化服务。

第二十四条　县级以上人民政府应当在规划、用地、财政等方面支持创办多种类型、多种所有制的科技资源统筹中心、科技创新中心、大学科技园等科技企业孵化机构。经国家和本省科学技术行政部门认定的科技企业孵化机构，比照高新技术企业享受有关优惠政策。

鼓励各类投资主体建设创业服务机构，为初创期科技企业和科技成果转化项目提供孵化场地、创业辅导、投融资对接、技术对接、研究开发与管理咨询。

鼓励各类投资主体在本省设立以促进科技成果转化为主要目的的创业投资机构。

第二十五条　鼓励科技成果转化专业服务机构开展跨境、跨区域的科技成果转化服务，在不涉及国家安全、不损害国家利益的前提下开展技术合作、技术贸易，引进、消化和吸收境外先进技术。

鼓励境内外科技成果转化专业服务机构依法在本省设立分支机构，集聚科技成果转化人才，开展科技成果转化合作。

第二十六条　技术交易应当依法订立书面合同。经技术合同认定登记机构认定登记的技术合同，按照有关规定享受国家税收优惠政策。

第四章　保障措施

第二十七条　县级以上人民政府应当将科技成果转化的支持资金纳入本级财政预算，用于促进科技成果转化的引导资金、贷款贴息、保险费补贴、补助资金和风险投资以及其他促进科技成果转化的支出。

第二十八条　县级以上人民政府可以设立科技成果转化引导基金，主要用于引导社会力量加大科技成果转化投入。

第二十九条　县级以上人民政府应当发挥政府资金引导作用，鼓励和支持社会资本对科技成果转化进行风险投资。

县级以上人民政府可以通过风险补偿、贷款贴息等方式，鼓励和支持银行和小额贷款公司等金融机构开展科技成果知识产权质押贷款、股权质押贷款等金融业务，为科技成果转化提供金融支持。

县级以上人民政府可以通过保险费补贴等方式，鼓励和支持保险机构开发符合科技成果转化特点的保险品种，为科技成果转化提供保险服务。

支持企业通过股权交易、发行股票和债券等直接融资方式，为科技成果转化项目进行融资。

第三十条　鼓励和支持企业通过科技成果转让、技术入股等方式，承接研究开发机构、高等院校等单位的科技成果并实施转化。对承接科技成果的企业，县级以上人民政府可以按照技术合同成交额或者技术入股出资额的一定比例给予补助。

第三十一条　县级以上人民政府应当支持创办独立运营、市场化运作、中间试验与孵化育成相结合的新型研究开发机构。鼓励和引导投资机构、金融机构和融资性担保机构按照国家规定为中间试验提供投融资服务。

第三十二条　科学技术行政部门可以向企业、事业单位和创业者发放科技创新券或者采取直接补助等方式，支持科技创新和科技成果转化。

科技创新券用于购买科技成果和成果评价、检验检测、研究开发设计、中间试验等服务，在全省范围内使用，各地不得设置限制条件。

第三十三条　创业投资机构向中小型高新技术企业投资的，按照国家有关规定享受税收优惠。

创业投资机构从事国家需要重点扶持和鼓励的创业投资，可以按投资额的一定比例抵扣应纳税所得额。

第三十四条　省人力资源和社会保障部门应当会同有关部门建立健全科学技术人员分类评价制度，完善评价标准，将科技成果转化情况作为专业技术职称评定、职务聘任和考核评价的重要依据。

对完成、转化职务科技成果做出重要贡献的人员，贡献特别突出的，可以破格申报职称评审。

本条例所称的对完成、转化职务科技成果做出重要贡献的人员，包括职务科技成果完成人和为科技成果转化做出重要贡献的科技人员以及相关管理人员。

第三十五条　国家设立的研究开发机构、高等院校应当对从事科技成果转化、应用技术研究开发和基础研究的人员采取差异化的专业技术职称评聘和考核评价标准，并设定一定比例，用于对从事科技成果转化科技人员的专业技术职称评聘。

国家设立的研究开发机构、高等院校应当将科技人员以市场委托方式获得的横向科研项目经费、本单位或者企业给予的股权和奖金奖励、创办科技型企业所缴纳的税款等，与利用财政资金设立科技项目的相应事项同等对待，作为对其考核、晋升专业技术职称的重要依据。

第三十六条　县级以上人民政府应当加大对科技成果转化所需的金融、中介和创业指导等各类人才的培养，支持研究开发机构、高等院校、企业通过市场机制引进科技成果转化人才。

科技、教育、人社等部门在制定科技人才相关规划、计划和政策时，应当对科技成果转化人才的培养和引进等作出规定。

对于引进的科技成果转化人才，公安、人社、建设、教育、卫生等部门应当在居留、户籍、住房、医疗、子女就学等方面简化程序、提供便利。

第三十七条　鼓励企业与国家设立的研究开发机构、高等院校及其他组织建立科技人员双向流动、项目合作等人才交流机制。

国家设立的研究开发机构、高等院校可以设立一定比例的流动岗位，通过建立产学研合作平台、实施科技成果转化项目等方式，吸引企业科技人才兼职。

国家设立的研究开发机构、高等院校的科技人员可以按照有关规定，经所在单位同意，通过离岗创业、在岗创业或者到企业兼职等方式，从事科技成果转化。

支持企业与研究开发机构、高等院校联合建立学生实习培训和研究生科研实践等教学科研基地，共同培养科技成果转化人才。

第三十八条　科学技术行政部门应当会同有关部门以财政性资金和社会资金所建设的各类科技成果转化平台为基础，建立资源汇聚、开放共享、分工协作的科技成果转化公共服务平台。

科技成果转化公共服务平台应当建立健全科技成果信息和转化服务信息的采集、公开制度，为科技成果转化全过程提供技术、人才、资金等方面的信息和服务。

第三十九条　鼓励研究开发机构、高等院校、企业与社会共享大型科学仪器设施、实验室、科技文献等科技资源，为科技成果转化活动提供服务。以财政资金全额或者部分出资购买、建设的大型设备及科研重大基础设施，设备设施管理单位应当依法向社会提供共享服务。

推进军民科学技术创新资源共建共享，鼓励国防科研生产单位向社会开放科研设施和仪器。

第五章　技术权益

第四十条　职务科技成果转化后，科技成果完成单位应当按照规定或者与科技人员的约定，对完成、转化科技成果做出重要贡献的人员给予奖励和报酬。

第四十一条　科技成果完成单位未规定、也未与科技人员约定奖励和报酬的方式和数额的，按照下列标准对完成、转化职务科技成果做出重要贡献的人员给予奖励和报酬：

（一）将该项职务科技成果转让、许可给他人实施的，从该项科技成果转让净收入或者许可净收入中提取不低于百分之八十的比例；

（二）利用该项职务科技成果作价投资的，从该项科技成果形成的股份或者出资比例中提取不低于百分之八十的比例；

（三）将该项职务科技成果自行实施或者与他人合作实施的，应当在实施转化成功投产后连续三至五年，每年从实施该项科技成果的营业利润中提取不低于百分之十的比例。

国有企业、事业单位依照本条例规定对完成、转化职务科技成果做出重要贡献的人员给予奖励和报酬的支出计入当年本单位工资总额，但不受当年本单位工资总额限制、不纳入本单位工资总额基数。

第四十二条　国家设立的研究开发机构、高等院校完成、转化职务科技成果主要贡献人员获得奖励的份额不低于奖励总额的百分之七十，对科技成果转化做出贡献的工作人员和管理人员获得奖励的份额不低于奖励总额的百分之十。

国家设立的研究开发机构、高等院校可以在科技成果转化过程中，奖励科技成果完成人一定比例的科技成果权属份额，取得科技成果权属份额的科技成果完成人不再参与该项科技成果转化后单位所获收益的分配。科技成果完成人要求按照第四十一条第一款和本条前款规定获取奖励的除外。

国家设立的研究开发机构改制为企业的，对完成、转化职务科技成果做出重要贡献的人员的奖励，按照有关企业的规定执行。

本条例实施前制定的地方性法规对完成、转化职务科技成果做出重要贡献的人员的奖励规定与本条不一致的，按照本条规定执行。

第四十三条　对完成、转化职务科技成果做出重要贡献人员的奖励支付期限，应当在科技成果完成单位的有关奖励制度中规定或者与相关人员签订的协议中约定。

科技成果完成单位未在奖励制度中规定奖励支付期限，也未与相关人员签订协议约定的，应当在取得科技成果转化收入之日起六个月内完成奖励；以作价投资方式转化科技成果的，应当在股权登记或者变更时完成股权奖励。法律、法规另有规定的，从其规定。

第四十四条　科技成果完成单位实施职务科技成果转化，以股权形式给予个人奖励和报酬，符合国家规定条件的，个人在获得股权时可以暂不纳税，递延至股权转让时缴纳个人所得税。

科技成果完成单位或者个人以科技成果作价投资获得股权的，可以按照国家有关规定，在投资入股当期暂不纳税，递延至股权转让时缴纳所得税。

第四十五条　国家设立的研究开发机构、高等院校及其所属具有独立法人资格单位的法定代表人或者主要负责人，是科技成果的主要完成人或者对科技成果转化做出重要贡献的，可以按照本条例规定获得现金奖励。

其他担任领导职务的科技人员，是科技成果的主要完成人或者对科技成果转化做出重要贡献的，可以按照本条例的规定获得现金、股份或者出资比例等奖励和报酬。

对担任领导职务的科技人员的科技成果转化收益分配实行公开公示制度。

第四十六条　国家设立的研究开发机构、高等院校转化科技成果所获得的收入，在对完成、转化科技成果做出重要贡献的人员给予奖励和报酬后，主要用于科学技术研发与成果转化等相关工作，并提取一定比例用于支持本单位科技成果转化专门机构的运行和发展。

国家设立的研究开发机构、高等院校通过转让、许可方式取得的科技成果转化收益计入事业收入；作价投资取得的股权红利和其他投资收益计入其他收入。科技成果转让、许可他人使用或者作价投资过程中发生的评估费、差旅费、税金、中介服务费等费用计入事业支出。

第六章　法律责任

第四十七条　利用财政资金设立的科技项目的承担者未依照本条例规定提交科技报告、汇交科技成果和相关知识产权信息的，由组织实施项目的政府有关部门、管理机构责令改正；情节严重的，予以通报批评，禁止其在三年内承担利用财政资金设立的科技项目。

第四十八条　违反本条例规定，在科技成果转化活动中弄虚作假，采取欺骗手段，骗取奖励和荣誉、诈骗钱财、非法牟利的，由政府有关部门依照管理职责责令改正，取消该奖励和荣誉称号，处以十万元以下的罚款；有违法所得的，没收违法所得，并处以违法所得一倍以上三倍以下的罚款。给他人造成经济损失的，依法承担民事赔偿责任。构成犯罪的，依法追究刑事责任。

第四十九条　科技成果转化专业服务机构及其从业人员违反本条例规定，故意提供虚假信息、实验结果或者评估意见等欺骗当事人，或者与当事人一方串通欺骗另一方当事人的，由政府有关部门依照管理职责责令改正，处以十万元以下的罚款；有违法所得的，没收违法所得，并处以违法所得一倍以上三倍以下的罚款；情节严重的，由工商行政管理部门依法吊销营业执照。给他人造成经济损失的，依法承担民事赔偿责任。构成犯罪的，依法追究刑事责任。

科技成果转化专业服务机构及其从业人员违反本条例规定泄露国家秘密或者当事人的商业秘密的，依照有关法律、行政法规的规定承担相应的法律责任。

第五十条　违反本条例规定的其他行为，法律、法规有处罚规定的，从其规定。

第五十一条　依照本条例规定，作出吊销营业执照以及五万元以上罚款处罚决定的，应当告知当事人有要求举行听证的权利。

第五十二条　违反本条例规定，科学技术、财政、税务、教育、人社等有关部门直接负责的主管人员和其他直接责任人员，在科技成果转化工作中有下列情形之一的，由其所在单位或者上级主管部门依法给予行政处分；构成犯罪的依法追究刑事责任：

（一）未建立科技成果信息系统，并向社会公布科技项目立项、实施情况以及科技成果和相关知识产权信息的；

（二）未依法落实促进科技成果转化税收、金融、人才等优惠政策的；

（三）不依法履行职责，阻碍科技成果转化活动，造成严重后果的；

（四）泄露科技成果转化涉及的国家秘密和他人的商业秘密的；

（五）截留、挪用、贪污科技成果转化财政性资金的；

（六）其他滥用职权、玩忽职守、徇私舞弊的行为。

第七章　附　则

第五十三条　本条例中下列用语的含义是：

（一）科技成果，是指通过科学研究与技术开发所产生的具有实用价值的成果。

（二）职务科技成果，是指执行研究开发机构、高等院校和企业等单位的工作任务，或者主要是利用上述单位的物质技术条件所完成的科技成果。

（三）科技成果转化，是指为提高生产力水平而对科技成果所进行的后续试验、开发、应用、推广直至形成新技术、新工艺、新材料、新产品，发展新产业等活动。

（四）净收入，是指科技成果转让、许可收入扣除相关税费、单位维护该科技成果的费用，以及交易过程中的评估、鉴定等直接费用后的余额。

（五）科技创新券，是指由省科技厅发行，无偿向本省中小微企业和创业团队发放，用于资助其向高校、科研院所、科技服务机构等单位或其他企业购买科技创新服务或使用科技资源，开展创新活动的电子代金券。

第五十四条　本条例自 2018 年 2 月 1 日起施行。

附录三　陕西××大学知识产权保护管理办法

第一章　总则

第一条　为保护陕西××大学（以下简称学校）及其所属单位的知识产权，鼓励广大教职员工和学生发明创造的积极性，规范学校所属单位及师生员工的对外行为，根据国家相关法律、法规，特制定本办法。

第二条　本办法适用于学校及其所属教学、科研机构和企事业单位等法人和非法人单位，以及上述单位的在编人员、博士后在站人员、合作研究和客座研究人员，在校的研究生、本科生、专科生和进修人员。

第三条　本办法所称的知识产权包括：

（一）专利权；

（二）著作权及其邻接权；

（三）技术秘密和商业秘密；

（四）商标和名称专用权；

（五）集成电路布图设计；

（六）依照国家法律、法规规定或者依法经过合同约定由学校享有或持有的其他知识产权。

第二章　知识产权归属

第四条　学校对以下标识依法享有专用权：

（一）以学校名义申请注册的商标；

（二）校标，包括但不限于"陕西××大学"、"陕西××"、"Shaanxi University of ××"等文字、图形及其组合；

（三）学校的其他教育及服务性标记。

第五条　执行学校及其所属单位任务，或主要利用学校及其所属单位的物质技术条件所完成的发明创造或者其他技术成果，是学校的职务发明创造或职务技术成果。

第六条　职务技术成果的所有权、使用权、转让权由学校享有，成果的完成人依法享有在有关技术文件和作品上署名及获得奖励的权利。

第七条　在执行学校科研等工作任务过程中所形成的信息、资料、程序等技术秘密属于学校所有。

第八条　学校派遣出国访问、进修、留学及开展合作项目研究的人员，对其在校已进行的研究，而在国外可能完成的发明创造、获得的知识产权，应当与学校签订协议，确定其发明创造及其他知识产权的归属。

第九条　学校的离休、退休、停薪留职、调离以及被辞退的人员，在离开学校一年内完成的与其原承担的本职工作或任务有关的发明创造或技术成果，由学校享有或持有。

第三章　知识产权创造

第十条　学校师生员工在申请科研项目或签订技术合同时需对专利文献进行详细的检索，以避免重复开发，避免产生专利纠纷。与国内外单位或者个人合作进行科学研究和技术开发时，应当依法签订书面合同，明确知识产权的归属以及相应的权利、义务。

第十一条　科研人员在科研工作过程中，应当做好技术资料的记录和保管工作，对有必要申请知识产权的内容，应按学校规定经主管部门审核及时申请，在申请专利前不得发表导致有关技术内容公开的论文等；对不宜申请专利但有商业价值的智力劳动成果，必须采取必要的保密措施，作为技术秘密予以保护。

第十二条　发明人、设计人在知识产权申请提出前，对是否具备申请条件、申请价值应进行一定的调查分析及文献检索。申请专利时应充分考虑其新颖性、实用性、应用前景和经济效益。

第十三条　学校师生的职务发明创造申请知识产权时，应由学校委托的知识产权代办机构办理各项申请事宜。未经技术研究院同意，不得委托其他机构办理。

第十四条　学校师生的非职务发明创造拟申请各类知识产权的，必须经所在单位及技术研究院审查批准后，方可凭学校出具的"非职务发明创造证明"办理各项申请事项。

第十五条　学校教师的职务发明创造以及学生科技竞赛作品申请中国发明专利、实用新型专利、计算机软件著作权所发生的申请费、代理费、实审费等有关费用由学校交纳。学校交纳专利代理费的上限为发明专利每件2000元，实用新型专利每件1200元。

教师申请的发明专利授权后，前6年的年费由学校交纳，实用新型专利授权后，前3年的年费由学校交纳；学生申请的专利授权后第一年的年费由学校交纳。其余年份年费由发明人、设计人自行交纳。

学校与外单位共同完成的发明创造申请知识产权的费用支付方式按双方协议分摊，我校分摊的费用不得高于学校作为唯一申请人时所交纳的费用。

第四章 知识产权管理与保护

第十六条 学校成立知识产权管理委员会，协调学校的知识产权保护工作，办公室设在技术研究院。

第十七条 学校实行知识产权保证书制度。在校教职工、调入或分配到校的工作人员，在校学习或工作的研究人员、学生、博士后、进修人员、临时聘用人员都必须签署关于执行本办法的保证书。

第十八条 对违反国家知识产权有关法律、法规和本办法者，将视情节轻重予以处理。对于情节轻微者予以批评、教育；对于情节较重者按照学校有关规定给予相应的行政处分；对于情节严重者直接开除；对于触犯刑律的要依法追究刑事责任。

第十九条 学校及其所属单位及个人有权监督本办法的实施，并有责任劝阻、制止和举报违反本办法的人员和行为，对举报有功的单位及个人予以保护和奖励。

第五章 知识产权运用

第二十条 支持与鼓励学校师生通过转让、许可、作价投资等多种形式转化职务发明创造成果，实现成果的市场价值。

第二十一条 专利的转让、许可程序如下：

1. 委托第三方对学校可转化专利进行评估和分类，确定最低转让价格。

2. 专利项目负责人签订专利转让确认书，明确权利义务。

3. 将发明人、设计人委托转让的专利在技术交易市场挂牌，由技术经理人撮合供需双方的需求，达成初步转让协议。

4. 在校内公示拟转让专利的名称和交易价格，公示时间不少于15日。

5. 签订专利转让、许可合同，经费到达学校账户后，技术研究院出具专利权人变更所需材料，由知识产权服务机构在国家知识产权局办理变更手续。

第二十二条 职务发明创造通过转让、许可所得的收入，视同技术转让收入，按学校的横向科研经费管理办法分配、使用。提取转让收益的 10% 用于奖励为专利转让、许可做出贡献的机构或人员。

第二十三条　以知识产权作价投资实施转化的，学校从作价投资取得的股份或者出资比例中提取不低于 70% 的比例用于奖励发明人、设计人。发明人、设计人有两个及两个以上的，由全体发明人、设计人协商确定每个人的分配比例，并报学校备案。

第六章　附则

第二十四条　本办法由技术研究院负责解释，自发布之日起执行，原《陕西××大学知识产权保护管理办法》（陕西××科〔2015〕2 号）废止。

2017 年 5 月 6 日

附录四　陕西××大学科技成果产业化引导基金管理办法

第一章　总则

第一条　为鼓励学校教师创新创业，促进学校科技成果产业化，根据国家有关政策法规，结合我校实际，特制定本办法。

第二条　引导基金规模 400 万元，经费来源为我校承担的西安市技术转移创新试点项目经费。

第三条　引导基金专项支持教师以学校的知识产权作价入股创办领办、股权结构符合学校有关规定的科技型企业。支持范围包括：科技型企业初期运行经费补贴、知识产权价值评估费、科技型企业服务机构运行费等。

第四条　学校科技成果转移转化工作领导小组负责资金的计划安排、立项审批、监督验收等重大事项的决策。技术研究院作为日常管理部门负责基金项目申报、评审、监督检查、验收等过程管理。

第二章　支持对象和支持方式

第五条　引导基金项目的承担人必须是以学校知识产权作价入股创办、领办的科技型企业的负责人。引导基金支持的项目必须符合国家产业政策，技术水平领先，产品有较大的市场容量和较强的市场竞争力。

第六条　引导基金采取无偿资助的方式，资助金额每项一般不超过 20 万元。

第三章　申报与评审

第七条　凡符合引导基金支持条件的项目，按照要求撰写申请书及可行性研究报告，经所在单位审批后，报技术研究院。技术研究院对申报材料进行形式审查。

第八条　技术研究院根据项目申报情况不定期提请学校科技成果转移转化工作领导小组评审。经学校科技成果转移转化工作领导小组评审，同意立项的项目要在学校公示 10 天。

第九条　技术研究院可以根据需要委托具有相应资格的专业评估、评审机构，组织技术、经济和管理等方面的专家组成专家咨询委员会对引导基金受理项目进行评估或评审。

第四章　实施与管理

第十条　项目负责人应与学校签订目标任务书，明确项目建设任务与预期目标。

第十一条　项目经费开支必须符合学校财务管理规章制度，主要用于企业研发、生产、推广等相关的费用。

第十二条　技术研究院将依据本办法和项目任务书的有关条款对基金项目进行跟踪和监督管理。

第十三条　负责人应在项目期满后的两个月内将项目总结报告上报技术研究院，作为考核评估的依据。

第十四条　由学校科技成果转移转化工作领导小组对项目进行验收。对没有完成建设目标的，要提出警告、限期整改，对有严重违约行为的，撤销或中止合同，项目剩余经费应上交学校。

第五章　附则

第十五条　本办法自发布之日起施行，由技术研究院负责解释。

附录五　关于《陕西××大学对外投资管理 办法（试行）》的有关说明

根据学校《2018 年度行政事业单位内部控制报告》中对外投资管理中存在的问题和《陕西××大学关于 2019 年内部控制工作安排的通知》相关要求，为建立健全学校对外投资管理，财务处商资产经营管理公司制订《陕西××大学对外投资管理办法（试行）》。现将本办法制定有关情况说明如下：

一、文件依据

1.《事业单位国有资产管理暂行办法》（财政部令第 36 号，2019 年修订）

2.《陕西省行政事业单位国有资产管理实施办法》（陕财办采资〔2017〕168 号）

3.《陕西省高等学校国有资产管理办法（试行）》（陕教规范〔2015〕12 号）

4.《关于进一步扩大省属高校国有资产处置管理权限的通知》（陕教财办〔2018〕5 号）

5.《关于进一步规范和加强教育厅所属行政事业单位国有资产管理的通知》（陕教〔2019〕21 号）

6.《陕西××大学固定资产管理办法》（陕西××资产〔2017〕4 号）

二、总体情况

《陕西××大学对外投资管理办法（试行）》共五章、二十三条，主要涉及总则（文件依据、对外投资定义、对外投资管理分工等方面）、论证和评估及审批流程、对外投资管理、监督与检查和附则五个方面。

三、征求意见情况

2019 年 9 月 17 日，财务处就《陕西××大学对外投资管理办法（试行）》向资产经营管理公司、审计处、资产管理处、技术研究院等相关部门征求意见；2019 年 10 月 12 日，财务处处务会就该办法进行集体讨论；2019 年 10 月 17 日，学校第 3 次财经委员会审议，具体意见如下：

1. 第二条"对外投资是指学校依法利用货币资金、实物、无形资产等对资产公司或其他单位的投资"与第四条"任何单位未经批准不得以学校名义直接对外投资"内容存在矛盾。但实际操作中可能存在经批准后学校对其他单位投资，故该项内容不调整。

2. 第九条第（四）项因非经营性资产转经营性资产手续与后面审批内容相同，修改为"资产归口管理部门按照审批规定权限报主管部门备案或审批。"

3. 第十三条"被投资单位董事会按年度制定上缴学校任务，作为对资产公司和被投资单位的考核。"建议修改为"学校相关部门应督促被投资单位董事会制定分红方案，根据投资协议制定上缴学校任务，作为相关单位的考核依据。"

4. 第十四条建议修改为"学校对外投资账务处理按照《政府会计制度》相关规定执行，确保账实相符。"

5. 第十八条与第四条内容重复，第十八条调整为"校属部门擅自对外投资的，学校将追究该部门负责人及相关责任人的行政和经济责任。"

6. 第二十一条与第五条"科技成果投资按照国家、学校有关规定执行"内容重复，因此删除第二十一条相关内容。

四、主要内容介绍

1. 第三条根据《陕西××大学固定资产管理办法》规定：学校成立资产管理委员会，统一领导学校资产管理工作；经营性资产由资产经营公司管理并制定具体管理办法。因此学校对外投资由资产管理委员会审核，资产公司负责学校对外投资股权的经营和管理。

2. 第四条根据《陕西省高等学校国有资产管理办法（试行）》规定，资产公司代表学校统一行使出资人职责；高校除了对资产公司投资外，未经批准不得以学校名义直接对外投资。

3. 第五条根据《事业单位国有资产管理暂行办法》的有关规定，事业单位利用国有资产对外投资、出租、出借和担保等应当进行必要的可行性论证，并提出申请，经主管部门审核同意后，报同级财政部门审批；高等院校对其持有的科技成果，可以自主决定转让、许可或者作价投资，不需报主管部门、财政部门审批或者备案，并通过协议定价、在技术交易市场挂牌交易、拍卖等方式确定价格。通过协议定价的，应当在本单位公示科技成果名称和拟交易价格。

4. 第六条（对外投资论证）、第七条（对外投资项目评估）、第八条（非货币性资产投资的资产评估)、第九条(非科技成果对外投资审批流程)对对外投资项目的论证、评估和审批进行详细规定,明确对外投资资产归口管理部门"固定资产及土地使用权管理部门为资产管理处;流动资产管理部门为财务处;专利权、著作权、商标等知识产权管理部门为技术研究院;校名、校誉等无形资产管理部门为校长办公室;对外投资等经营性资产管理部门为资产经营管理公司";审批权限根据《陕西省教育厅陕西省财政厅关于进一步规范和加强教育厅所属行政事业单位国有资产管理的通知》规定,500 万元以下的由高校审批,报省教育厅审核后报省财政厅备案;500 万元以上(含 500 万元)的,由高校报省教育厅审核后报省财政厅审批。

5. 第三章投资管理主要涉及对外投资收入、信息披露、分红、审计备案、核算标准等,其中第十五条依据《陕西省高等学校国有资产管理办法(试行)》规定,成立资产公司的高校,应当在每个会计年度终了聘请会计师事务所对资产公司进行审计,并将《审计报告》报教育厅备案。

6. 第四章中第十五条至第二十条主要涉及禁止行为、明确对外投资决策责任、损失责任、经济责任、法律责任、变更责任和档案管理。

7. 第五章主要涉及办法涉用范围、解释权和执行时间。现将《陕西××大学对外投资管理办法(试行)》提交会议审议!

财务处
2019 年 10 月 20 日

附录六 陕西××大学对外投资管理办法(试行)

(征求意见稿)

第一章 总则

第一条 为加强学校对外投资管理,规范投资行为,规避投资风险,提高投资效益,准确反映学校对外投资,确保学校国有资产保值增值、账实和账账相符,防止学校国有资产流失,根据《事业单位国有资产管理暂行办法》(财政部令第36号,2019年修订)、《陕西省行政事业单位国有资产管理实施办法》(陕财办采购〔2017〕168号)、《陕西省高等学校国有资产管理办法(试行)》(陕教规范〔2015〕12号)、《关于进一步扩大省属高校国有资产处置管理权限的通知》(陕教财办〔2018〕5号)和《关于进一步规范和加强教育厅所属行政事业单位国有资产管理的通知》(陕教〔2019〕21号)等有关要求和国家有关法律、法规,结合我校实际,制定本办法。

第二条 对外投资是指学校依法利用货币资金、实物、无形资产(知识产权、非专利技术、校名、校誉等)等对陕西××大学资产经营管理公司(以下简称"资产公司")或其他单位的投资。

第三条 资产管理委员会是学校对外投资决策审核机构,涉及"三重一大"事项的按照学校有关规定执行。

资产公司是学校的独资资产经营公司,负责学校对外投资股权的经营和管理。

第四条 资产公司代表学校统一行使出资人职责,对学校投入经营的资产承担保值增值责任。学校除了对资产公司投资外,任何部门未经批准不得以学校名义直接对外投资。

第二章 论证、评估及审批

第五条 以学校持有的科技成果作价投资的,按照国家、学校有关规定执行,无需报教育厅、财政厅审批或者备案,可通过资产评估、协议定价、在技术交易市场挂牌交易、拍卖等方式确定价格。通过协议定价的,应当在学校公示科技成果名称和拟交易价格。

第六条　对外投资的资产必须产权清晰，符合国家有关法律法规的规定。拟投资人或部门及相关职能部门应加强可行性论证、法律审核和监管，做好风险控制和跟踪管理。可行性论证包括但不限于国家产业政策分析、市场分析、效益分析、技术与管理分析、法律分析、风险分析及其他方面的分析。

第七条　对外投资需由相关部门、人员或委托具有相应资质的专业机构对投资项目进行评估，对拟投资项目的目标、规模、投资方式、投资的风险与收益以及退出机制等做出评价，形成评估报告。

第八条　除科技成果投资外，利用非货币性资产进行对外投资的，拟投资部门应当聘请具有相应资质的中介机构对拟投资资产进行评估。

第九条　学校对外投资资产实行归口管理：固定资产及土地使用权管理部门为资产管理处；流动资产管理部门为财务处；专利权、著作权、商标等知识产权管理部门为技术研究院；校名、校誉等无形资产管理部门为校长办公室；对外投资等经营性资产管理部门为资产经营管理公司。

非科技成果对外投资的审批流程：

（一）拟投资项目应在深入调研、充分论证的基础上，将申请报告、可行性研究报告、项目合同（协议、草案）、资金来源及所投资企业的资产负债情况、有关合作单位的资信情况、相关许可文件等资料报资产归口管理部门；

（二）资产归口管理部门会同资产处、财务处、审计处、纪委监察处、资产公司等部门进行审核，必要时组织专家进行论证、评估或技术鉴定后，报学校资产管理委员会；

（三）资产管理委员会研究审核并报学校相关会议审议；

（四）资产归口管理部门按照审批规定权限报主管部门备案或审批：500万元以下的，报省教育厅审核后报省财政厅备案；500万元以上（含500万元）的，报省教育厅审核后报省财政厅审批。

第三章　投资管理

第十条　学校按照股权比例享受分红权益。对外投资的收益按照国家有关规定执行，纳入学校预算，统一核算，统一管理。

第十一条　学校对外投资资产实行专项管理，在学校财务报告、资产报告中披露相关信息。

第十二条　资产公司对划转的学校对外投资股权应加强监督管理，确保学校国有资产保值增值，规避经营风险，增加对学校的投资回报。

第十三条　学校相关部门应督促被投资单位董事会制定分红方案，根据投资协议制定上缴学校任务，作为相关单位的考核依据。

第十四条　资产公司应在每个会计年度终了后聘请会计师事务所对其及下属企业的会计报表进行审计，并将审计报告报董事会、学校相关职能部门、主管部门备案。

学校对外投资账务处理按照《政府会计制度》相关规定执行，确保账实相符。

第四章　监督与检查

第十五条　不得使用财政拨款及其结余或由其形成的资产进行对外投资；不得买卖期货、股票、企业债券、基金和其他任何形式的金融衍生品或进行其他任何形式的金融风险投资；不得为任何单位或个人的经济活动提供担保。

第十六条　资产管理委员会对重大投资项目要进行科学决策，维护所有者权益，确保学校国有资产保值增值。

第十七条　除另有规定外，资产公司应对亏损的投资项目查清原因。对投资项目因决策失误，投资项目管理不善等造成较大经济损失的，致使学校国有资产流失的，要追究相关责任人的责任。

第十八条　校属部门擅自对外投资，学校将追究该部门负责人及相关责任人的行政和经济责任。造成重大经济损失的，要依法追究其法律责任。

第十九条　资产公司应做好划转对外投资企业学校国有资产产权登记管理工作，并报资产管理处汇总。凡使用学校国有资产对外投资兴办的企业要严格按国有资产产权登记管理规定，及时做好国有资产占有产权登记；被投资企业发生资本变动、关闭、破产等产权变更时，要及时做好产权登记变更和产权登记注销工作。

第二十条　资产公司应做好对外投资项目的档案管理工作。投资项目从项目立项、审批、成立、运营到项目结束的所有文件、合同、协议、账表、证件等资料都必须进行归档。

第五章　附则

第二十一条　本办法适用于学校及其附属非法人单位的投资管理。

第二十二条　未尽事宜，由财务处、资产公司负责解释。

第二十三条　本办法自印发之日起施行。